SUR MER

ÉT

SUR TERRE

LES OURS BLANCS

SUR MER

ET

SUR TERRE

EXPLORATIONS

DE L'AMIRAL CHÉRÉTOFF

SUR LA CORVETTE « LE SAINT-NICOLAS »

PAR

H. MARGUERIT

PARIS

LIBRAIRIE DE THÉODORE LEFÈVRE ET Cⁱᵉ

2, RUE DES POITEVINS

INTRODUCTION

UNE NUIT A SAINT-PÉTERSBOURG

Vers la fin d'avril 186 (1), et par une nuit splendidement illuminée des rayons de la lune, quelques centaines de traîneaux stationnaient aux abords d'un des plus riches palais qui bordent la Perspective Newski, qui compte, à juste titre, comme une des plus belles, sinon la plus belle des rues de la capitale de l'empire russe.

Le froid, qui avait sévi avec intensité, était considérablement diminué, et la population de Saint-Pétersbourg se réjouissait de la douce température de 8 à 10 degrés centigrades au-dessous de zéro, après avoir eu à supporter jusqu'à 2 degrés d'abaissement du thermomètre. Aussi *moujicks*, cochers ou domestiques, couverts de fourrures, devisaient joyeusement autour de grands feux allumés dans la rue en face du palais illuminé du haut en bas.

La lune, se détachant pure et brillante sur le ciel d'un bleu foncé, faisait resplendir les dômes revêtus de plaques de métal des églises situées dans le quartier de l'Amirauté, et dont les aiguilles et les flèches coupaient de reflets étincelants l'atmosphère calme et sereine.

La Néva, couverte d'une couche épaisse de glace sous laquelle roulaient ses eaux pour aller se décharger dans la baie de Kronstadt,

---

(1) Depuis cette époque, de nombreux et d'importants changements sont survenus dans les pays parcourus par les héros de cette histoire. Tout en respectant le texte original de la relation de ce voyage, on a cru utile d'ajouter des notes complémentaires chaque fois que cela a été nécessaire.

ne laissait voir qu'une surface blanche et unie coupée seulement par les ponts qui la traversent.

Au loin, se détachant comme une masse noire sur les clartés de la neige, apparaissait, sur son énorme bloc de granit, la statue équestre de Pierre Ier dit le Grand, qui régna trente-six ans sur les Russes, et qui, en 1703, fonda Saint-Pétersbourg au milieu des marais et des canaux de la Néva, malgré tous les obstacles que la nature du sol présentait. En se promenant au milieu de cette ville si splendide, remplie de palais magnifiques, de monuments grandioses, coupée par des rues vastes et de longues places, les voyageurs ne se doutent pas que le sol qu'ils foulent est factice, que d'innombrables pilotis de sapins soutiennent seuls la masse des constructions et que, d'un moment à l'autre, un caprice de la terrible Néva, ou de l'un des lacs Ladoga et Onéga qui lui donnent naissance, peut engloutir la riche cité moscovite. Déjà, en 1726, en 1777 et en 1824, la ville fut envahie par les eaux ; beaucoup d'habitations s'écroulèrent, et les pertes furent considérables. Des travaux importants ont été exécutés depuis ; mais on peut se demander si le danger n'est pas seulement plus éloigné.

Cette statue de Pierre le Grand est l'œuvre d'un fameux sculpteur français, Falconet, et lui coûta, dit-on, douze années de travail.

D'un autre côté et au centre de la place du Palais d'Hiver, se dessinait aussi la fameuse colonne, dite d'Alexandre, élevée en l'honneur de son frère Alexandre Ier, par les ordres du czar Nicolas Ier. Ce monument, unique au monde, est encore l'œuvre d'un Français, M. de Montferrand, architecte, auquel, le jour de l'inauguration, l'empereur Nicolas adressa ces paroles flatteuses : « Montferrand, vous voilà immortel!... »

C'est dans une montagne d'un granit à grains fins et d'une dureté extraordinaire, que furent taillées les diverses pièces du monument, le trottoir, le piédestal, la colonne proprement dite, le chapiteau et la statue de l'empereur Alexandre tenant une haute croix dans sa main.

La colonne seule est haute de 28 mètres, taillée dans le roc vif, et d'une seule pièce ; il fallut employer deux ans de travail et six cents ouvriers pour la tailler et la polir. Son poids est de 4,788,000 kilogrammes. C'est cette énorme masse qu'il fallait soulever de terre, transporter, amener sur la place du Palais d'Hiver, et dresser sur son piédestal.

On creusa un port, un canal jusqu'à la carrière où gisait le monstre de pierre ; on construisit des vaisseaux spéciaux pour naviguer sur la

Néva, et tout un corps de la vieille armée d'Alexandre fut appelé pour placer le monolithe sur sa base.

Comme un général en chef au jour d'une bataille d'où doit dépendre le sort de sa patrie, M. de Montferrand, calme, froid, mais la poitrine oppressée, ne se dissimulant pas que son honneur, sa gloire, sa réputation, sa vie peut-être dépendaient de l'absence ou de l'enchevêtrement d'une corde ou d'une poulie, dirigeait cette armée de travailleurs suivie dans tous ses mouvements par l'œil inquiet et sévère de Nicolas.

Toutes les respirations étaient suspendues; la foule immense qui couvrait les toits, qui garnissait les corniches, qui refluait dans les rues, restait muette et haletante.

Enfin, après un siècle d'angoisses pour tous, la colonne est devenue presque verticale; elle pose sur le piédestal, elle oscille un instant, prend son assiette et reste immobile. Les cordes deviennent lâches, les chaînes se déroidissent, les cabestans restent inactifs, les treuils et les chèvres se déroulent. Comme le lui dit l'empereur, de Montferrand est immortel !

Ceci se passait en 1831 ou 1832. La hauteur totale du monument est de 52 mètres, c'est-à-dire 9 mètres de plus que la colonne de la place Vendôme à Paris.

J'ai dit, en commençant, que l'on était à la fin du mois d'avril. C'est l'époque de l'année où la capitale de la Russie s'émeut et se réjouit, car bientôt doit venir le printemps. Cette bise froide et mortelle dont on dit à Saint-Pétersbourg « qu'elle ne peut éteindre une bougie, mais qu'elle souffle un homme, » et qui règne presque tout l'hiver, avait cessé de se faire sentir; les bals touchaient à leur fin pour faire place aux fêtes d'été que favorise à Saint-Pétersbourg la chaleur étouffante des mois de juin, de juillet et d'août.

Le palais devant lequel stationnait une nombreuse foule de serviteurs appartenait au prince G.....off, l'un des officiers supérieurs les plus distingués de l'armée, et aide de camp de l'empereur Alexandre II.

C'était la dernière fête de la saison, mais elle tirait en outre un intérêt plus vif de la présence de l'amiral Chérétoff, savant distingué, navigateur intrépide, qui, aussitôt après la rupture de la glace du port de Kronstadt, devait partir pour un voyage de circumnavigation qui probablement durerait plusieurs années.

L'amiral était un ami d'enfance du prince, et toute la haute aristocratie de Saint-Pétersbourg s'était fait un devoir de venir porter des souhaits d'heureuse réussite au chercheur infatigable qui allait de nouveau montrer le pavillon russe sur tous les points du globe.

L'amiral Chérétoff était un homme de quarante à quarante-deux ans, d'une tournure élégante, d'un ton exquis, d'une bravoure sans limite, et d'une prudence extrême, naturellement indulgent, mais excessivement sévère quand il ne pouvait faire autrement. Estimé de l'Empereur, aimé de tous ses collègues de l'amirauté, chéri de ses subordonnés, il était respecté même par ses ennemis et ses envieux. D'une rare instruction générale, versé dans toutes les sciences, parlant la plupart des langues usuelles, il réunissait toutes les aptitudes et toutes les capacités nécessaires pour remplir dignement l'importante mission dont le gouvernement l'avait chargé, et pour diriger des hommes instruits.

Lorsqu'il entra dans les salons du prince G.....off, suivi de l'état-major de la corvette *le Saint-Nicolas* qu'il devait commander dans son voyage et des jeunes savants nationaux et étrangers attachés à l'expédition, il fut salué par des marques unanimes de sympathie et de considération. Les plus hautes notabilités de l'empire s'approchèrent pour lui serrer la main, et pendant un instant, les danses furent suspendues; mais bientôt la fête reprit son entrain, et les orchestres jouèrent les quadrilles et les danses les plus à la mode.

Avant d'entrer plus loin dans le récit des faits et gestes de cette expédition scientifique qui occupait tous les esprits éminents en Europe, il est nécessaire de tracer le portrait des différents personnages appelés à jouer des rôles divers dans les péripéties variées qu'offre toujours un voyage de long cours.

Le Saint-Nicolas, corvette mixte à vapeur et à voiles, était un bâtiment construit expressément pour supporter les fatigues et les dangers inhérents au genre d'exploration qu'il devait accomplir. Il fallait qu'il pût braver à la fois les efforts des glaces du pôle, la violence des ouragans des tropiques et les tempêtes du cap Horn. D'immenses approvisionnements de toute espèce avaient été embarqués à bord, en cas prévu d'un long hivernage dans les glaces, ou de stations prolongées sur des points inhabités du globe. Une dizaine de canons garnissaient son pont et devaient servir à faire respecter le pavillon russe.

L'amiral Chérétoff, dont il a été parlé plus haut, avait à son bord un état-major nombreux, composé des officiers les plus distingués et les plus instruits de la marine impériale. Ils étaient chargés de travaux hydrographiques, astronomiques, et généralement de tout ce qui concernait le métier de marin.

Un jeune savant de la plus haute espérance, Alexis Narischeff, avait été désigné par l'Académie des sciences de Saint-Pétersbourg pour réunir et centraliser les travaux de toute nature, faits pendant l'exploration. C'était un jeune homme d'une trentaine d'années, plein de force et de santé, endurci à toutes les fatigues, d'une grande instruction, mais quelquefois d'une rudesse un peu trop tartare, surtout avec ceux qu'il croyait ses inférieurs. En un mot, c'est un vrai représentant de l'aristocratie russe, habitué depuis longues années à courber sans murmurer la tête devant le czar, et à mener à coups de knout les serfs attachés à la terre par l'ancienne Russie. Une loi nouvelle avait renversé le servage, mais l'esprit du maître n'en avait pas été modifié.

Un jeune Anglais, de vingt-six à vingt-sept ans, Georges Ramsay, descendant du célèbre écrivain écossais, était arrivé récemment à Saint-Pétersbourg après avoir traversé par terre presque tout l'empire russe, depuis le Caucase et la Crimée. Gentleman accompli, quelque peu trop vaniteux de sa nationalité, touriste intrépide, instruit et intelligent, il avait sollicité, appuyé par son ambassadeur, la faveur de se joindre à l'exploration, et avait été accueilli avec un vif plaisir par l'amiral commandant. L'Université de Cambridge le comptait parmi ses plus éminents élèves. C'était un chasseur émérite, et l'on racontait de lui des traits d'audace et de bravoure incroyables dans ses rencontres fréquentes avec les ours ou les taureaux sauvages des forêts et des steppes qu'il avait traversés.

A Moscou, Georges Ramsay s'était trouvé avec un jeune Allemand, élève de l'Université de Berlin, envoyé par son gouvernement pour étudier les diverses branches de l'histoire naturelle, et spécialement la géologie et la botanique. Henri Meyer avait un caractère complètement différent, à certains égards, de celui de Georges Ramsay, et malgré cela, peut-être à cause de cela, tous deux étaient liés d'une étroite amitié. Autant l'Anglais était fougueux et emporté, autant le Prussien était calme, réfléchi, procédant avec suite et méthode. Pour ce dernier, tout effet avait nécessairement une cause, et cette cause, il la cherchait avec une patience infinie ; et, il faut le dire à sa louange, il la découvrait presque toujours. Rien ne paraissait l'émouvoir ni l'étonner, et cependant, au milieu des occasions les plus difficiles, il était toujours prêt et à la hauteur des événements, mais sans que son visage eût trahi la moindre émotion, même passagère. Le moment d'après, il allumait tranquillement sa pipe et rêvait, absorbé dans une pensée intime, ou bien il marchait, ses grands yeux bleus interrogeant le sol, pour y découvrir une disposition particulière de l'un des éléments de l'écorce terrestre, ou pour y surprendre une mousse ou un lichen caché entre deux cailloux. Malgré cette apparente froideur, Henri Meyer n'en était pas moins un garçon rempli de cœur et de sensibilité.

Ramsay subissait contre sa volonté l'influence de l'esprit froidement analytique de son ami et lui tendait joyeusement la main, en riant de ses propres emportements. Il n'avait pas voulu se séparer de son cher Meyer, et l'ambassadeur de Prusse à Saint-Pétersbourg avait facilement obtenu de Berlin l'autorisation nécessaire pour le changement d'itinéraire du jeune savant.

Depuis longtemps, le bruit du voyage projeté du *Saint-Nicolas* était parvenu jusqu'aux États-Unis de l'Amérique du Nord, et le gouvernement de Washington n'avait pas négligé cette occasion d'acquérir de nouvelles connaissances sur les ressources offertes par les divers points du globe, au développement de son industrie, de son commerce et de ses institutions scientifiques. Le fils de William Burton, président de l'un des États de la confédération, Frédéric Burton, avait été chargé de la mission délicate et difficile de recueillir toutes les observations utiles à son pays. Quoique à peine âgé de trente ans, Frédéric Burton était déjà un homme de grand sens et d'une grande expérience, unis à une érudition pratique. Il avait longuement et fructueusement voyagé dans l'intérieur de l'Amérique du Nord, était rompu à toutes les fatigues et préparé à tous les événements. Froid, grave, un peu gourmé même, ses yeux bleu clair révélaient la sincérité et la résolution. Peu sympathique au premier abord, il était estimé pour sa rude franchise, dans laquelle n'entrait jamais une intention blessante, et quand il était plus connu, il était facilement aimé. En un mot, c'était un de ces hommes rares, aussi dangereux pour leurs ennemis que dévoués pour leurs amis. Quoique sa nature froide en apparence semblât le rapprocher du caractère de Meyer, il y avait entre ces deux jeunes gens une grande différence sous ce rapport.

Chez l'Américain, le calme provenait de la pratique des hommes, de l'expérience et d'une volonté énergique qui avaient su dompter l'ardeur du sang ; chez l'Allemand, ce même calme était naturel, et en même temps le résultat d'une réflexion calculée méthodiquement et soumise en quelque sorte à des formules scientifiques.

Le cinquième et le dernier des savants explorateurs qui suivaient l'amiral Chérétoff et dont j'ai à parler était un Français de vingt-sept ans, grand, élancé, habile à tous les exercices du corps, d'une figure tout à la fois énergique, douce et sympathique, dont l'œil gris savait au besoin lancer un éclair ou caresser d'un sourire.

Léon Bussières, admis après un brillant examen à l'École Polytechnique de Paris, en était sorti le second à la suite de deux années d'études remarquables. Il eût pu parvenir à de hauts emplois en France ; mais, jaloux de sa liberté, jouissant d'une position de fortune indépendante, et pressé par le désir de s'instruire et d'acquérir de nouvelles connaissances, il avait donné sa démission et avait déjà fait des voyages dont les sciences avaient largement profité. Il était venu à Saint-Pétersbourg offrir son concours à l'amiral Chérétoff qui l'avait accueilli avec toute la considération que méritait son passé.

Ces cinq jeunes gens, de cinq nationalités différentes, allaient donc vivre ensemble pendant un long temps à bord du même bâtiment, soumis aux mêmes chances du voyage, travaillant dans le même but, et, rivaux courtois, appelés, tout en luttant chacun pour la gloire de son pays, à se prêter souvent un mutuel appui. Conviés à la table de l'amiral, ils s'étaient déjà rencontrés, avaient ébauché des relations mutuelles, et ils se retrouvaient tous les cinq dans les salons du prince G.....off.

Après avoir cherché les distractions qui convenaient à leur âge ou à leur caractère, le Français et l'Anglais dans la danse, le Russe et l'Américain autour d'une table de jeu et l'Allemand dans la méditation, ils se réunirent tous, deux heures environ avant le jour, dans une serre voisine des salons.

C'était un vaste et splendide bâtiment en verre et en fer, illuminé pour la circonstance avec un goût exquis et où l'opulent amphytrion s'était plu à réunir les plantes les plus rares de toutes les parties du monde. Une chaleur de vingt-sept à vingt-huit degrés centigrades. constamment entretenue, permettait aux végétaux des régions tropicales de l'Asie, de l'Afrique et de l'Amérique d'y épanouir leurs fleurs et d'y mûrir leurs fruits.

Depuis longtemps Meyer s'y promenait ravi, prenant un avant-coureur des joies que lui promettaient la Guyane, le Sénégal et Bornéo, quand il vit arriver ses compagnons de voyage.

La conversation s'engagea sur divers sujets de la manière la plus amicale et continuait sur ce ton, quand Ramsay s'écria :

— Il faut que je visite Kronstadt avant de partir.

— Quelle Kronstadt? demanda Narischeff d'un ton froid. Celle de Transylvanie ou celle du golfe de Finlande.

— Parbleu ! reprit Ramsay, c'est la vôtre dont je parle. Celle qui se trouve en face l'embouchure de la Néva.

— Vous savez pourtant bien que les Anglais n'entrent pas dans Kronstadt.

— Et pourquoi?

— Demandez à l'amiral Napier, répliqua Narischeff d'un air sardonique, il vous dira pourquoi.

A cette allusion à la longue et pacifique station de la flotte anglaise en vue des forts de Kronstadt pendant la dernière guerre de Crimée, et aux promesses belliqueuses de l'amiral Napier qui la commandait, Georges Ramsay sentit le sang lui colorer les joues : il allait répliquer vivement quand un regard de Bussières l'arrêta; puis froidement il reprit :

— Nos idées sur des faits contemporains sont trop différentes pour que nous puissions faire ensemble le tour du monde sans nous heurter à chaque instant. Vous plaît-il, Monsieur, de nous arranger de manière à ce qu'un seul de nous deux parte.

— J'ai compris, Monsieur, répondit le Russe, mais je vous ferai observer que nos lois défendent le duel et le punissent de la déportation.

— Mauvaise raison, Monsieur, devant un Anglais qui ne s'est pas gêné pour entrer à Sébastopol que vos canons défendaient aussi.

Arrivée à ces termes, une plus longue discussion était impossible ; une rencontre devint inévitable, et les efforts des trois autres jeunes gens pour l'empêcher eussent été superflus.

Ramsay pria Bussières de l'assister, et Burton s'offrit pour second au jeune officier russe. Meyer, qui avait fait des études chirurgicales, se mit à leur disposition.

— Il importe, dit Burton, que personne ici ne soupçonne le motif de notre départ, car cette affaire doit être vidée de suite. Il nous faut donc prendre deux épées au vestiaire, sauter dans nos traîneaux, et nous rendre dans quelque endroit écarté sur l'autre rive de la Néva, où nous pourrons être arrivés au lever de l'aurore. A deux lieues de Saint-Pétersbourg se trouve un bois de sapins touffus parfaitement abrité du vent ; dans moins d'une heure nous y serons et nous pourrons rentrer en ville de bon matin sans éveiller les soupçons.

Chacun approuva d'un signe de tête la proposition de Burton, et tout fut fait comme il l'avait dit. Les jeunes gens, munis d'épées, couverts de leurs manteaux et de leurs pelisses de fourrure, montèrent dans leur traîneau en annonçant tout haut qu'ils allaient faire une promenade du côté de la route de Viborg. Les cochers fouettèrent leurs chevaux, et bientôt les traîneaux, rapides comme le vent, disparurent aux regards des moujicks rassemblés devant le palais. Burton

UNE CHUTE LA NUIT SUR LA NÉVA.

fit alors prendre un autre chemin, et l'on se dirigea vers la Néva, sur le bord opposé de laquelle se trouvait le bois en question.

Pendant les quelques heures qui s'étaient écoulées depuis l'entrée des convives à la fête du prince, un phénomène, assez commun dans les pays situés sous les latitudes extrêmement froides, s'était produit.

Le thermomètre, qui, quelques jours auparavant, était remonté de douze ou quatorze degrés, avait subitement et rapidement suivi une marche ascendante, et le dégel accourait sur Saint-Pétersbourg porté sur les ailes d'un vent doux et tiède. Des bruits étranges, lointains, se faisaient entendre dans l'air; des sifflements aigus perçaient l'espace; c'étaient les glaces du cours supérieur de la Néva qui, soulevées par les eaux du lac Ladoga, se brisaient avec fracas. La Néva elle-même, gonflée sous la couche épaisse et unie de glace qui la couvrait, rompait les barrières qui s'opposaient à son cours, et cette surface, jadis plane comme un miroir, s'ondulait, se crevassait et devenait inégale et rugueuse. En beaucoup d'endroits le fleuve commençait à couler au-dessus de la nappe congelée. Une légère pluie tiède, serrée comme un brouillard, tombait en voilant aux regards l'horizon si pur encore quelques heures auparavant.

C'est à ce moment qu'arrivèrent sur les bords de la Néva les traîneaux chargés des jeunes gens sortant de la fête.

Narischeff sauta à terre, tous l'imitèrent; puis il s'avança résolument sur le lit glacé de la Néva.

— Quelle imprudence! s'écria Meyer.

Le Russe se retourna un instant en les regardant d'un œil tranquille et comme pour voir s'il était suivi. Derrière lui et presque sur ses pas marchaient Bussières et Ramsay, puis Burton, et Meyer le dernier; tous silencieux, ayant la conscience du péril affronté, mais résolus.

Narischeff était arrivé au milieu de la Néva, quand un craquement formidable se fit entendre, une masse d'eau s'élança du gouffre entr'ouvert, atteignit le jeune homme et l'entraîna avec une violence extrême jusqu'à un trou ouvert entre deux glaçons où il disparut en un instant. Ce terrible événement s'était passé avec la rapidité de l'éclair: le danger était effrayant.

Cependant Ramsay n'hésita pas; aussi prompt que la masse d'eau qui avait surpris son adversaire, il s'était élancé sur le bord de l'abîme, et avait vu le malheureux Narischeff saisir de ses mains crispées l'arête du trou. Jetant sa pelisse fourrée, qu'il retint d'une main, il fit à Bussières qui l'avait suivi un signe que celui-ci comprit, et, se précipitant dans le trou, il saisit d'une main vigoureuse le poignet du jeune Russe.

Bussières, Burton et Meyer tirèrent sur la pelisse, et deux secondes plus tard, Narischeff meurtri, déchiré, évanoui, revenait à la surface traîné par Ramsay qui ne l'avait pas lâché.

Comment tous regagnèrent-ils la rive où se tenaient leurs traîneaux, et comment échappèrent-ils à la mort, c'est ce qu'aucun n'eût pu dire peut-être, malgré tout le sang-froid qu'ils durent conserver; mais peu d'instants après, ils étaient à Saint-Pétersbourg où tous les soins que demandait le jeune Russe lui furent prodigués avec un entier succès.

Pendant ces événements, le jour s'était levé; une lueur blafarde éclairait une scène indescriptible.

Le lac Onéga communique par le Svir avec le lac Ladoga : tous deux versaient leurs glaces brisées par le printemps naissant dans le lit de la Néva, pour ensuite s'écouler dans la baie de Kronstadt. Mais un fort vent d'ouest poussant les eaux du golfe et du fleuve en faisait refluer les eaux dans la Néva. C'est alors qu'on vit des blocs énormes de glaces, montant les uns sur les autres, se heurter, se briser avec fracas et couvrir les quais et les rues de la ville.

Mais le vent changea, la Néva rentra dans son lit, et peu de temps après, le golfe, dégagé des glaces qui l'avaient couvert tout l'hiver, montra ses eaux vertes et limpides. La navigation interrompue allait reprendre son cours; les navires emprisonnés pouvaient déployer leurs voiles, et l'été brûlant de Saint-Pétersbourg arrivait à grands pas.

Il n'est pas besoin de dire que Narischeff en revenant à lui voulut connaître celui qui l'avait sauvé d'une mort certaine. Burton lui apprit l'héroïque action de Ramsay, et Narischeff n'eut plus un instant de tranquillité qu'il n'eût embrassé son sauveur et qu'il ne lui eût promis une amitié à toute épreuve.

Ainsi, cet événement qui eût pu être fatal à tous sous un régime législatif aussi sévère que celui de la Russie, devint, au contraire, un lien de plus dans la confraternité qui allait les unir pendant leur long voyage.

Ce fut donc dans les termes les plus amicaux et dans la plus étroite intimité qu'ils passèrent les quelques jours qui précédèrent leur départ pour Kronstadt, où ils devaient s'embarquer à bord du *Saint-Nicolas*, où l'amiral Chérétoff les avait précédés.

CHAPITRE PREMIER

DE KRONSTADT AU CAP NORD

Kronstadt. — Helsingfors. — Bomarsund. — Chasse au loup. — La Laponie. — Stockholm. — Copenhague. — Le gouffre de Maëlstrom. — Le soleil au tropique du Cancer. — La nuit en plein jour.

Le soleil s'avançait rapidement vers le tropique du Cancer, et le vent tiède du printemps avait fait fondre en peu de jours les neiges amoncelées par l'hiver, quand, par un matin splendide, l'amiral Chérétoff donna l'ordre du départ.

Déjà depuis deux jours tout le monde était à son poste, officiers, savants, matelots, etc., et personne ne pouvait quitter le bord et descendre à terre.

Le *Saint-Nicolas*, qui était venu mouiller à la pointe nord de l'embouchure de la Néva, leva l'ancre : au même instant, son hélice commença à se mouvoir, et la magnifique corvette, décrivant une courbe élégante sur les eaux limpides du golfe, tourna son avant vers le large en envoyant dans l'air un nuage de fumée noire et épaisse, que rayait le panache éblouissant de la vapeur mise en liberté.

A mesure que disparaissaient derrière le navire les basses plaines de l'Ingrie, cédée en 1721 par la Suède à Pierre le Grand, qui y fonda la capitale de l'empire russe, s'élevaient, comme du sein des flots, la ville et les forts de Kronstadt, ce rempart formidable de

Saint-Pétersbourg, défendu par près de cinq cents pièces de canon.

Cette ville fut bâtie par les Suédois sur une île appelée *Ile des Rats*. Pierre le Grand en fit le siège en 1710, et contraignit les Suédois à l'évacuer. Après le départ des vaincus, on ne trouva dans la place qu'une marmite oubliée. Depuis, l'île prit le nom d'Ile de la Marmite.

Le *Saint-Nicolas* passa devant les trois ports de Kronstadt, échangea les saluts avec les forts, et continua sa route vers l'Esthonie.

Tant que Kronstadt fut en vue, d'un commun accord tacite Narischeff et Ramsay restèrent dans leur cabine, travaillant, rangeant, mettant leurs instruments d'observation en état, et évitant ainsi toute possibilité d'un mot ou d'un regard qui eût pu être mal interprété comme un souvenir de la querelle passée.

Reval est la seule ville d'Esthonie qui mérite d'être mentionnée à cause de son port. Elle fut bâtie au xIII^e siècle (1218) par le roi de Danemark, Vladimir II, dit le Victorieux : elle est devenue russe depuis 1710.

Traversant alors le golfe, la corvette alla longer les côtes de la Finlande, laissant à sa droite Helsingfors, la riche et forte capitale de la Finlande, défendue par des fortifications de 50 pieds de haut, taillées d'un seul morceau, dans le roc, elle vint passer devant Abo. Cette ville, autrefois la capitale sous la domination suédoise, était florissante; mais elle fut ruinée par de nombreux incendies; et, en 1827, son université, célèbre dans le nord, fut transportée à Helsingfors, ainsi que le siège du gouvernement provincial.

Devant Abo s'étend l'Archipel d'Aland, peuplé par environ 15,000 habitants d'origine suédoise. Ce groupe est composé de soixante îles habitées et de deux cents îlots déserts. Le sol en est granitique comme toute la Finlande et ses côtes, et, sur beaucoup de ces îles, les loups se sont multipliés d'une manière prodigieuse.

Les habitants de ces îles sont de mœurs douces, et d'une propreté remarquable; livrés à la pêche, au cabotage, à l'agriculture, à l'élève des bestiaux, ils sont francs et hospitaliers. Ils font aux loups une guerre acharnée.

L'amiral Chérétoff devait s'arrêter à Aland, la plus grande des îles, pour visiter le gouverneur de Bomarsund, et pour s'approvisionner des fromages si connus, nommés fromages d'Aland. Quelques jeunes gens lui demandèrent la permission d'aller tirer des loups, ce qui leur fut accordé, avec d'autant plus de facilité, que le *Saint-Nicolas* ne devait partir que le surlendemain.

Bomarsund, que l'amiral allait visiter, n'était plus qu'un monceau de ruines, que le gouvernement russe commençait à faire relever. Située sur le bord d'un détroit, au milieu de la côte orientale de l'île, et près du bourg de Scarpons, cette formidable forteresse avait coûté vingt ans d'un travail assidu ; elle venait à peine d'être terminée et armée d'une puissante artillerie, quand la guerre de 1854 éclata. Une flotte anglo-française se présenta devant Bomarsund, qui, malgré l'héroïque résistance de sa garnison, et la force de ses défenses, fut détruite entièrement après un bombardement terrible.

Elle se rendit le 16 août 1854.

Il va sans dire que les jeunes savants de l'expédition se hâtèrent de profiter de la permission de leur commandant. Les armes furent bien vite prêtes ; et, pourvus de munitions et de bons couteaux de chasse, les chasseurs sautèrent dans les canots et se dirigèrent vers l'extrémité de l'île couverte de bois de sapins, refuge ordinaire des loups.

En passant devant la cabane d'un habitant, ils virent un jeune homme fort et vigoureux qui les salua :

— Vous allez tuer des loups ? leur cria-t-il.

— Oui.

— Suivez la côte jusqu'à cette pointe, où se brise le flot, et descendez dans la petite anse ; c'est le meilleur chemin, et je vais vous rejoindre, si vous le permettez.

L'offre du jeune homme fut acceptée avec plaisir, et celui-ci, rentrant dans sa maison, en sortit bientôt tenant une carabine à la main ; il siffla deux énormes chiens de Norvège qui accoururent en gambadant, et en poussant des hurlements de joie. C'étaient de beaux animaux qui réunissaient la qualité des deux races dont ils étaient croisés, la taille et le courage du dogue du Tibet, la souplesse et le long pelage lisse des chiens d'Islande. Le jeune Alandais suivit d'un pas rapide le bord de la mer, et arriva presque en même temps que les chasseurs à l'anse indiquée.

Après un échange de poignées de main, Eric, c'était le nom du jeune homme, raconta que depuis quelques jours une bande de loups noirs pressés par la faim était venue rôder autour des habitations, et que plusieurs bœufs avaient été étranglés et dévorés. La douceur de la température, et l'herbe qui commençait à couvrir le sol, avait motivé la mise au pré des bestiaux jusque-là retenus à l'étable, et les animaux carnassiers, affriandés par cette proie facile, étaient devenus de plus en plus audacieux. Le jour, les loups se réfugiaient dans cette partie de l'île, voisine d'autres îlots, qui leur avaient donné passage en franchissant à la nage des canaux étroits qui les séparaient les uns des autres.

Pendant qu'il parlait encore, on vit accourir, vers le côté de la maison, une femme tenant à la main quelque chose qu'elle élevait en l'air en appelant Eric.

Peu de minutes après, elle arrivait tout essoufflée, lui remettait une corne de bœuf, remplie d'une espèce d'eau-de-vie obtenue par la distillation du bourgeon de sapin et de bouleau, et dont il avait oublié de se munir.

C'était une jeune Finlandaise. Elle s'inclina gracieusement devant les voyageurs qui la regardaient avec curiosité. Elle portait le costume original de son pays. Son corsage et sa jupe de laine brune étaient ornés de broderies en fil de différentes couleurs semées, çà et là, de grains de verre formant des dessins variés; sur la poitrine et sur les épaules brillaient de petites étoiles en or, et sa ceinture était brodée d'un léger fil de même métal; ses longs cheveux blonds et soyeux flottaient sur ses épaules, et sa tête était coiffée d'une espèce de toque ronde et assez élevée, garnie d'une dentelle d'or et d'argent. Un long collier à plusieurs rangs de perles en verre de diverses couleurs entourait son cou et couvrait sa poitrine. Elle était chaussée de brodequins en cuir piqué, à semelle épaisse d'écorce de bouleau, chauds en hiver, et commodes pour courir au milieu de la neige.

— La jolie enfant! s'écria vivement Bussières.

— C'est ma fiancée, répondit Eric en la désignant de la main.

Tous s'inclinèrent. La jeune fille reprit le chemin de la maison, et les chasseurs précédés d'Eric, flanqués de ses deux chiens, s'avancèrent à grands pas vers la forêt où se trouvait le repaire des loups.

Le loup noir qui habite généralement la Russie et le nord de l'Europe est de la taille du loup ordinaire, quoique de forme plus élancée et plus légère. Le pelage est entièrement noir. Comme tous ceux de sa race, il est d'une défiance excessive, extrêmement rusé, supporte facilement les fatigues et les privations; mais il est plus féroce et plus courageux que le loup ordinaire, et aussi redoutable que le loup rouge ou que celui des prairies, originaires, le premier de l'Amérique du sud, le second de l'Amérique du nord.

Il y avait déjà plus d'une heure que la petite troupe s'avançait, en silence, sous l'ombrage épais des sapins, quand Eric s'arrêta, et fit un geste de la main. Tous l'imitèrent et écoutèrent. Les chiens, obéissant au commandement de leur maître, restaient immobiles, mais le mouvement de leurs oreilles et de leur queue indiquait assez qu'ils avaient senti ou entendu quelque chose d'insolite.

Quelques instants après, au milieu du silence qui régnait sous ces masses d'une sombre verdure, un bruit léger, sourd et lointain, arriva jusqu'aux chasseurs. On eût dit d'une course précipitée au milieu des feuilles sèches et sonores.

— Les loups nous ont éventés, dit Eric, ils fuient à gauche le long des rochers qui bordent le bois de ce côté, pour aller se réfugier près des grottes qui bordent la mer. La marée est haute dans ce moment, ils vont se trouver enfermés.

Quelques minutes plus tard, la petite colonne se remettait en marche, mais en ligne de bataille et occupant un espace d'environ 200 mètres de large. Eric était au centre avec un de ses chiens : après avoir caressé l'autre, l'avoir fait flatter par Burton, il le lui avait confié, envoyant l'Américain à la droite de la ligne. A l'extrême gauche était Narischeff, puis Meyer ; entre Eric et Burton, se trouvaient Bussières et Ramsay.

Tout en marchant, ils convergeaient vers l'endroit indiqué par Eric, et des hurlements sourds leur indiquaient que la chasse n'allait pas tarder à commencer. De temps en temps ce bruit cessait, et l'on n'entendait plus que le choc, de plus en plus fort, des vagues se brisant contre les rochers.

En ce moment, et à cinquante pas en avant, un long corps noir sortit d'un fourré et parut hésiter un instant. C'était un loup qui, apercevant la ligne des chasseurs, semblait choisir le point où il voulait la forcer.

Bussières et Ramsay épaulaient.

— Arrêtez! s'écria vivement Eric.

Et il lança son chien sur le loup.

L'animal féroce, voyant son formidable ennemi accourir, détala rapidement en cherchant à rentrer dans la forêt à la droite de Burton. Mais mal lui en prit : il avait compté sans le second chien qui fut sur lui d'un bond, lui sauta à la gorge et l'étrangla d'un seul coup de mâchoire. Pendant ce temps, le premier chien arrivait aussi, et de ses crocs puissants brisait les reins du loup.

Puis les deux fidèles compagnons d'Eric allèrent reprendre chacun leur poste, en remuant la queue, et en léchant leur museau ensanglanté.

On se remit en marche, et l'on arriva bientôt à la lisière du bois qui, du côté de la mer, ne se composait plus que d'arbres mutilés par les orages, rabougris, et se terminait par une plage plate, sablonneuse, couverte de débris et d'épaves de toute nature, apportés par les marées et les tempêtes. Sur la gauche, un rocher nu et presque à pic entrait dans la mer et formait comme un cap avancé : sa base, déchirée par l'entrée des eaux, était crevassée et creusée par mille anfractuosités en forme de grottes ou de cavernes.

Les loups s'étaient enfuis de ce côté pour tourner le rocher, dont le pied était toujours à sec à marée basse; mais ils avaient rencontré la barrière opposée par le flot montant. Ils cherchaient, mais en vain, à grimper contre le mur de granit; ils poussaient des hurlements de rage, qui redoublèrent quand ils aperçurent les chasseurs et leurs chiens.

Un instant de silence se fit parmi les étrangers qui s'étaient de nouveau réunis.

— Attention, dit Eric : que quatre d'entre vous tirent; les autres feront feu après. — Ici, mes bons, fit-il à ses chiens qui voulaient s'élancer.

Quatre détonations retentirent et furent suivies de hurlements de douleur. Les oiseaux de mer, perchés de tous côtés et que les cris des loups, bien connus d'eux, avaient fait sortir de leur immobilité, s'envolèrent en poussant des clameurs bruyantes, et en tournoyant comme un gros nuage.

Un instant indécis, en voyant tomber les leurs, les loups, d'un commun accord, se portèrent en avant, sur les chasseurs, et reculèrent de nouveau devant les trois autres coups de fusil. De leur côté, les chiens faisaient merveille, achevaient les blessés ou étranglaient les plus hardis. Les coups de fusil, de révolvers retentissaient, et plus d'une fois le couteau de chasse dut sortir de son fourreau.

Un énorme loup voulut passer entre la mer et Burton qui se tenait de ce côté; il sauta sur le jeune homme avec une telle vigueur que celui-ci fut renversé et couvert par la lame qui arrivait avec violence. Meyer qui, le premier, avait vu le danger, fut d'un bond de ce côté; mais déjà Burton s'était relevé, tenant à la gorge la bête féroce qui lui labourait la poitrine et les cuisses à coups de griffes.

— Que personne n'y touche, cria-t-il, en voyant les révolvers menacer l'animal; c'est une affaire entre lui et moi.

Et tirant le couteau si connu dans l'Amérique du nord, sous le nom de *Bowie-Knife*, il le plongea dans la gorge du loup, et poussa son cadavre sanglant dans les flots qui l'emportèrent sur les rochers où l'attendait la troupe vorace des oiseaux de mer.

Pendant ce court épisode, cinq ou six loups avaient profité du passage resté libre pour rentrer dans le bois où la poursuite eût été peine perdue.

Eric examinait ses chiens qui portaient la trace de la résistance que leur avaient opposée certains de leurs ennemis, mais ils n'avaient que de légères blessures. Il les frotta avec un morceau de graisse de phoque qu'il tira de sa valise, après les avoir lavées au préalable avec un peu de la liqueur alcoolique que lui avait apportée la jeune fille.

Chacun se tâta, s'examina ; sauf quelques égratignures assez insignifiantes, quelques vêtements déchirés, personne n'avait souffert, et tous étaient prêts à recommencer.

Avant de quitter cette côte, on examina le champ de bataille : une douzaine de loups gisaient à terre tous morts, car les chiens n'avaient pas souffert qu'il y eût des blessés.

Pendant que chacun se préparait au départ, après s'être tour à tour réchauffé par une large gorgée d'eau-de-vie empruntée à la corne de bœuf d'Eric, Meyer se tenait accroupi et examinait attentivement les crocs, les oreilles et les griffes d'un énorme loup.

— C'est bien cela ; voyez donc, Bussières, disait-il en interpellant son ami, c'est bien le *loup noir* de votre célèbre Buffon, le même que mon illustre compatriote Gesner avait classé sous le nom de *Vulpes nigra* dans son admirable ouvrage : *Histoire des animaux.*

— Mais, mon cher ami, je ne vous le conteste pas, vous avez raison ; mais il faut partir, la nuit approche, venez.

— J'aurais pourtant bien désiré que l'un de vous m'aidât à transporter, ou au moins à dépouiller, ce magnifique spécimen de l'espèce.

— Y pensez-vous, nous n'avons pas le temps ; allons, partons.

Tout le monde approuva la motion de Bussières, et Meyer dut se résigner. Il rejoignit ses compagnons, en poussant un soupir, et en jetant un regard de regret sur le loup au-dessus duquel tournoyaient déjà quelques oiseaux de proie ; il murmurait en marchant :

— *Vulpes nigra !* quarante-deux dents, six incisives et deux canines ; langue douce, cinq doigts aux pieds de devant, quatre à ceux de derrière, ongles non rétractiles.

Revenus à leur canot, les chasseurs remercièrent cordialement Eric, qui refusa absolument de recevoir aucun salaire pour sa peine, même de la poudre que Ramsay lui offrait, et qui, après un adieu affectueux, reprit avec ses chiens le chemin de sa maison où l'attendait sa blonde fiancée.

Le lendemain matin, le *Saint-Nicolas* levait l'ancre et s'avança vers le Nord, en longeant la côte occidentale du golfe de Bothnie et en laissant à sa droite la jolie petite ville de Vasa, fondée en 1606. par Charles IX, fils du célèbre Gustave Vasa, roi de Suède.

Malgré l'époque de l'année, le froid était encore un peu vif, surtout la nuit, quand le *Saint-Nicolas* vint mouiller à Kemi, aujourd'hui capitale de la Laponie russe, non loin de la petite ville de Tornea, sur la frontière suédoise.

Les membres de l'expédition scientifique, curieux de pénétrer dans l'intérieur du pays, descendirent à terre, décidés à profiter de la longueur du jour qui était déjà de près de vingt-deux heures.

Les habitations des Lapons se composent de tentes à toits coniques formées de perches appuyées l'une sur l'autre par leur extrémité supérieure : elles reposent inférieurement sur deux poteaux reliés entre eux par des pièces de bois transversales, et le tout est recouvert de grosse toile à voile, de peau de rennes et d'autres animaux. Au sommet est conservée une ouverture circulaire pour laisser s'échapper la fumée du foyer qui occupe le centre de la hutte. Les approvisionnements sont disposés tout à l'entour et consolident l'ensemble de la construction. Les sièges sont des blocs de bois recouverts de peaux de rennes ou de couvertures tissées avec le poil de ces animaux.

La principale richesse des Lapons consiste dans leurs troupeaux de rennes. Cet animal est à la fois pour eux une bête de trait et de somme. Ils l'attellent à de légers traîneaux sur lesquels ils voyagent avec une extrême rapidité et à de grandes distances. La femelle donne par jour à peu près un litre de lait excellent, gras et épais, remplaçant pour tous les usages le lait de vache.

La manière dont les Lapons conservent ce lait est assez curieuse. Ils l'exposent à la gelée en hiver, en retirent la partie aqueuse qui se congèle, et gardent le reste en morceaux épais ayant l'aspect du fromage de Brie. Ainsi préparée cette substance se conserve fraîche pendant plusieurs mois ; la saveur en est aussi agréable que si elle venait d'être préparée.

Lorsqu'on veut s'en servir on en expose un morceau devant le feu, à mesure que la superficie se fond, on le racle avec une sorte de cuiller et l'on mange la partie enlevée. Quand l'appétit est satisfait, il suffit de porter le morceau restant au froid où l'on ira le chercher au besoin.

La chair du renne est fort bonne et se conserve au soleil pendant longtemps : avec la peau on fait des vêtements, des harnais, des sacs, des voiles pour les canots. Les os et les cornes sont façonnés en ustensiles divers ; ses tendons sont convertis en fil, en cordes : sa vessie sert d'outre ou de vase ; enfin il n'est pas de partie de cet animal qui ne soit utilisée.

L'été, le Lapon suivi de ses rennes émigre vers la montagne où son troupeau trouve une nourriture abondante ; car, pendant cette saison, un jour perpétuel de deux mois suffit pour semer, voir mûrir et récolter l'orge et le seigle. Puis arrivent les huit mois d'hiver pendant lesquels le Lapon vit presque sans sortir de sa hutte, pendant ce temps les rennes ramenés dans la plaine sont abandonnés à eux-mêmes pour le soin de leur nourriture. Avec son pied, cet animal creuse la neige, quelquefois à plusieurs centimètres de profondeur, là où son instinct lui découvre la présence de certaines mousses et de lichens qui suffisent à sa frugalité. Il mange aussi les écorces d'arbres, les bourgeons de sapin, de bouleau et, faute de mieux, il se contente de débris de baleine et d'os de poissons.

Ils se rassemblent en grandes troupes sous les ombrages des forêts de sapin qui couvrent les montagnes. Lorsqu'ils sont poursuivis par une sorte d'insecte de l'ordre des taons, nommé *Œstre nasalis*, ils fuient avec une grande vitesse comme frappés de vertige. Il est alors curieux de les voir passer comme une avalanche, touchant à peine la terre de leurs pieds, et n'occasionnant aucun bruit dans leur course, si ce n'est celui produit par un craquement sec des articulations de leurs genoux qui rappelle assez le crépitement produit par le dégagement d'une étincelle électrique.

Le Lapon a encore une seconde espèce d'ami, ce sont ses chiens. Chaque individu en possède au moins huit ou dix, dont il prend le plus grand soin, et qu'il emploie comme attelage à ses traîneaux. Ces chiens sont particuliers au climat et de deux espèces. L'une, le chien des Esquimaux (*Canis borealis*), ressemble assez au chien-loup dont nous connaissons l'intelligence, le courage et l'attachement à son maître. Sa queue est relevée en cercle, son pelage de couleur variable, peu fourni, très fin, ondulé, est couvert de grandes taches noires ou grises. L'autre, le chien de Sibérie, a le poil très long sur tout le corps, est d'un gris argenté et cendré. C'est le *Canis* sibérien des naturalistes. Ces deux espèces d'animaux courent avec une grande rapidité, et franchissent sur la neige d'immenses distances, tirant un traîneau bas sur lequel se tient un Lapon entortillé de fourrures et armé d'un long fouet.

On raconte un singulier moyen dont se servent les habitants des régions boréales pour stimuler l'ardeur de leur attelage, et l'empêcher de quitter la route qu'ils doivent suivre pour se jeter à la traverse sur la piste de quelque animal sauvage.

Plusieurs jours avant son départ, le Lapon ou le Kamtchadale choisit, parmi ses chiens, le plus alerte et le plus vigoureux. Il le nourrit bien, le flatte et le caresse, en présence des autres chiens, auxquels il ne donne qu'une maigre pitance accompagnée de coups de fouet. Le naturel sauvage et quelque peu féroce de ces animaux s'exalte sous les mauvais traitements, et à la vue des faveurs dont un privilégié est l'objet, ils s'irritent contre lui, et lui feraient un mauvais parti sans l'intervention du maître, qui, toutes les nuits, enferme à part son protégé.

Au moment de partir et quand les chiens sont attelés, il attache en avant, au bout d'un trait de 5 à 6 mètres de long, le chien bien choyé, saute promptement dans son traîneau et allonge à tous des coups de fouet. Les parias, voyant à peu de distance devant eux celui auquel ils en veulent pour ses bonnes fortunes, s'enlèvent comme une flèche pour le rattraper et le dévorer au besoin ; mais la distance qui les sépare est grande, et pendant qu'ils redoublent de vitesse, le premier sentant derrière lui ses ennemis acharnés, et entendant leurs hurlements de colère, accélère sa course et tire de toute la puissance de ses forces. Il s'en suit que l'un fuyant, les autres poursuivant, le traîneau vole sur la plaine gelée avec une vitesse vertigineuse, et que le voyageur bien emmitouflé rit de son expédient, et arrive au terme de son voyage en une fois moins de temps qu'il ne l'aurait fait sans cette ruse. Quand il a atteint sa destination, il sépare de nouveau le chien d'avant : une répartition égale de caresses, de nourriture et de corrections rétablit ensuite l'égalité de la gent canine, et par suite la concorde.

Le moyen est bon, et il en usera chaque fois qu'il aura besoin de voyager avec célérité.

Ce fut avec beaucoup de peine que les jeunes savants purent se livrer à leurs études, la neige couvrait encore la terre, et les habitants recouraient à tous les expédients possibles pour se procurer un peu d'herbe pour leurs rennes. Il existe souvent entre les rochers abruptes des fissures assez profondes, cachées sous la neige, où la végétation n'a pas cessé de rester active par suite de la chaleur accumulée, dans le sol, en été, et qui n'a pu rayonner dans l'espace sous le manteau glacé de l'hiver.

Alors les habitants s'aventurent dans ces endroits, dangereux souvent, font des trous et retirent avec des perches armées de crochets une herbe longue et fraîche, précieux trésor pour leurs troupeaux.

Cette recherche n'est pas sans danger, souvent des avalanches recouvrent et engloutissent les chercheurs d'herbe.

Un accident de ce genre venait d'arriver près de Kémi, non loin de l'endroit où botanistes et géologues grattaient la terre pour y découvrir quelque spécimen intéressant.

Deux jeunes Lapons, deux frères, venaient d'être précipités d'un rocher, roulés dans une avalanche.

Tout le monde courut de ce côté, mais, quand on arriva, la moitié du sauvetage était accompli.

Voici ce qui s'était passé :

Un chien accompagnait les deux jeunes gens en les précédant, il échappa à la chute de la masse de neige ; mais en voyant le malheur arrivé à ses maîtres, il poussa de longs hurlements, se précipita dans le ravin et gratta si bien et si fort, qu'il parvint à dégager et à mettre à l'air la tête et le buste de l'un des deux Lapons, qui n'eut plus que peu d'efforts à faire pour se tirer de ce mauvais pas.

En ce moment parurent les passagers de la corvette ; ils se mirent à l'œuvre avec le plus grand zèle ; mais ils cherchaient près de l'endroit où avait été englouti le premier des deux frères, et seraient arrivés trop tard sans l'intelligent chien. Cet animal, après avoir flairé à plusieurs endroits, se mit à gratter la terre en aboyant de nouveau : tous coururent à son appel, et quelques minutes plus tard, ils ramenaient à la lumière du jour, et encore vivant, l'autre jeune Lapon.

Comme les naturalistes revenaient de leur excursion, ils rencontrèrent quelques habitants rentrant de la pêche. Meyer s'approcha de l'un d'eux :

— A quelle époque mûrissent les ananas dans votre pays? lui demanda-t-il.

Ses compagnons poussèrent une exclamation, et s'entre-regardèrent avec surprise, ne s'expliquant pas cette mystification de leur camarade, ordinairement peu enclin à la plaisanterie. Mais leur étonnement redoubla, quand le Lapon interpellé répondit simplement :

— Pas avant les premiers jours du mois d'août.

— Tant pis, répliqua Meyer, j'en eusse mangé avec plaisir.

Et il continua son chemin.

— Ah ça, mon cher Meyer, demanda Ramsay, vous vous croyez donc sous les tropiques, ou je n'y comprends rien, des ananas sous le 65° degré de latitude Nord.

— Je le sais, répliqua Meyer, mais la zone tropicale n'est pas la seule où croît ce roi des fruits : la Laponie possède aussi son ananas particulier qui ne le cède en rien à son frère du Brésil.

— Meyer a raison, interrompit Narischeff, il m'est arrivé une fois de pouvoir en goûter : il mérite l'éloge qu'on en fait : vous permettez bien à ce froid pays d'avoir un ananas puisqu'il se permet aussi de posséder, comme les régions équatoriales, des myriades de moustiques, qui, pendant son court été de deux mois, rendent le séjour de certaines de ses parties inhabitable à l'homme et aux animaux. Sur le grand plateau de la Laponie, vers le 20 juin, la neige fond; le 1er juillet, elle a disparu entièrement; dix jours après, les champs sont couverts de verdure; le 17 ou le 18 juillet, les plantes naturelles, semées ou cultivées, sont en pleine croissance; vers le 25, des myriades de fleurs couvrent le sol; une semaine plus tard, la maturité est presque complète; une autre semaine se passe, et les graines trop mûres s'échappent de leurs enveloppes et tombent sur la terre; le jour qui, pendant la plus grande partie de cette période, est resté perpétuel et qui n'est pas suivi de nuit, commence à diminuer rapidement, et le 18 ou le 20 août, la neige recommence à tomber pour ne fondre que huit mois après. Jusqu'au mois de juin suivant, le sol est couvert d'une nappe blanche; toutes les eaux sont gelées; pendant deux mois, le soleil éclaire le pôle sud, et le Lapon reste plongé dans une nuit profonde qu'éclairent seulement la lune et les aurores boréales. Voilà, mes chers amis, ce pays étrange où le mercure se congèle et qui produit des ananas et des moustiques.

— Bravo, mon cher Narischeff, s'écria Bussières, vous décrivez et peignez fort bien ; mais je vous avoue qu'un hivernage ici ne me tente pas, et, ce qui me console un peu, c'est de voir le soleil et nous, marcher de conserve vers le nord, d'où je compte bien le suivre quand il retournera après avoir mûri les ananas.

Quelques instants après, ils étaient à bord, et oubliaient, près d'un bon feu, les charmes gelés de la Laponie.

Le *Saint-Nicolas* traversa le golfe de Bothnie, et fut bientôt devant Uméa, petite ville mal peuplée, et dont les habitants mènent une vie misérable, obligés qu'ils sont de défendre à chaque instant leurs troupeaux contre les attaques des loups.

Longeant les côtes tourmentées et tempêtueuses de la Suède, il vint jeter l'ancre dans le port de Stockholm.

Rien n'est ravissant comme l'aspect de cette capitale qui semble s'élever au milieu d'un jardin planté de chênes, d'ormes et de sapins. Située entre la mer et le lac Mälar, ce dernier la partage en six quartiers par des canaux qui facilitent les transports et les communications : aussi beaucoup de ses maisons, construites en bois et en briques, sont-elles bâties sur pilotis. De la rade, on jouit d'un coup d'œil magnifique; du milieu des maisons surgissent des bouquets d'arbres; on voit s'élever les flèches et les dômes de trente églises que possède la ville, et que domine la tour Saint-Nicolas, haute de 103 mètres. Fondée au xiii° siècle par le comte Birger de Bielbo, Stockholm ne devint capitale qu'au xvii° siècle. Jusque là, la ville d'Upsala avait joui de ce privilège.

Quinze lieues à peine séparaient Stockholm d'Upsala, et des savants ne pouvaient faire autrement que de visiter ce berceau de la science où professa si longtemps Charles Linné, et dont l'université contient toujours un millier d'étudiants.

Un bateau fut frété, et passant sur le lac Mälar qui renferme près de quinze cents îles, on atteignit la petite rivière Fyrisa, sur le bord de laquelle est bâtie Upsala. Quoique peu peuplée et ayant à peine cinq à six mille habitants, non compris les élèves de l'université, Upsala est une jolie ville, d'une antiquité très reculée, et possède de beaux monuments et de superbes jardins. La cathédrale est remarquable par son architecture et les trésors historiques qu'elle renferme.

Une pierre à repasser, longue d'environ un mètre, conservée soigneusement dans cette église, frappa l'attention des jeunes touristes : ils s'enquirent auprès du gardien de l'origine de ce petit monolithe et des souvenirs qui s'y rattachent.

Voici ce que ce brave homme, ancien soldat qui, sous Gustave III, avait vaillamment combattu dans la campagne de 1788 contre les Russes, leur raconta :

— Vous savez, Messieurs, qu'en 1376, après la mort de Waldemar, roi de Danemark, sa fille Marguerite, que l'histoire nomme la *Sémiramis du Nord*, fit proclamer roi, sous le nom d'Olaüs V et sous sa tutelle, le fils qu'elle avait eu de son mariage avec Haquin, roi de Norvège. Deux ans après, elle devint également régente de Norvège. Ensuite, profitant d'une révolte des Suédois contre leur roi, Albert de Mecklembourg, elle revendiqua le trône de Suède, appuyée par la noblesse de ce pays. Albert reçut la nouvelle des prétentions de Marguerite avec le plus grand dédain ; et, pour lui faire comprendre le peu de cas qu'il faisait d'une femme en matière politique. il lui envoya une pierre à repasser ; c'est celle que vous avez sous les yeux.

« Au lieu de vous occuper du soin de faire briller les lances et les « épées, lui écrit-il, cousez des chemises et raccommodez les hardes « de votre fils ; si vos aiguilles ne piquent pas assez ou s'usent à ce « travail, servez-vous de la pierre que je vous adresse pour en aiguiser « la pointe ; que la main débile, qui ne doit manier que la quenouille « et le fuseau, ne touche pas au fer des batailles, que les hommes « seuls doivent manier. »

Marguerite de Waldemar, profondément blessée par cette insulte ironique, fit acheter de la toile, prépara ses aiguilles, les aiguisa sur la pierre, présent d'Albert, confectionna un certain nombre de chemises qu'elle fit attacher comme drapeaux à la hampe des enseignes suédoises, et en fit remettre une au roi de Suède.

« Je t'envoie, d'après tes conseils, lui répondit-elle, le nouveau « drapeau de la reine de Danemark et de Norvège, afin que tu le « reconnaisses quand il sera planté sur les murs d'Upsala. »

Puis elle marcha contre Albert, le vainquit, le contraignit à abdiquer, et le retint prisonnier pendant cinq années. C'est ainsi que, plus tard, elle réunit sous son sceptre les trois royaumes du nord.

Elle voulut que la pierre à repasser fût déposée dans la cathédrale de notre ville, où se faisaient sacrer les rois, comme un souvenir de son triomphe et de la vengeance qu'elle avait tirée de l'insulte qu'elle avait reçue.

Après avoir remercié et récompensé le cicerone, et avoir visité les admirables collections des musées de la ville, les jeunes gens rentrèrent à Stockholm, où les attendait l'amiral Chérétoff.

Passant devant le golfe de Riga, au fond duquel se trouve la commerçante ville de ce nom, et longeant les côtes de Courlande, le *Saint-Nicolas* entra dans le Sund pour s'arrêter quelques heures à Copenhague, capitale du Danemark. Cette ville, une des mieux bâties de l'Europe, a été fondée en 1043, le jour de Noël, sur l'emplacement d'un hameau habité par des pêcheurs. Le but de la promenade des passagers de la corvette fut surtout le magnifique observatoire construit vers la fin du xvie siècle, par Tycho-Brahé, célèbre astronome danois. On peut arriver en voiture jusqu'à son sommet.

En continuant leur navigation le long des côtes du Sund et du

Kattegat, les voyageurs ne pouvaient assez admirer l'aspect sauvage
de ces rochers de granit, de ces découpures profondes où la mer se
brise, refuges d'innombrables troupes d'oiseaux qui font retentir de
leurs cris perçants l'écho de ces solitudes. C'était bien là le rude
berceau d'où devaient, 120 ans avant Jésus-Christ, se répandre comme
un torrent dans toute l'Europe méridionale, envahir les Gaules,

Les côtes du Sund.

pénétrer en Espagne, ces Cimbres ou Kymris pour, à leur tour, succomber à Verceil après vingt ans de succès, devant les armes de
Catulus et de Marius. C'était aussi de ces froides contrées que devaient
sortir, au vi^e siècle de notre ère, ces Angles qui envahirent la Bretagne, y fondèrent des royaumes, et donnèrent leur nom à l'Angleterre : *Terre des Angles.*

La corvette suivait sa route vers le nord, ayant à sa droite les côtes de Norvège, profondément déchiquetées, semées d'îles et de petits archipels. On venait de passer le Cercle Polaire Arctique, et cependant la température était tiède et le soleil brûlant. Les eaux de la mer étaient d'une douce chaleur, et réchauffées par le grand courant appelé *Guslfstream*, qui, après avoir aussi réchauffé les Hébrides et les Orcades au nord de l'Écosse, vient côtoyer les rives norvégiennes jusqu'au cap Nord, en passant au travers des îles Lofoten.

Après avoir relevé la hauteur du soleil et déterminé l'endroit où se trouvait le navire, l'amiral Chérétoff fit connaître à tous ceux qui étaient à bord, que l'on approchait du terrible tourbillon si redouté des navigateurs, et connu sous le nom de *Maëlstrom*, c'est-à-dire *Courant qui moud.*

En effet, quelques heures après, on aperçut à l'horizon un point blanc, mouvant, tumultueux. La corvette avait cargué toutes ses voiles, et s'avançait rapidement mue par sa vapeur. Bientôt elle ne fut plus qu'à 3 ou 4 kilomètres de distance du centre du gouffre, et déjà la violence des courants attirés vers le tourbillon se faisait sentir sur le navire, tantôt entraîné dans sa route, tantôt faisant refluer et bondir la mer dans sa marche contraire.

C'était le moment du reflux; la marée, en descendant, comprimée entre les étroits canaux qui séparent les îles innombrables de la côte norvégienne, rencontrait le courant sous-marin venant du golfe du Mexique, et ces deux forces opposées se heurtaient avec une violence inouïe. Des vagues monstrueuses, refoulées l'une sur l'autre, arrêtées dans leur course, s'amoncelaient, formaient d'immenses tourbillons où le plus gros navire disparaissait à l'instant, brisé par les écueils ou englouti sous une montagne d'eau.

Un bruit étourdissant, continu, composé à la fois de chocs, de grondements et de sifflements, se faisait entendre dans un rayon de plus d'une lieue. On dit que ce gouffre ne rend jamais ce qu'il a dévoré, et que nulle épave n'a jamais surnagé des bâtiments qui s'y sont perdus. Ceci est pour le moins douteux, mais il est à présumer que par les chocs violents et multipliés auxquels ils sont exposés, les navires engloutis ont leur carcasse, leur membrure et leurs mâts tellement réduits en morceaux que toute trace qui pourrait les faire reconnaître a complètement disparu.

Le *Saint-Nicolas* se trouvait dans une position dangereuse; il avait tourné son arrière vers le gouffre et la puissance de sa machine à vapeur le maintenait presque immobile, et luttant avec avantage contre les impétueux courants qui assaillaient ses flancs et se brisaient sur son taille-mer, en recouvrant le pont d'eau et d'écume.

Au milieu de ce tumulte, et sans se soucier des dangers possibles, les officiers du bord faisaient leurs observations nautiques et astronomiques, et les jeunes savants s'occupaient, les uns à noter la température de l'air et des courants, les autres à prendre un croquis du terrible spectacle qu'ils avaient sous les yeux.

Tout à coup le commandant dirigea sa lunette au-dessus du Maëlstrom, puis il s'élança dans les enfléchures des haubans.

— Une goëlette en perdition! s'écria-t-il en descendant de son poste, elle est entraînée par le tourbillon, et porte le pavillon norvégien.

Immédiatement des ordres furent donnés, et la belle corvette, obéissant à l'hélice et au gouvernail, força de vapeur, et contournant les courants avec une facilité qui donnait une haute idée de ses qualités nautiques, se dirigea à travers des flots d'écume vers la goëlette dont on apercevait la voilure au-dessus des vagues mugissantes du Maëlstrom. Des signaux furent faits, mais restèrent sans réponse; et l'équipage du *Saint-Nicolas* assista à un spectacle émouvant.

Le petit bâtiment entraîné avec une vitesse toujours croissante, tournant sur lui-même, ses vergues brisées, ses voiles déchirées, glissait sur la pente rapide du gouffre et disparaissait dans le terrible tourbillon, sans que le *Saint-Nicolas* pût essayer de lui porter le moindre secours; il était arrivé trop tard.

Luttant contre les courants, la corvette avait mis le cap au nord pour ensuite ranger l'archipel des îles Lofoden, quand une vigie signala un point noir sur la mer.

C'était une chaloupe qui, malgré les efforts des cinq hommes qui la montaient et qui ramaient avec vigueur, dérivait de plus en plus vers le Maëlstrom. Changeant de bordée, l'amiral Chérétoff fit porter droit sur la chaloupe, et après plusieurs tentatives inutiles il parvint à envoyer une amarre aux malheureux dont les forces étaient épuisées, et qui étaient voués à une mort certaine sans l'intervention providentielle du *Saint-Nicolas*.

Après avoir été l'objet des soins les plus empressés, ces pauvres matelots racontèrent qu'ils montaient la goëlette norvégienne le *Namsen*, qui venait de disparaître dans le Maëlstrom. Ils avaient lutté tant qu'ils avaient pu contre le courant, mais le vent ayant faibli, ils avaient été obligés d'abandonner leur bâtiment, croyant, à force de rame, pouvoir s'éloigner ou au moins se maintenir hors de danger jusqu'à la fin de la marée descendante, moment où la mer étant *étale*, les forces contraires des courants se neutralisent, et permettent même aux chaloupes de passer dans les parages du tourbillon. Ils étaient à bout de forces quand ils avaient été sauvés par la corvette.

Leur chaloupe fut hissée à bord et fut l'objet de l'examen curieux de l'équipage.

C'était une embarcation longue et large, solidement construite, et propre à naviguer dans ces mers presque constamment agitées et tumultueuses. Leur avant et leur arrière sont semblables, très élevés et terminés en pointe aiguë qui coupe les vagues et les ramène sous les flancs fortement évidés jusqu'à la quille saillante aux deux extrémités. Ces chaloupes sans gouvernail sont manœuvrées à la rame en avant et en arrière, et bondissent sur les lames avec une grande facilité, sans aucun risque d'être submergées. Les pêcheurs norvégiens voyagent d'île en île, et s'aventurent même ainsi en pleine mer avec la plus parfaite confiance.

Arrivés en face de l'île de Senjen qu'ils habitaient, les pêcheurs remirent leur chaloupe à la mer, et après avoir remercié bien vivement leurs sauveurs qui leur firent de plus quelques cadeaux, ils disparurent bientôt aux regards.

Peu de temps après, on signala l'île de Magerö dont l'extrémité s'appelle le cap Nord ; c'est le point le plus septentrional du continent européen, situé par le 71° degré de latitude nord.

Ce cap n'a rien d'extraordinaire par lui-même, c'est un point avancé d'environ 300 mètres de hauteur et qui, malgré sa situation boréale, est le plus souvent couvert d'une verdure magnifique de même que toute la côte occidentale de Norvège, ce qui est dû à l'effet des eaux chaudes du Gulfstream. En effet, pendant que, sur le côté oriental au sud de la Suède, Kristianstad voit son port gelé tous les ans pendant de longs mois sous le 56° degré, jamais les ports de Norvège ne sont fermés par les glaces, pas plus que l'île Magerö située à 1500 kilomètres plus au nord.

Le *Saint-Nicolas* mouilla en face du cap Nord par un temps magnifique et sous un soleil resplendissant. Par les soins de l'amiral un excellent souper fut servi sur le pont, et l'équipage eut double ration de vin et d'eau-de-vie.

La mer était unie comme un miroir ; de temps en temps, elle se soulevait et montrait le long dos noir d'une baleine qui venait respirer à la surface, ou bien elle miroitait et semblait bouillir au passage d'un banc de harengs ou de maquereaux dont les écailles brillaient comme autant

de pierreries fines aux feux du soleil qui descendait vers l'horizon. Au-
dessus de ces bancs mouvants, volaient des myriades de goélands, de
plongeons, de guillemots, d'aigles de mer et d'autres oiseaux marins et
de proie, poussant des cris aigus et se précipitant au-dessus des flots
pour se saisir des malheureux poissons poursuivis sous l'eau par d'autres
animaux aussi voraces.

Un habitant de Magerö qui vint à bord échanger quelques provisions,
et qui reçut bien plus qu'il ne donna, raconta qu'il venait d'être victime
de la voracité d'un aigle de mer et dans des circonstances assez
étranges.

Cet oiseau dont le nom scientifique est *pygargue orfraie*, petit
pygargue de Buffon (*Haliætus nisus*), se nourrit de toutes sortes de
proies vivantes. Suivant les localités qu'il habite, il chasse les poissons
qu'il saisit à fleur d'eau, les oies sauvages, les taupes, les rats, les
lemmings, ce joli petit animal appelé lapin de Norvège. Il attaque
même les oiseaux de proie. Quelquefois il ose se jeter sur les phoques
quand ils sont à terre, mais il arrive souvent que ses griffes acérées
sont entrées si profondément dans les chairs du mammifère qu'il est
entraîné dans la mer par le phoque effrayé, et qu'il s'y noie. A défaut
d'autre proie, il se nourrit de charogne.

Il paraît aussi que la voracité du pygargue le porte à attaquer les
bœufs.

Le Norvégien raconta son aventure en ces termes :

Il possédait dans une des îles Lofoten quelques bœufs dont il avait
grand soin. L'un d'eux fut un jour assailli par un pygargue de la grande
espèce, c'est-à-dire une femelle adulte. Comme le ruminant se défen-
dait avec vigueur, l'oiseau de proie se dirigea vers la mer, où il se
plongea, puis il se roula tout mouillé dans le sable fin et sec du rivage
jusqu'à ce que ses plumes en fussent couvertes. En cet état, il fondit
sur sa victime, l'attaquant des serres et du bec, et lui secouant le sable
dans les yeux. Le malheureux bœuf, aveuglé, étourdi, furieux, courait
de tout côté pour éviter son ennemi invisible qui lui couvrait le corps
de douloureuses blessures, et en toute sécurité. Enfin, épuisé de fatigue
et vaincu par la douleur, il tomba et devint la proie de l'oiseau féroce.
Quand son maître, allant à sa recherche, le trouva étendu sur l'herbe,
il était mort depuis longtemps, et son corps était déjà à demi dévoré
par les animaux.

Meyer eût bien voulu se procurer un de ces animaux dont la taille
excède souvent un mètre, mais, outre qu'il est fort difficile de les
approcher à distance de tir, le commandant n'avait permis à personne

de descendre à terre, et le souper était trop appétissant pour qu'on songeât à s'éloigner du bord ce jour-là.

A dix heures du soir, par un soleil un peu pâle, il est vrai, mais pur et chaud, on se mit à table. Une longue traînée de poudre d'or glissait sur les flots depuis l'horizon jusqu'à peu de distance de la corvette; le ciel, d'un bleu sombre à l'orient, se fondait en teintes de plus en plus claires jusqu'au zénith pour arriver au vert clair et transparent, puis au ton lilas, au violet ou rouge, et enfin pour resplendir autour du soleil de tout l'éclat de l'orange et de l'or. Les rochers de la côte, aux formes si bizarres, semblaient autant de géants de bronze, autant d'apparitions fantastiques revêtues de cuirasses de cuivre poli. On eût cru que toutes les légions des dieux scandinaves, que les quatre cent deux mille guerriers de Thor et d'Odin s'étaient donné rendez-vous à cette limite de leur antique patrie pour assister au spectacle sublime qui se préparait. Ces aiguilles de granit usées par la tempête et qui s'élevaient comme de longs fantômes d'un rose tendre, n'était-ce pas les apparitions de la chaste Gefione, de la tendre Siofna, de la sage Snotra, de Saga, la muse de l'histoire; d'Iduna, la gardienne de la jeunesse immortelle; de Gna, la rapide messagère des amants; de Lofna, qui veille sur les époux, ou de la resplendissante Fraya, ce type de beauté sorti du sein de la mer?

C'est dans ces impénétrables solitudes que la trinité scandinave abrite ses mystères, qu'Odin, le buveur de vin, le grand créateur, nourrit ses deux loups, et écoute le rapport de ses deux corbeaux qui viennent de parcourir le monde; que Thor, son marteau à la main, image du tonnerre, dirige les mouvements des mondes, et que Freyr, le dieu des moissons et de la fécondité, monté sur un verrat, envoie sur la terre les pluies et les rosées bienfaisantes.

Ces souvenirs de la vieille Scandinavie étaient échangés entre les convives, et tous, sous le charme de cette poésie, oubliaient les heures autour de la table, quand l'amiral Chérétoff se leva, ôta sa casquette, et, prenant un verre plein :

— Messieurs, dit-il, il est minuit : buvons à la santé de tous ceux qui nous sont chers, et que le soleil qui luit encore sur l'horizon soit témoin de nos souhaits !

Un hourrah formidable accueillit la proposition de l'excellent commandant et les verres se heurtèrent joyeusement.

— Quand je vous ai parlé, ajouta-t-il en regardant son chronomètre, le 21 juin finissait; maintenant, Messieurs, le 22 juin commence, le soleil a touché le tropique du Cancer, et retourne vers l'équateur, peut-

LE SOLEIL DE MINUIT.

être le retrouverons-nous le 21 décembre au sud du cap Horn à la même heure.

Tous les regards se tournèrent vers le large et chacun contempla avec émotion et les yeux mouillés l'admirable spectacle que présentait la vaste étendue.

Le soleil qui, toute la journée, avait brillé d'un vif éclat, s'était peu à peu incliné vers l'ouest, pour disparaître, quelques heures, comme il le fait dans nos climats en toute saison. Depuis plusieurs jours, à mesure que l'époque du solstice approchait et que la corvette remontait vers le nord, la nuit, si l'on peut appeler ainsi le court crépuscule lumineux qui suit le coucher du soleil et précède son lever, était de plus en plus courte, et l'astre du jour, à peine disparu, se montrait de nouveau.

Mais le 21 juin, après avoir parcouru son orbe, et au moment où, décrivant une courbe rétrograde, il allait toucher l'horizon, son disque avait rasé, comme un globe enflammé, la surface de la mer; il avait semblé mouiller sa base dans les flots éclatants de lumière et se résoudre en perles d'or liquide et, se relevant dans le ciel, il avait recommencé sa course diurne. Si sa marche eût pu être marquée sur le firmament d'une façon ineffaçable, le *Saint-Nicolas* eût été le centre d'une auréole de flammes, inclinées d'un côté et touchant à l'horizon, de l'autre se relevant et encerclant le cap Nord et toute la pointe de Norvège.

Le calme de la mer, la sérénité de l'atmosphère, le lumineux éclat de la voûte céleste, les reflets éblouissants des flots ruisselant des couleurs les plus variées et les plus vives ; le monotone et régulier murmure des vagues mourant au loin sur la plage de sable, ou se brisant sur les murs de granit; les cris faibles et plaintifs des oiseaux que le sommeil avait fui : tout dans cette scène avait un charme indicible, et portait dans l'âme une douce et calme rêverie. D'un commun accord, chacun, à bord, se taisait et admirait ce sublime spectacle qu'il est si rarement donné à l'homme de contempler dans toute sa magnificence.

CHAPITRE II

L'ISLANDE, LES FÉROÉ ET LES HÉBRIDES

Les morses. — Combat contre les ours blancs. — L'Islande. — Le mont Hécla. — Sources d'eau chaude. — Les îles Féroé. — Les eiders. — Ile de Staffa. — Grotte de Fingal, les Hébrides.

Depuis quelques jours, le *Saint-Nicolas*, après avoir quitté son mouillage du cap Nord, voguait vers l'Islande, cette île dont le nom signifie *terre de glace*, sans que rien fût venu distraire les passagers de la monotonie de la navigation.

Bientôt apparurent à l'horizon les hautes montagnes volcaniques de cette terre, ignorée et déserte jusqu'en 861, où elle fut découverte par un pilote norvégien. Colonisée quelques années plus tard, elle fut réunie et est restée à la couronne de Danemark. Malgré sa proximité des côtes, elle fait partie du Groenland, de l'Europe, et non de l'Amérique du Nord.

Les côtes voisines du lieu où avait mouillé la corvette étaient désertes comme presque tout son côté oriental. De grands blocs de glace accumulés et fermant l'entrée de ses nombreuses baies étendaient au loin leurs blanches nappes.

Tout le monde explorait de l'œil cette nature triste et sauvage, et se demandait pourquoi le commandant n'avait pas doublé l'île pour descendre au sud, quand l'amiral Chérétoff, qui depuis quelques instants dirigeait sa longue-vue sur les glaces, vint auprès de Bussières et de Ramsay.

— Avez-vous jamais vu des morses, Messieurs ? leur demanda-t-il.

Avant que l'un deux eût pu répondre, Meyer, qui avait remarqué l'action de l'amiral, s'était approché.

— Le morse de Buffon, s'écria-t-il, la bête à la grande dent, je connais cela, commandant.

— Eh bien ! si vous voulez le voir autrement qu'au Muséum de Berlin, je vais faire mettre une chaloupe à la mer, et vous trouverez sur ces glaçons flottants, là-bas, dans ce petit golfe, un nouveau sujet d'études.

Des ordres furent immédiatement donnés, et quelques minutes après, les cinq amis descendaient dans une solide embarcation commandée par un des officiers du bord, et montée par dix vigoureux matelots.

Les rames avaient été soigneusement garnies d'étoupes, afin de s'approcher le plus possible du côté opposé à celui d'où soufflait le vent, dans le but de ne pas être éventés par les morses qui dormaient sur les glaces flottantes et sur les glaçons de la côte.

Au moment où la chaloupe quittait le bord, M. Chérétoff se pencha au-dessus de la lisse.

— Êtes-vous bien armé, Messieurs ? dit-il.

— Parfaitement, fut-il répondu.

— Et vous, lieutenant, vos hommes ont-ils leurs haches, leurs piques et leurs révolvers ?

— Oui, commandant, répliqua l'officier, tout va bien.

— Alors, bravo, Messieurs, et bonne chance, car j'aperçois làbas sur ces rochers quelques gaillards à la fourrure blanche, avec lesquels vous pourrez bien avoir maille à partir.

Tout le monde se regarda d'une façon interrogative.

— Il paraît, dit Burton, que l'amiral nous a ménagé une surprise, nous allons étudier l'ours blanc de la mer polaire, le.....

— Silence, je vous prie, Messieurs, fit le lieutenant, si vous voulez voir les morses.

Chacun se tut, et la chaloupe, glissant rapidement sur l'eau, fila comme une flèche enlevée par les rameurs, dont les avirons coupaient les flots sans le moindre bruit.

Bientôt on arriva près d'un énorme glaçon de forme irrégulière, accidentée, couvert d'autres glaçons superposés, à l'abri desquels les chasseurs purent débarquer sans être vus d'une douzaine de morses qui dormaient sur la glace. Au milieu de la bande, deux femelles étaient couchées; l'une allaitait un petit de la grosseur d'un porc d'un an, l'autre ramenait avec ses longues dents ses deux enfants qui voulaient s'éloigner.

Pour l'intelligence de ce qui va suivre, une description du morse est nécessaire.

Cet animal appartient au sixième ordre des mammifères, celui des carnivores amphibies.

Il a la forme générale des phoques, ses pieds sont excessivement courts, plats, palmés; enveloppés par la peau, ne pouvant lui servir qu'à ramper péniblement sur la terre, mais très propres à nager.

On ne doit pas entendre par le mot amphibie qu'un animal peut vivre indifféremment dans l'air et sous l'eau, mais seulement qu'il habite l'un et l'autre. Les amphibies respirent par des poumons, et ne peuvent être privés d'air atmosphérique que pendant un temps plus ou moins court; il leur est donc absolument nécessaire de venir souvent à la surface de l'eau pour respirer. Sans cela ils mourraient asphyxiés. La baleine, le dauphin, le cachalot, etc., et tous les grands cétacés qui peuplent les mers sont soumis à la même obligation : les poissons eux-mêmes, ainsi que les mollusques ou coquillages, doivent venir respirer à la surface, ou sont pourvus d'appareils spéciaux par lesquels ils s'assimilent l'air dissous ou suspendu dans les eaux. Tout le monde sait que les poissons plongés dans l'eau distillée ou refroidie après avoir été soumise à l'ébullition qui en chasse l'air, meurent en fort peu de temps.

La longueur du morse à l'état adulte varie entre 3 et 4 mètres sur une grosseur proportionnée; on en a trouvé qui atteignaient 5 mètres, mais cela est rare. Son mufle est semblable à celui du phoque, ou veau marin, mais sa mâchoire supérieure est armée de deux défenses légèrement courbées, de 2 à 3 pieds de longueur, et descendant verticalement de haut en bas. C'est avec ces dents, qui sont du plus pur ivoire, qu'il lutte contre ses ennemis et qu'il s'accroche aux rochers et aux glaçons pour sortir de la mer ou pour tenir sa tête hors de l'eau et respirer. Il est couvert d'un poil très court, très rare et d'une couleur roussâtre. Sa nourriture consiste généralement en poissons et en substances animales ; cependant, au besoin, il broute les varechs et les autres plantes marines qui tapissent les rochers ou le fond de la mer ; cette particularité jointe au son de sa voix, sorte de fort mugissement, surtout quand il est furieux, lui a souvent fait donner le nom de vache marine. Moins intelligent que le phoque, il a, par suite, moins de douceur et est moins éducable ; néanmoins, c'est un animal inoffensif, à moins qu'il ne soit blessé ; alors il devient terrible et sa masse ainsi que sa force le rendent redoutable.

Les femelles ont deux mamelles ; elles n'ont à la fois qu'un petit, rarement deux, qu'elles soignent avec le plus grand attachement et qu'elles défendent au péril de leur vie.

La chaloupe avait été laissée à la garde d'un maître d'équipage et de quatre matelots ; elle devait, en côtoyant le glaçon, se tenir toujours le plus près possible des chasseurs.

La petite troupe, composée de onze individus, n'eut pas plutôt débouché sur l'espèce de plate-forme où reposaient les morses, que ces énormes masses commencèrent à se mouvoir, et cherchaient à se jeter à la mer en poussant de sourds grondements. Mais la retraite leur fut coupée, et aussitôt ils s'agitèrent en frappant avec colère la glace de leurs longues défenses. Quelques coups de feu furent tirés sans autre résultat que d'exciter la fureur de ces animaux qui, sentant leur sang couler, firent entendre des mugissements prolongés.

Meyer voulait s'emparer d'un petit : aidé de Narischeff et de Burton, il courut sur une des femelles, et ils l'assaillirent à coups de bois de piques et de bâtons. La pauvre bête irritée par la douleur, surexcitée par le sentiment maternel, poussa d'horribles cris auxquels répondit tout le troupeau en se retournant vers les chasseurs. En un instant, les trois jeunes gens furent entourés par ces bêtes furieuses, Burton et Meyer virent leurs piques brisées entre les mâchoires des morses, et sans leur agilité jointe à la difficulté de leurs antagonistes de se mouvoir surtout, et de se retourner sur la glace, ils auraient peut-être été broyés et écrasés.

Tout le monde arriva à leur secours, et la surface du glaçon, si blanche et si nette auparavant, fut en peu d'instants couverte de flots de sang. La fureur et le désespoir des morses étaient indescriptibles ; ils s'agitaient convulsivement, creusaient la glace à grands coups de défense, et se prêtaient un mutuel secours. Plusieurs d'entre eux avaient été tués ; d'autres avaient réussi à regagner la mer du côté où se tenait la chaloupe, et l'avaient immédiatement attaquée. Aussi agiles et maîtres de leurs mouvements dans l'eau qu'ils sont lourds et

empêchés sur la terre, ils s'élancèrent contre l'embarcation dont un
des bordages fut profondément entamé. Ils bondissaient hors de l'eau
jusqu'à mi-corps pour se laisser retomber sur le bord de la chaloupe
et chercher à l'engloutir, ou essayaient de la soulever en passant
dessous. Les marins furent obligés de faire force de rames et de se
défendre à coups de lance pour éviter une mort certaine, et ils durent

Combat contre les morses.

s'éloigner de leurs camarades qui continuaient la bataille sur les
glaçons.

Pendant cet intervalle, la femelle qui allaitait deux petits, profitant
de ce qui se passait, avait réussi à les pousser près d'une pente d'où
ils roulèrent dans les flots ; puis elle-même, plaçant sa tête entre
ses deux pattes ou nageoires de devant, elle se laissa entraîner par
son poids et disparut dans la mer. Quant à l'autre petit, à la grande
joie de Meyer, il était devenu sa possession.

On acheva plusieurs morses qui respiraient encore et qui poussaient des mugissements affreux, et après avoir enlevé quelques

paires de défenses, dont deux mesuraient 72 centimètres, on songea au départ.

Mais tout à coup un choc violent se fit sentir, et presque tous tombèrent sur le sol. C'était le glaçon qui, poussé par le vent, le courant et la marée, venait de se heurter violemment contre la côte. En même temps aussi, la chaloupe, qui avait été obligée de gagner au large pour échapper à la poursuite des morses, arrivait à toute vitesse. Les matelots étaient courbés sur leurs avirons, et le contre-maître, tout en tenant la barre, faisait aux chasseurs des gestes multipliés.

Ils se hâtaient d'accourir, mais en même temps ils entendirent la voix du marin :

— Les ours ! les ours derrière vous ! criait-il.

Quelque braves qu'ils fussent tous, ils n'en éprouvèrent pas moins une sensation désagréable quand, en se retournant, ils virent cinq gros ours blancs se dirigeant vers eux d'un pas rapide : ils n'étaient plus qu'à environ 200 mètres, et la chaloupe avait encore du chemin à faire. Au surplus, la première impression passée, ils firent volteface et marchèrent à leurs ennemis.

Ce n'était pas seulement la présence des ours qui leur avait causé un instant d'inquiétude, c'est que chacun comprenait, sans avoir communiqué sa pensée à son voisin, que la situation était excessivement dangereuse.

Le glaçon sur lequel ils étaient n'avait plus la même stabilité que lorsqu'il était porté sur les flots au mouvement desquels il obéissait. Appuyé maintenant à la côte, sur les bas fonds et les récifs, ce sol factice était secoué violemment par la lame ; il craquait, des signes de dislocation se faisaient apercevoir, et il pouvait arriver qu'une vague plus forte que les autres fendît l'île flottante et la divisât en plusieurs morceaux.

Cependant il n'était plus guère possible de reculer.

Les ours étaient probablement affamés, sans cela ils n'auraient pas cherché à attaquer une troupe d'hommes bien armés ; mais il est supposable que, guettant depuis longtemps les morses, et se dirigeant vers eux pour tâcher d'en faire leur proie, ils avaient été désappointés par la fuite de ces animaux, et cherchaient à se rattraper sur les hommes.

Ils s'étaient arrêtés un instant comme pour se consulter, et humaient l'air qui leur apportait l'odeur du sang et des cadavres dont la glace était couverte. Si les chasseurs se fussent retirés, il est probable que les animaux carnassiers se fussent contentés de dévorer tranquillement la proie facile qu'ils avaient devant eux, car, lorsque les ours blancs, poussés par un long jeûne, se décident à livrer bataille aux morses, il est rare qu'ils ne succombent pas écrasés par leurs énormes adversaires, ou transpercés par leurs redoutables défenses. Il n'en est pas de même avec le phoque, dont ils ont facilement raison, ainsi que d'autres amphibies ou poissons qu'ils poursuivent jusque sous l'eau en plongeant et en nageant avec une grande rapidité, et cela souvent pendant plusieurs heures et pendant plusieurs lieues.

La grande réputation de férocité de l'ours blanc, son audace incroyable à attaquer, même seul, et à poursuivre des embarcations et des vaisseaux, cette sorte de courage aveugle qui le porte à braver les plus redoutables adversaires, tout cela n'est chez cet animal que le résultat de la faim et de longues privations; quelquefois même alors, ils se précipitent les uns contre les autres et s'entre-dévorent.

Autrement, si ses besoins sont satisfaits, il n'attaque ni l'homme, ni tout autre antagoniste capable de se défendre; s'il est blessé, il s'enfuit et abandonne sa poursuite.

En voyant les chasseurs marcher vers eux, l'indécision des ours ne fut pas de longue durée; poussant un sourd grognement semblable à celui d'un chien enroué, ils se jetèrent à la fois sur leurs adversaires.

Ce premier choc fut terrible : au moment où Bussières attendait intrépidement l'un des animaux, afin de faire feu à bout portant, il se vit subitement désarmé par un violent coup de patte, son fusil fut envoyé à quelques pas, et il tomba presque sous la bête féroce.

Heureusement pour lui, un matelot enfonçait, au même moment, sa lance dans le corps de l'animal qui recevait, de plus, un vigoureux coup de hache de Narischeff.

Le combat était inégal, il n'y avait pas deux hommes pour tenir tête à chaque ours, et c'est à grand'peine que les chasseurs battaient en retraite vers la chaloupe, lorsqu'ils reçurent le renfort de deux des marins qui venaient d'aborder l'îlot de glace.

L'un d'eux, vigoureux Finlandais, arriva au moment où l'un des animaux féroces, après avoir reçu dans la poitrine deux balles que lui avait envoyées Ramsay, avait réussi à planter ses griffes sur la cuisse du jeune homme, heureusement préservée par un épais vêtement de peau de renne. Avec la rapidité de l'éclair, le marin leva sa hache et l'abattit sur la tête du monstre, qui roula, la cervelle ouverte, en se tordant dans des convulsions affreuses.

Deux autres de ces animaux venaient de succomber sous les efforts combinés de Burton, qui avait bravement planté son grand couteau dans la poitrine de l'un d'eux, et de plusieurs matelots. Celui qui avait failli tuer Bussières luttait encore, mais des coups de hache lui ayant coupé les deux pattes de derrière, il tomba impuissant et mourant.

Les deux ours restant ne songeaient pas à fuir et continuaient leur attaque avec un acharnement aveugle. Ils étaient couverts de blessures, et il était facile de voir qu'ils ne tarderaient pas à avoir le même sort que leurs compagnons. L'un des deux surtout, moins grièvement frappé ou plus féroce, dont la taille atteignait plus de deux mètres, se précipitait sur les piques avec fureur, les balles le touchaient sans qu'il parût les sentir, et du reste les chasseurs employaient peu leurs armes à feu, craignant de se blesser entre eux. Dans un dernier effort, il repoussa les assaillants et renversa sous lui un matelot qui venait de lui enfoncer sa lance dans la gueule.

L'œil flamboyant, la langue sanglante, le poil hérissé, poussant un cri terrible, il maintenait le pauvre marin sous ses griffes, inaccessible aux coups qui lui tombaient de toute part, et lui labourait horriblement le côté droit.

Ce fut un épouvantable moment d'angoisse pour tous; le malheureux étouffait presque sous le poids, mais plein de sang-froid, d'une main, il avait saisi le monstre à la gorge, et, d'un bras nerveux, éloignait sa gueule béante, prête à lui déchirer la figure, et, de l'autre, il tâchait de dégainer son couteau. Burton, Narischeff et le lieutenant arrivaient; ils venaient d'en finir avec l'autre ours.

— Sauvons cet homme, mes amis, s'écria l'officier, il va être horriblement mutilé.

Déjà l'Américain et le Russe allaient réunir leurs efforts pour détourner la bête féroce de sa proie, quand le matelot finlandais les écarta en disant :

— Attendez, je m'en charge.

Et, en même temps, passant un fort nœud coulant autour du cou de l'ours toujours maintenu par sa victime, il tira sur la corde avec une telle force, qu'il enleva l'animal, le fit retomber sur le dos et le traîna sur la glace, pendant que les lances et les haches faisaient leur office.

— Alerte, Messieurs, la glace se brise : en barque! cria tout à coup le lieutenant.

Tous se hâtèrent d'obéir, mais de violents craquements se firent entendre, la glace se disloqua, donna passage à l'eau, et toutes ses parties brisées et se heurtant oscillèrent en faisant perdre l'équilibre à ceux qu'elle portait.

Chacun ne songea qu'à son salut et essaya de gagner au plus tôt la chaloupe qui cherchait à se rapprocher et courait elle-même le risque d'être écrasée. On glissait, on tombait, on se rattrapait aux inégalités de la glace, et c'était à grand'peine que quelques-uns avaient déjà pu s'embarquer.

Le pauvre marin blessé par l'ours s'était relevé et tâchait de se traîner vers la barque; ses forces épuisées l'abandonnaient, et il courait un grand danger si des secours ne lui étaient apportés immédiatement.

Au moment où des matelots, sur l'ordre du lieutenant, allaient le soulever et l'emporter, la glace se brisa autour de lui, il resta un instant isolé sur un bloc, qui pénétrait de plus en plus, et menaçait de culbuter.

Il était perdu sans Bussières et Meyer, qui, sautant sur la glace avec une agilité et une adresse incroyables, prirent chacun sous un bras le pauvre homme, et s'élancèrent avec lui du côté de la chaloupe, où il fut mis en sûreté.

Tout le monde était réuni, et l'embarquement se faisait avec calme et sang-froid quand Meyer, qui attendait son tour en jetant des regards inquiets autour de lui, se leva sur la pointe des pieds comme pour mieux distinguer un objet invisible à tous. Alors, bondissant comme un chamois au milieu des glaçons, il se dirigea vers le centre d'un glaçon.

Ce fut un cri de stupeur qui sortit de toutes les bouches. Chacun rappelait Meyer.

— Revenez donc! qu'allez-vous faire? vous êtes perdu! C'est de la folie! Vous allez être écrasé! Nous ne pouvons vous sauver!

Telles étaient les paroles que tous adressaient au jeune Allemand qui, impassible et comme s'il eût été sourd, avait continué sa course périlleuse, s'était baissé, avait ramassé un objet grisâtre assez volumineux, et regagnait la chaloupe de la même manière ; mais beaucoup plus lentement et, chargé comme il l'était, avec bien plus de danger.

Enfin il parvint heureusement contre la chaloupe, y jeta ce qu'il tenait dans ses bras, et qui n'était autre chose que le jeune morse dont la mère avait été tuée, et s'élança lui-même dans l'embarcation au moment où une forte vague arrivait en roulant, et réduisait en mille pièces ce qui restait de l'îlot de glace. La chaloupe, malgré les efforts des rameurs, fut violemment déplacée en même temps que Meyer s'y précipitait; il manqua son élan et tomba à l'eau; aussitôt vingt mains se tendirent vers lui, et bientôt il fut au milieu de ses amis;

mais tout mouillé et trempé par un bain dont il se serait bien passé sous cette latitude.

— Prenez ce manteau, lui dit brusquement Burton, en lui jetant sa fourrure, vous allez geler ou attraper quelque bonne fluxion de poitrine, et tout ça pour un mauvais veau de mer.

— Comment, répliqua vivement Meyer, qui tout en s'entortillant de la pelisse ne perdait pas son butin de vue, comment, un veau! un veau de mer! mais non, cher ami. Le veau marin diffère essentiellement de ce jeune morse, quoique appartenant au même ordre : il a trente-quatre dents dont quatre canines égales, tandis que mon jeune *Trichechus* n'en a que vingt-deux, dont deux canines.....

— Tandis, mon cher Meyer, interrompit Bussières, que votre morse n'en a pas du tout.

Et en disant ces mots, il écartait les lèvres de l'animal, et montrait, aux éclats de rire de tout le monde, sa mâchoire complètement nue et encore dépourvue de dents.

Cette saillie interrompit la discussion scientifique, et bientôt on atteignit le *Saint-Nicolas*.

L'amiral avait suivi de loin les différentes péripéties des événements qui s'était succédé sur les glaçons. Au premier grand mouvement de dislocation, il avait ordonné qu'on armât la grande chaloupe, qui avait déjà pris la mer, pour porter secours aux chasseurs, en cas de besoin, et qui était rentrée à bord lorsque le commandant eut vu l'embarcation, et que toute aide était superflue.

— Eh bien! Messieurs, dit-il aux arrivants, apportez-vous la dépouille de vos ennemis? C'est une belle fourrure que celle d'un ours blanc, très chaude, très recherchée et par conséquent très chère.

On fit le récit des divers incidents de la chasse et du dénouement trop rapide qui avait forcé les jeunes gens à abandonner le champ de bataille plus tôt qu'ils ne l'auraient voulu, et l'on exhiba les dents de morse et le pupille de Meyer. C'est ainsi que Narischeff appelait le petit *Trichechus*.

— Si vous m'en croyez, Monsieur Meyer, dit le commandant, et si vous avez suffisamment examiné cette pauvre petite bête, rendez-la à son élément, car elle ne peut tarder à mourir à bord. En supposant même, ce qui est peu probable, que vous puissiez parvenir à la nourrir artificiellement, et à remplacer le lait de sa mère, elle mourra infailliblement lorsque nous allons arriver dans les latitudes plus chaudes. Peut-être que les morses, dont j'aperçois quelques-uns non loin d'ici, lui trouveront une nourrice, ajouta-t-il en riant.

Meyer suivit le conseil de l'amiral, et alla mettre lui-même sa capture dans la mer en l'abandonnant au hasard, possible et constaté, de son adoption par une autre femelle qui le nourrirait conjointement avec son propre enfant.

Sur ces entrefaites arriva le chirurgien du bord, qui assura au commandant que le matelot blessé ne courait aucun danger. La perte de sang, dit-il, avait seule occasionné sa faiblesse; la blessure assez profonde n'avait entamé que les chairs, et nul organe délicat n'avait été atteint; il pensait pouvoir éviter la fièvre et remettre sur pied son client dans deux ou trois jours.

— Quant à la peau, conclut-il, vous savez, commandant, ça repousse.

L'amiral lui donna une poignée de main en signe de satisfaction, et faisant appeler le Finlandais qui s'était conduit avec tant de courage et de présence d'esprit :

— Tiens, mon garçon, dit-il, va à la cantine demander une double ration de rhum, et prends ceci pour faire danser les négresses des Antilles.

Et il lui mit dix roubles dans la main (1).

Le lendemain, le *Saint-Nicolas* reprit sa route, doubla le cap Nord (l'extrémité de l'Islande porte aussi ce nom), et descendit la côte occidentale de l'île. Le commandant voulait toucher sur un point ou deux, et surtout visiter avec les savants le mont Hékla, ce fameux volcan toujours brûlant au milieu d'une neige perpétuelle, et les Geysers, ou sources jaillissantes d'eau bouillante qui sont si peu connues. Il fit jeter l'ancre dans un petit golfe bordé de roches volcaniques au fond duquel se trouvait une bourgade, et non loin de Reykjavik, ville sans intérêt, et qui est la capitale de l'île.

Descendus à terre, les explorateurs se dirigèrent vers les habitations pour recueillir quelques renseignements sur ce qui pouvait les intéresser. C'était un jour de fête, et la pauvre population avait en conséquence revêtu ses plus beaux atours.

Le vêtement des hommes comme celui des femmes est fait en une espèce de drap de laine, épais, de couleur noirâtre, que les femmes tissent et teignent elles-mêmes, nommé radmel.

Celles-ci sont revêtues d'une longue robe boutonnant jusqu'au col, comme les amazones, et quelquefois brodée, galonnée ou ornée de petits boutons ou grelots d'argent percés à jour. Le haut de la robe est

(1) Le rouble d'argent vaut 3 fr. 99 centimes.

terminé par un collet de velours ou de drap très raide qui les emprisonne comme dans un carcan.

Les plus riches portent en outre des colliers, de grandes chaînes à anneaux carrés ou des croix, le tout en argent ou en argent doré. Leur coiffure est simplement un foulard de soie noire et rouge qui cache toute la chevelure, et surmonté d'une carcasse en grosse toile blanche très ferme, qui remonte en s'élargissant et en se recourbant en avant comme le cimier d'un casque : souvent aussi elles se couvrent la tête d'un bonnet posé de travers sur le côté gauche, terminé par une grande tresse de soie verte nattée avec un galon de cuivre ou d'argent, et flottant librement au milieu des abondantes boucles de leurs cheveux blonds.

Les hommes, qui portent leurs cheveux d'une longueur démesurée, et les graissent d'huile de baleine, se coiffent, soit d'un bonnet de laine bigarré de noir et de blanc, soit d'un large feutre très élevé de forme. Ordinairement, ils ont la veste et la culotte courte, nouée au genou sur un gros bas de laine par une très longue jarretière brodée. En cérémonie, ils revêtent une longue jaquette en radmel bordée de laine rouge, et alors le large feutre est de rigueur.

La chaussure des Islandais est uniforme pour les deux sexes et pour tous les âges. C'est une espèce de bourse, taillée dans une peau de phoque ou de mouton et sans couture. Elle s'attache au-dessus de la cheville par des courroies; les pieds sont ainsi à l'abri du froid et de l'humidité.

Leurs gants ressemblent assez à leurs chaussures, si ce n'est qu'il y a une division pour y fourrer le pouce, les quatre autres doigts sont dans la même poche.

Il va sans dire que pendant la saison rigoureuse le vêtement se complique de peaux de phoques, de moutons, de fourrures, taillées en forme de grossiers paletots.

En entrant dans la première habitation qu'ils rencontrèrent, les voyageurs reculèrent, saisis au nez et aux yeux par une fumée jaunâtre, épaisse, âcre et piquante, qui les fit pleurer. Elle était produite par un feu de tourbe qui brûlait au centre de la pièce et qui n'avait d'autre issue qu'un trou percé au sommet.

Cette hutte construite en bois, en terre, et soutenue par des côtes de baleine qui remplaçaient les poutres, avait ses murs d'une épaisseur considérable, réunissant le double avantage, de résister aux vents impétueux qui règnent sur cette côte, et de concentrer et conserver la chaleur du foyer.

L'Islande ne produit que quelques bouleaux, ou sorbiers chétifs et rabougris. Mais la nature a placé dans cette île d'immenses dépôts de

tourbe et de lignite, ou bois fossile, dont ils se servent pour leur usage ;
ils brûlent même la fiente desséchée de leurs bestiaux. En outre, les
courants marins apportent sur certaines parties des côtes d'énormes
quantités de troncs de sapin, de pin et d'autres arbres qui leur sont
d'une précieuse ressource pour leurs constructions et pour tous les
besoins domestiques.

En revenant vers la côte pour rentrer à bord, l'attention de Meyer,
qui marchait en avant de ses amis, fut attirée par un spectacle assez
bizarre. Une dizaine de jeunes Islandais, suspendus à des cordes attachées au sommet des rochers qui bordaient la mer, fourraient de longs
bâtons dans des trous d'où s'échappaient en criant de grandes volées
d'oiseaux blancs et noirs de la grosseur d'un pigeon.

— Que font donc vos compatriotes dans une position si dangereuse,
demanda Ramsay à un pêcheur qui ramassait des coquillages dans les
petites criques que le flot avait laissées à sec.

— Ils font la chasse aux moines, répondit celui-ci.

— Les moines! demanda Ramsay avec surprise, en tournant ses
regards vers Meyer.

—Je crois, dit le jeune Allemand, qu'on appelle ainsi, et plus souvent
aussi perroquet du Nord, un palmipède qui n'est autre que le macareux
commun.

— C'est ce que vous auriez dû me dire tout de suite, répliqua Bussières, j'ai jadis chassé le macareux sur les côtes de la Bretagne, où il
niche et fait sa ponte dans des trous de rochers, et même dans des terriers de lapins, quand il en trouve. Autrement, il se creuse, dans le
sable, des galeries très profondes, où ils se fourrent les uns sur les autres.

— Vous avez raison, interrompit Narischeff, j'ai assisté à la chasse
de ces oiseaux dans les îles Féroé, où ils sont très nombreux, très
recherchés des pauvres habitants, pour leurs œufs, qui constituent une
nourriture saine. Quand les macareux sont nichés comme vous le voyez
ici, les chasseurs se suspendent à des cordes ou grimpent le long de
hautes perches, puis, introduisant dans les trous un long bâton à crochet, ils en retirent l'oiseau et ensuite refourrent le bras pour y prendre
les œufs. Lorsque, au contraire, le macareux a niché dans de vieux
terriers ou dans des trous creusés dans le sable, on se sert de chiens
dressés à cette chasse qui pénètrent jusqu'au fond du nid et se saisissent
de leur proie; il arrive souvent dans les deux cas, et surtout dans le
dernier, que les macareux, habitant plusieurs à la fois le même domicile, s'efforcent de retenir par la queue celui d'entre eux que le chien
enlève. Un troisième tire sur la queue du second au moyen de son bec,

un quatrième en fait autant au troisième, etc.; et alors le chasseur voit
sortir son terrier traînant à reculons un chapelet de cinq ou six macareux qui ne lâchent pas prise.

Tout en devisant ainsi, ils étaient remontés à bord du *Saint-Nicolas*
qui reprit sa route en côtoyant l'île.

Peu à peu surgirent à l'horizon les pics volcaniques de la côte du sud-
ouest, dont le plus connu, l'Hékla, haut de 1560 mètres, se distinguait
au milieu des autres par un long panache de fumée qui couvrait sa tête.

L'Hékla n'est pas le volcan le plus considérable de l'Islande qui en
renferme une vingtaine plus ou moins connus par leur éruption ; il n'est
pas non plus le plus élevé, puisque l'un d'eux, sur la côte Sud-Est,
s'élève à la hauteur de 1884 mètres; mais son voisinage de la côte en
a rendu l'étude et la connaissance plus facile. Les éruptions, et surtout
celle de 1784, bouleversèrent l'île de fond en comble : à la suite de
cette dernière, des rivières furent taries et disparurent en convertissant
en un désert inhabitable des vallées jadis fertiles. Les vapeurs sorties
de la terre tuèrent la presque totalité des chevaux, des bêtes à cornes
et dès moutons qui couvraient l'île, et un grand nombre d'habitants
périrent. A la profonde terreur des Islandais, une île sortit tout à
coup flamboyante du milieu de la mer, où elle ne tarda pas longtemps
à s'engloutir à la suite d'un tremblement de terre.

Tout le personnel scientifique de la corvette descendit à terre, et se
dirigea vers l'Hékla au milieu des couches de laves dont quelques-unes
étaient encore chaudes, tandis que les plus hauts sommets étaient
couverts d'une neige éblouissante de blancheur.

Aucune espèce de végétation n'apparaissait sur toute cette surface,
et depuis la côte où croissaient quelques genévriers et de maigres
groseilliers entourés de cochléarias, on n'avait pas aperçu le moindre
brin d'herbe. En revanche les amateurs d'échantillons de minéralogie
s'en donnaient à cœur joie. Meyer avait déjà son bissac rempli, et montrait avec satisfaction un magnifique groupe de chaux carbonatée en
énormes cristaux, connu sous le nom de spath d'Islande. Burton avait
trouvé du fer et du plomb, et causait avec Ramsay des avantages qui
résulteraient de l'exploitation d'un immense amas de soufre dont il
avait recueilli un magnifique spécimen.

L'abord du cratère était impossible, le sol qui l'entourait était
brûlant, le vent rabattait sur les explorateurs une fumée suffocante
qui déterminait une toux continuelle et des crachements de sang; des
pierres, des cendres, et des laves incandescentes étaient lancées en
l'air de temps en temps, et augmentaient encore le danger de l'ascen-

sion; il fallait y renoncer et se contenter d'aller visiter les Geysers.

On nomme ainsi des sources d'eau bouillante qui sortent d'un petit cratère, et qui s'élancent verticalement à des hauteurs plus ou moins considérables. Elles sont au nombre de plus de quarante, sortant des petits monticules disséminés au milieu d'une vaste plaine. L'une cependant occupe le fond du cratère du Krabla, volcan éteint, et lance à 14 ou 15 mètres de hauteur un jet d'une eau boueuse, accompagné

Un Geyser.

chaque fois d'une détonation semblable à celle d'un coup de canon; une autre surgit bouillante du milieu d'un glacier.

Les deux jets les plus remarquables sont ceux connus sous le nom de grand Geyser et Strokmur.

Le premier sort d'un monticule de 2 à 3 mètres de hauteur, dont la partie supérieure présente un bassin circulaire, en forme de soucoupe de 15 mètres de largeur sur 1 mètre de profondeur. Une ouverture formant l'extrémité d'un long tube cylindrique de 3 mètres de diamètre, et que l'on a pu sonder jusqu'à 22 mètres de profondeur, sort du milieu d'un bassin. C'est l'aspect que présente, mais en une beaucoup moindre proportion, l'ajutage des jets d'eau de nos jardins.

Un fait extraordinaire et qui donne au bassin et à tout ce qui l'entoure une physionomie particulière, c'est que ces sources renferment en dissolution de la silice pure, c'est-à-dire la substance transparente connue sous le nom de cristal de roche.

Cette silice se dépose sur toutes les surfaces environnantes, de sorte que le bassin, le canal et le sol semblent taillés dans le cristal, sur lequel coule une eau chaude, mais limpide, sans aucune coloration, et dont la température extérieure est toujours au moins de 85 degrés centigrades ; dans le tube, combinée avec la vapeur, elle atteint 127 degrés.

Au moment où les explorateurs arrivèrent sur les bords du Geyser et où ils travaillaient à l'envi à casser les incrustations cristallines pour en enrichir leur collection, l'eau du bassin commença à s'agiter et à osciller d'un bout à l'autre, un bruit sourd intérieur se fit entendre, devint de plus en plus distinct ; et tout à coup sortit du tube une énorme colonne d'eau bouillante de 9 mètres de circonférence qui s'élança jusqu'à la hauteur d'environ 50 à 60 mètres en répandant de tous côtés une immense quantité de vapeur. Puis tout s'apaisa pendant quelque temps, et le phénomène se reproduisit à intervalles irréguliers.

Meyer voulait entrer dans le bassin, mais à son premier essai, il sentit si vivement l'effet de la chaleur, qu'il dut renoncer à son projet.

Le Strokmur, situé à peu de distance du précédent, est beaucoup moins considérable quant au volume de l'eau qu'il projette, mais ses éruptions montent à la même hauteur que celles du grand Geyser.

L'élévation ordinaire qu'atteint la colonne d'eau dans ces deux sources est généralement de 35 à 40 mètres, mais à l'époque de certaines éruptions de l'Hékla, le jet d'eau bouillante s'est élancé jusqu'à 100 mètres.

Les habitants de l'île profitent de la chaleur de ces sources et les utilisent suivant leur degré de température. Ils y courbent les pièces de bois nécessaires au charronnage et à la sellerie, y cuisent leurs œufs, leurs légumes et autres aliments, y lavent leur linge et se baignent dans les sources les moins chaudes ; on prétend que les vaches qui s'y abreuvent donnent une quantité de lait extraordinaire. Enfin, lorsque le christianisme devint général en Islande, ce fut dans les eaux des Geysers que furent baptisés les anciens païens convertis.

Après avoir fait de nombreuses observations scientifiques et plongé le thermomètre de tous côtés, on songea au retour, et chacun chargé de pierres, de bois recouverts de cristal, se dirigea vers le mouillage. Bussières portait dans ses bras une grosse et lourde concrétion de silice, transparente, légèrement laiteuse, qui représentait un énorme chou-fleur ou un bouquet gigantesque, et qu'il avait détachée des bords du bassin du grand Geyser non sans quelques échaudures aux pieds et aux mains.

— Vous avez eu une fameuse chance, mon cher ami, lui disait Meyer, et le Muséum de Paris pourra se vanter d'avoir un échantillon rare. Oh! si l'un des bassins n'avait pas été si chaud, je crois que le Muséum de Berlin n'avait rien à envier à celui de votre pays.

— Comment? demanda Bussières.

— J'aurais voulu détacher le tube d'où sort le jet, ajouta Meyer en se penchant confidentiellement vers le Français, c'eût été un échantillon unique.

— Et encombrant, mon ami, vous en conviendrez, répondit ce-lui-ci.

Meyer ne répliqua pas, mais on voyait qu'il regrettait l'insuccès de sa tentative.

L'expédition se dirigea alors vers le nord de l'Écosse, rentrant ainsi en Europe après avoir visité une île que, vu sa proximité (122 milles marins ou 56 lieues kilométriques) du continent améri-cain, tous les géographes modernes ont justement placée dans la division américaine du globe.

Le *Saint-Nicolas* passa en vue des îles Fär-Oer ou Féroé, au nombre de trente-cinq, et dont la découverte due aux Norvégiens remonte au ix° siècle de notre ère.

— Commandant, disait Narischeff en braquant sa lorgnette sur les hautes montagnes de cet archipel, on prétend que c'est dans ces parages que se trouve le *canard eider* duquel on tire un précieux duvet nommé *édredon* et dont la chasse se fait dans les régions arctiques et surtout aux îles Féroé.

— Je croyais qu'on ne les tuait pas, interrompit Bussières.

— C'est vrai, je me suis mal exprimé : Voici comment procèdent les chercheurs d'édredon.

Le nid de l'eider, construit de varech, est préparé conjointement par le mâle et la femelle; ensuite la femelle en recouvre le fond et les bords d'un duvet léger qu'elle arrache de la peau de son ventre, et qu'elle entasse jusqu'à ce qu'il forme un gros bourrelet, qu'elle rabat sur ses œufs, lorsqu'elle les quitte pour prendre sa nourriture. Le mâle, qui ne couve pas, fait sentinelle aux environs du nid. Il y a quelquefois dix ou douze œufs dans le même nid, et alors, deux femelles, côte à côte et de bon accord, participent à l'incubation.

Les chasseurs enlèvent alors les œufs et le duvet qui les protège ; immédiatement la femelle se déplume une seconde fois et fait une nouvelle ponte. Si l'on dépouille le nid une seconde fois, une troisième ponte a lieu, mais c'est alors le mâle qui fournit ce duvet, d'une qualité inférieure. Il faut respecter cette dernière couvée ; sans quoi, la place serait pour toujours abandonnée par les eiders.

Les rochers où nichent ces oiseaux sont divisés en cantonnements qui forment autant de propriétés particulières d'un très grand revenu.

Roches volcaniques des îles Féroé.

Pendant cette conversation, une troupe d'eiders passa au-dessus du navire, elle venait à tire-d'aile de la haute mer et regagnait le rivage, ce qui indiquait une tempête au large. En effet la mer grossissait, les lames se soulevaient, et le vent sifflait avec violence dans la mâture prudemment dégarnie de voiles ; mais le *Saint-Nicolas* était trop solide pour que cela pût même retarder sa marche, et, continuant son allure, il eut avant la nuit laissé la tempête derrière lui, et vint quelques jours après, mouiller en face de Staffa, une des plus petites des trois cents îles formant l'archipel des Hébrides, dont quatre-vingt-sept seulement sont habitées.

Cet archipel fait partie de l'Écosse. Il fut autrefois habité par les *Pictes*, anciens habitants de la Calédonie, et qui reçurent leur nom, qui signifie *peints*, de l'habitude qu'ils avaient de se tatouer le corps et le visage.

L'île de Staffa est entièrement composée d'une énorme masse basaltique, roche volcanique, qui, en se refroidissant, s'est cristallisée en immenses colonnes dirigées dans tous les sens, qui ont laissé au milieu de leur agglomération trois grottes accessibles par mer, et dont la plus célèbre est connue sous la dénomination de grotte de Fingal, du nom d'un roi de Morven qui régnait au iii° siècle, et qui fut le père d'Ossian, l'illustre barde écossais. Ce même Fingal, à la tête des Pictes et des Calédoniens, défit les Romains commandés par Caracalla, quand celui-ci eut porté la guerre en Écosse.

Encore aujourd'hui les pêcheurs du nord de l'Écosse ne passent pas devant Staffa sans saluer le séjour où, suivant la tradition, Fingal venait se reposer et rêver.

La grotte de Fingal a 83 mètres de profondeur, 40 de hauteur et une largeur proportionnelle. Son entrée, baignée par la mer, n'a que 10 mètres d'ouverture en hauteur comme en largeur. Elle est percée dans une colonnade de prismes de basalte de la plus parfaite régularité, s'élevant d'un seul jet à plus de 30 mètres de hauteur. Au-dessus de cette colonnade se dresse un gigantesque ponton en courbes inégales, représentant un massif en forme de toit, composé de prismes plus petits et d'une épaisseur totale de 12 à 15 mètres.

C'est à peine si, de la mer et à une très courte distance, on peut apercevoir l'ouverture de la grotte sans cesse battue par les flots.

Le grand canot fut mis à la mer, les explorateurs y montèrent et se dirigèrent vers l'entrée dont l'accès était rendu plus difficile par un violent ressac. L'obstacle fut heureusement franchi et, tout d'abord, les yeux encore éblouis par la brillante clarté du dehors ne purent rien distinguer. Il semblait que l'on pénétrait dans un four, et l'on ne voyait ni voûte, ni fond, ni paroi ; une légère traînée lumineuse apparaissait seulement au-dessous du canot. L'eau était assez calme, mais on entendait le bruit qu'elle faisait en se brisant contre les côtés de la grotte.

Lorsque, enfin, la vue accoutumée à l'obscurité put percer les ténèbres, et quand le canot eut franchi la moitié de la grotte, un spectacle grandiose apparut. Cet immense vaisseau, dont la hauteur échappait aux regards, descendait en courbe et reposait sur des milliers de colonnes prismatiques de basalte noir. Le fond était tapissé par un mur de la même roche, dont les divisions verticales s'élançaient d'un seul jet jusqu'au sommet, et imitaient un gigantesque buffet d'orgue.

Le côté droit s'élevait, en vaste amphithéâtre dont les assises et

LA GROTTE DE FINGAL.

les gradins sont représentés par des rangs de prismes tronqués, carrés, triangulaires, à six pans, et finissant comme une corniche étroite, élevée de 5 mètres au-dessus de l'eau, et commençant à l'entrée de la grotte. Le côté gauche plonge à pic, dans les flots.

Les explorateurs quittèrent leurs chaussures pour ne pas glisser sur le basalte humide et visqueux, et suivirent l'étroite corniche surplombant l'abîme. Peu à peu le chemin, d'abord à peine suffisant pour permettre d'y poser un pied devant l'autre, s'élargit et finit par présenter un cirque assez vaste et en pente, composé de milliers de colonnes verticales tronquées, d'un basalte noir aggloméré par une matière calcaire jaunâtre. On eût dit une de ces mosaïques dont les anciens Romains dallaient leurs salles de bains.

De cet endroit, on a devant soi la grotte dans sa longueur, et l'on voit, à l'extrémité, l'entrée unique se détachant comme un point étincelant de lumière, au milieu de l'obscurité.

Les jeunes gens ne pouvaient se lasser d'admirer ce coup d'œil magique. La lumière du soleil pénétrait par l'ouverture, diminuait d'intensité à mesure qu'elle s'en éloignait, et ne faisait plus que franger d'une faible lueur rose, bleuâtre ou verdâtre, les saillies de basalte.

La mer, illuminée dans ses profondeurs, jouissait d'une transparence étrange; suivant le mouvement des flots, de longues lignes, ou sombres, ou lumineuses, ondulaient et miroitaient, décomposant les rayons solaires en mille aigrettes colorées des feux de l'arc-en-ciel; lorsqu'un fragment de basalte tombait dans ce lac mystérieux, l'eau jaillissait en gouttes phosphorescentes; et les ondes, formées par la chute, s'élargissaient en cercles d'or et d'émeraudes.

Suivant que le soleil brillait dans un ciel pur, ou qu'un nuage obscurcissait momentanément son disque, un changement soudain s'opérait dans cette solitude. Il semblait qu'un voile s'abaissait; un reflet, tantôt gris, tantôt violacé, d'autres fois vert, colorait tous les objets et leur donnait une physionomie étrange; ou bien, la teinte violette s'éclaircissant passait au bleu intense; et alors, la mer,' les rochers, la chaloupe, les explorateurs semblaient plongés au fond des flots dans ces cavernes fantastiques, où l'imagination des bardes de la Scandinavie et des conteurs arabes a placé le séjour des Nicks (1), des ondines et des fées.

Il fallut pourtant s'arracher à cette contemplation, la marée mon-

(1) Nick, esprit des eaux dans la mythologie scandinave.

tait rapidement; et comme c'était celle qui suivait la nouvelle lune de trente-six heures, elle devait s'élever à son maximum. L'entrée de la grotte eût été entièrement fermée par la mer; et si beau qu'eût été le spectacle de cette immense caverne éclairée seulement par la lumière filtrant au travers des flots, il eût fallu y séjourner six heures, et attendre ainsi le reflux de la marée, ce que nos voyageurs ne désiraient pas faire.

Ils revinrent donc à bord, chargés d'échantillons de basalte, et fort satisfaits de leur excursion.

Quelques instants plus tard, la corvette tournait son avant vers la haute mer, dans la direction du Labrador, et abandonnait pour bien longtemps le continent européen.

Les rivages des Hébrides disparurent peu à peu dans la brume, salués par les adieux de l'équipage, et le *Saint-Nicolas*, obéissant à la puissance de son hélice, poursuivit sa route, en fendant les vagues de l'océan Atlantique.

CHAPITRE III

TERRE-NEUVE, LE CANADA ET NEW-YORK

Aurore boréale. — Culbute d'une montagne de glace. — Pêcheurs de morue. — Québec.
— Le Saint-Laurent. — Serpent à sonnette. — Chasse à l'élan. — L'ours noir. —
Montréal. — Boston. — New-York.

Déjà plusieurs jours de navigation s'étaient écoulés, sans que rien
fût venu rompre sa monotonie, au moins en ce qui concerne la rencontre plus ou moins fréquente d'autres navires, chose assez commune en suivant les routes que parcourent les paquebots et les
voiliers, qui relient les grands centres commerciaux des deux hémisphères.

L'amiral Chérétoff maintenait son chemin à l'ouest, à la hauteur
du 55° parallèle Nord, et c'est à peine si l'on aperçut deux ou trois
baleiniers, ou pêcheurs de morue avec lesquels on put échanger des
signaux.

Les seules distractions des voyageurs consistaient à pêcher, à tirer
quelques coups de fusil sur les bandes de marsouins qui bondissaient
en se jouant, en avant de la corvette, et à regarder quelque souffleur
ou cachalot venant respirer à la surface, et lancer en l'air une
colonne d'eau par son évent.

L'océan était calme, et à peine sillonné par de petites vagues dont la crête se brisait en une écume blanche. Aussi loin que le regard pouvait s'étendre, on n'apercevait que sa vaste étendue, formant un cercle immense dont la corvette était le centre. Quoique l'on fût en été, et que la quantité de chaleur produite par le soleil pendant les longs jours dût échauffer l'atmosphère, on sentait cependant que, plus on se rapprochait des côtes américaines, plus le thermomètre baissait. L'amiral pensa, avec raison, que cet effet était dû à de grandes agglomérations de glaces sur la côte du Groenland et du Labrador, et peut-être à la présence de ces énormes masses de glaces flottantes qui causent un tel refroidissement autour d'elles que, lorsqu'elles échouent sur quelque rivage cultivé, la végétation souffre, dépérit et quelquefois meurt. Il fit donc porter la route plus au sud, pour gagner le banc de Terre-Neuve, et renonça à toucher la côte du Labrador.

Ce dernier pays est au surplus, peu curieux; son climat est glacial, et les Esquimaux qui l'habitent y vivent de la manière la plus misérable.

Un voyageur anglais rapporte avoir trouvé une famille d'indigènes logée dans une caverne creusée au milieu de la neige. Cette étrange demeure avait la forme d'un four de 7 pieds de haut et de 10 à 12 de diamètre. Une lampe alimentée avec de l'huile de baleine éclairait l'intérieur, où les habitants gisaient pêle-mêle étendus sur des peaux.

Le soleil venait à peine de se coucher, qu'une lueur apparut dans le nord, et devint de plus en plus marquée à mesure que l'obscurité se faisait plus profonde sur les autres points de l'horizon. Bientôt des jets de lumière semblèrent sortir de l'extrémité de la mer; ils étaient larges, irréguliers, se succédaient à des intervalles plus ou moins rapprochés; puis, des deux côtés, à l'est et à l'ouest, et à une grande distance l'une de l'autre, montèrent lentement, quelquefois procédant par sauts brusques, deux vastes colonnes de feu changeant sans cesse de couleur et d'aspect. Des traits lumineux d'un éclat tantôt vif, tantôt éteint, les sillonnaient dans leur longueur, ou les embrassaient comme un rapide et tortueux serpent.

Tantôt ces éclairs étaient d'un jaune éclatant, et passaient au vert foncé; tantôt ils se changeaient en un ruban d'argent d'un pourpre magnifique.

Tout le monde était sur le pont, et contemplait avec admiration ce magnifique phénomène, connu généralement sous le nom d'*aurore boréale* et qui devrait plutôt être nommé *lumière polaire*, car il est

commun aux deux pôles boréal et austral. Les jeunes savants, tout
en ne perdant pas de vue la moindre des phases de l'apparition,
constataient et inscrivaient les mouvements de l'aiguille aimantée,
les variations de la boussole et mesuraient la quantité énorme d'électricité dont était chargée l'atmosphère.

Mais personne ne put retenir une exclamation d'étonnement quand
soudainement les deux colonnes lumineuses, dont l'éclat et les changements devenaient de plus en plus vifs, s'inclinèrent l'une vers l'autre,
se penchèrent et se réunirent en un arc, ou plutôt, en une voûte de

Une aurore boréale.

feu d'une prodigieuse étendue, surmontée d'un foyer central éclatant,
au milieu duquel convergeaient, dans un mouvement rapide, des
milliers de traits de feu diversement colorés : c'est ce qu'on appelle
la couronne de l'aurore boréale. Les étoiles semblaient ne plus exister ;
leurs rayons, si brillants qu'ils fussent, s'étaient éteints en présence
de la lumière du phénomène ; c'est à peine si quelques-unes des plus
éclatantes apparaissaient faiblement vers le sud.

Pendant deux heures ce spectacle conserva toute sa magnificence
et sa majesté ; puis, peu à peu, la lumière s'affaiblit, les traits et les
fusées devenaient moins rapides et moins fréquents ; leurs teintes
pâlirent, l'édifice magique sembla s'ébranler, la couronne s'effaça,
l'arc perdit ses contours, l'ombre gagna de plus en plus, les colonnes

oscillèrent, fléchirent, s'abîmèrent sur elles-mêmes, et bientôt l'on ne vit plus à l'horizon que des lueurs incertaines qui se déplaçaient lentement et finirent par s'éteindre.

Tout rentra dans le calme ordinaire, la nuit continua son cours, les étoiles lancèrent de nouveau leur douce clarté, et le silence qu'avaient gardé les observateurs fit place aux discussions et aux explications scientifiques.

A la pointe du jour, un baleinier fut signalé à l'avant. Des signaux furent échangés, et le voilier mit en panne pendant que la corvette vint se ranger à portée de la voix et arrêta le mouvement de son hélice. Le capitaine du baleinier prévint l'amiral que trente ou quarante montagnes de glaces flottantes, probablement détachées de la côte du Groenland, marchaient dans la direction que suivait le *Saint-Nicolas*.

Il avait passé lui-même, dit-il, entre une énorme masse, et n'avait dû qu'à la précision de ses manœuvres et à l'énergie de son équipage, de ne pas se trouver serré entre deux de ces blocs qui paralysaient l'action des vents, et qui eussent écrasé, comme une coquille de noix, le trois-mâts qu'il commandait.

M. Chérétoff se fit parfaitement renseigner sur la direction du danger signalé, et après un échange de politesses et de courtoisies entre les deux équipages, il fit porter droit sur le lieu où devaient se trouver les glaces flottantes.

Il faisait à peine jour, quand la vigie signala successivement à peu de distance les redoutables montagnes mobiles. Qu'on se figure d'immenses blocs de glace compacte et transparente de 500, 1,000 et jusqu'à 3,000 mètres de circonférence, s'élevant au-dessus de la mer à 60, 100 et 200 mètres, et marchant lentement, poussés par le vent et les courants, comme autant de fantômes gigantesques.

Le soleil, en se levant, vint éclairer leur cime, qui se colora des teintes les plus vives et les plus riantes, rehaussées par des ombres d'un bleu sombre et d'un violet foncé. Empruntant à l'atmosphère tout le calorique qu'elle renfermait, ces glaces, en fondant peu à peu, rayonnaient à une grande distance en froid assez vif, et le thermomètre baissa jusqu'à zéro, quand le *Saint-Nicolas* passa hardiment entre deux des plus hautes, distantes tout au plus de 300 mètres l'une de l'autre. C'était une audace que pouvait seul se permettre un bâtiment à vapeur, car un navire à voiles eût couru le risque de rester immobile, les vents arrêtés par ces montagnes n'activant plus sa marche.

La corvette manœuvrait avec une rare précision au milieu de cet archipel mobile quand, à quelques centaines de mètres de distance, un phénomène bizarre quoique assez fréquent se produisit à la stupéfaction de tous.

Depuis peu de temps, une de ces montagnes de glace déviait de plus en plus de sa position verticale, et se penchait vers la mer en découvrant sa base. Tout à coup, elle s'abattit avec un bruit effrayant et, en soulevant la mer en vagues énormes, laissa voir un instant presque toute la partie jusque-là cachée sous les flots, plongea, disparut, revint à la surface, et après plusieurs oscillations, continua sa marche; mais son sommet avait pris la place de sa base et vice versa.

Sous ce choc terrible, la mer calme jusqu'alors, était devenue fortement agitée; les autres montagnes de glace oscillèrent à leur tour et craquaient avec bruit, comme si elles aussi allaient se renverser et se disloquer.

L'amiral fit forcer la vapeur, et en quelques minutes la corvette fut hors de la sphère d'activité de ces dangereux voisins.

Les jeunes explorateurs savaient à quoi s'en tenir sur les motifs du phénomène qui venait de se produire sous leurs yeux : mais ils voulurent en vérifier la cause. On descendit à une assez grande profondeur, dans la mer, un thermomètre dit à maxima, construit de manière à indiquer, par un signe lisible, le plus haut degré de chaleur trouvé dans un milieu quelconque, lors même qu'il devrait ensuite nager dans un autre milieu beaucoup plus froid. Quand on le remonta, on vit que les courants du fond de la mer étaient de beaucoup plus chauds que la superficie. Or, on sait que la glace, à zéro, pèse un dixième de moins que l'eau, et que sa légèreté relative augmente avec sa basse température, ce qui la fait flotter et surnager. Il s'ensuit donc que la partie de glace flottante qui se montre au-dessus de l'eau n'est qu'une fraction, relativement petite, de la masse totale, et que le reste est plongé dans l'eau, comme il a été dit; le refroidissement de la partie supérieure est presque nul, tandis que la partie cachée, en contact avec les puissants courants chauds sous-marins, fond avec une certaine rapidité. Il s'ensuit qu'il arrive un moment où l'équilibre est rompu, où le centre de gravité se déplace, et alors le bloc se penche, culbute et se renverse jusqu'à ce que, la même cause agissant, le même effet se reproduit.

Malheur alors à l'imprudent navire qui se trouverait sous cette masse : écrasé, broyé comme un fétu de paille, il serait englouti à l'instant même sans que rien pût raconter aux navigateurs son déplorable sort.

Peu de temps après cet incident, des navires se montrèrent à l'horizon, isolés d'abord, puis plus nombreux ; bientôt ce fut une flotte tout entière. On était arrivé dans les parages du banc de Terre-Neuve, où se fait la pêche si active de la morue. Lorsqu'on fut parvenu au milieu des navires, les chaloupes furent mises à la mer et les curieux s'empressèrent de rendre visite aux pêcheurs.

Une activité extraordinaire régnait aussi loin que les regards pouvaient s'étendre, car sur le banc et dans les environs, près de deux cents navires s'étaient réunis dans le même but.

La morue est un poisson que tout le monde connaît, ou dont on peut se rendre compte, en disant qu'elle a la forme générale du merlan, bien qu'elle ait la tête et le ventre un peu plus gros et qu'elle atteigne la longueur de 1 mètre. Elle appartient au genre Gade qui, outre le merlan, renferme les merluches, les lottes, etc. La principale espèce que l'on pêche à Terre-Neuve est celle connue sous le nom de *Cabillaud*, et s'y trouve en quantités innombrables.

La voracité des morues est extrême, et elles se dévorent entre elles. Cette particularité a été mise à profit par les pêcheurs ; ils entourent leurs hameçons avec les entrailles et les débris de ces poissons, et font ainsi un ample butin. Quand la pêche est bonne, chaque homme, dans une saison, peut capturer environ 5,000 kilogrammes de morue. La pêche à la ligne est la plus ordinaire surtout dans les hauts fonds, où les filets ne peuvent servir.

Mais sur certaines parties du banc de Terre-Neuve, où la mer a peu de profondeur, et où les morues viennent en quantité manger les petits poissons, les crustacés, les mollusques, etc., on se sert souvent de filet, et voici comment on procède.

Des hommes montés dans des chaloupes tendent un filet d'environ 30 à 35 mètres de long, soutenu de distance en distance, à sa partie supérieure, par des morceaux de bois ou de liège qui le maintiennent dans une position verticale. Le bord inférieur du filet est garni de cordes auxquelles sont suspendues des pierres ou des plombs qui lui donnent de la pesanteur, le tendent et le font traîner sur le sable : ses mailles sont assez larges pour permettre aux morues d'y engager leur tête. Ainsi placé, le filet représente une espèce de barrière qui arrête la marche du poisson. En poursuivant sa proie, ou même en nageant avec la vitesse extraordinaire qui lui est habituelle, la morue passe la tête entre les mailles, mais elle est arrêtée par la grosseur de son corps ; elle veut reculer, mais, avec la tête, les nageoires pectorales ont passé de l'autre côté et, semblables à deux ressorts détendus, l'empêchent de se dégager. Elle est prise et se débat en vain.

Il n'y a plus alors qu'à relever le filet, qui acquiert ainsi un poids énorme; à dégager successivement chaque morue de sa prison; à les jeter dans les embarcations et à les porter au navire : là elles sont décapitées, vidées, ouvertes dans leur longueur, salées et mises dans la cale, où elles restent une quinzaine de jours à s'imprégner de sel. Ensuite on les sèche par une exposition de quatre ou cinq jours au soleil, et elles sont bonnes à paraître sur les marchés. Avec leurs œufs on fait une espèce de caviar.

Il est encore une autre espèce de morue nommée Aiglefin, ou Aigrefin, dont les pêcheurs du Nord, sans compter les requins et les phoques, font une effrayante destruction. Mais leur multiplication est telle que la diminution de l'espèce n'est pas apparente. On en rencontre souvent des bancs épais qui voyagent et couvrent une étendue de mer de plusieurs lieues carrées.

Ce séjour forcé à bord commençait à fatiguer tout le monde, et ce fut une joie universelle quand, par le travers du golfe Saint-Laurent, l'amiral Chérétoff annonça son intention de pénétrer dans le Canada, en remontant le fleuve Saint-Laurent, et d'aller passer quelques jours à Québec.

C'est en 1497, que Jean Cabot, navigateur vénitien au service de l'Angleterre, découvrit les côtes du Canada, alors innommé. Des Français visitèrent ces parages, puis ensuite des Espagnols, attirés par l'espoir d'y découvrir des mines d'or. Ils obligèrent les indigènes à leur servir de guides, et, ne connaissant pas la langue iroquoise, ils leur montraient des morceaux d'or, et leur firent comprendre par signes qu'ils cherchaient une substance semblable. Les Indiens les conduisirent en divers endroits où se trouvaient des mines d'un métal jaune et brillant, mais, au grand désappointement des Espagnols, ce n'étaient que des pyrites de fer ou de cuivre. A chaque nouvelle découverte, ils se disaient entre eux : *Aca nada*, en espagnol : *Ici rien*. Ce mot répété si souvent resta dans la mémoire des indigènes, et quand Jacques Cartier explora plus tard le pays, et qu'il s'informa du nom qu'il portait, il lui fut répondu *Aca nada*. On crut que c'était, en effet, le nom de cette contrée, et il prit place dans les cartes sous le nom de Canada.

C'est à Jacques Cartier, Français, que l'on doit la découverte du grand golfe et de l'immense fleuve qu'il remonta en 1535, jusqu'à l'endroit où se trouve Montréal, et auquel il donna le nom de Saint-Laurent, dont la fête a lieu le 10 août, jour où il commença à remonter le cours d'eau. Il prit possession de tout le pays au nom de François Ier, roi de France ; mais malgré les descriptions qu'il fit de la fertilité du sol de cette belle contrée, l'absence des mines d'or suffit pour faire abandonner cette découverte ; et ce ne fut qu'en 1608, que Samuel Champlain s'y établit au nom de la France, et fonda la ville de Québec, qui en fut et en est encore la capitale. Après de longues luttes et des actes d'une audace et d'une bravoure inouïes, la France fut obligée par le traité de 1763 de céder sa conquête à l'Angleterre qui en tire des ressources considérables.

En quittant le golfe et en entrant dans le Saint-Laurent, on ne peut se figurer qu'on remonte un fleuve, et sans un courant assez rapide et la douceur des eaux, on croirait être en pleine mer, car il n'a pas moins de 140 kilomètres d'une rive à l'autre à l'embouchure. Mais bientôt, et à mesure que l'on s'avance, ses rives se rapprochent, et la magnificence d'une végétation luxuriante apparaît dans toute sa splendeur.

Les chênes, les ormes, les sapins, les cèdres rouges, les bouleaux, les thuyas, les érables, et parmi eux l'érable à sucre, formaient des forêts à perte de vue qui s'avançaient jusque sur les bords du Saint-Laurent. Une foule d'oiseaux volaient de tous côtés et servaient de but à l'adresse des jeunes chasseurs. La température était très élevée ; le thermomètre marquait 29 degrés, et l'on n'aurait jamais cru que, quelques semaines auparavant, cet immense fleuve était couvert d'une croûte de glace, de 1 mètre d'épaisseur, et que le froid descendu au-dessous de 40 degrés avait congelé le mercure. Une brise douce et chargée d'émanations fortifiantes rafraîchissait l'air et rendait délicieux le séjour du port.

Le *Saint-Nicolas* jeta l'ancre devant Québec, dans ce magnifique bassin où cent vaisseaux de ligne pourraient trouver un abri, et quelques instants après, chacun s'empressait de descendre à terre, à moins qu'il n'en fût empêché par son service.

Avant d'entreprendre à l'intérieur les excursions qu'ils avaient préméditées, les cinq amis formant la commission scientifique visitèrent d'abord la ville.

Quoique appartenant à l'Angleterre, Québec, comme presque toutes les autres villes du Canada, et comme tout l'intérieur du pays, est resté français de cœur, de mœurs, d'habitudes. Les noms des cités, des rivières, des montagnes, sont tous français, et les efforts faits par les possesseurs actuels pour les changer n'ont pu lutter contre la coutume, et, on doit le dire aussi, contre le respectueux souvenir des événements.

Dans les campagnes surtout, on rencontre à chaque instant des habitants vêtus de la veste à longue basque du temps de Louis XIV et de Louis XV, la tête couverte d'un bonnet bleu ou rouge ou bien coiffés du capuchon de leur casaque grise. Beaucoup d'entre eux portent encore leurs cheveux en queue. Le Canadien est vif, gai, intrépide, franc, ouvert, poli, hospitalier, de manières aisées; mais il possède beaucoup de vanité. Les familles sont nombreuses, les mœurs ordinairement pures, et les mariages généralement heureux. Les enfants s'empressent sur le pas des portes, sourient aux étrangers et les saluent. Hommes et femmes sont passionnés pour la danse et les divertissements. On y danse encore le menuet.

Ces différents traits suffisent pour établir leur origine française.

Québec est mal bâti, quoique plusieurs parties de la ville aient été construites sur un plan plus élégant. On monte de la ville basse à la ville haute par une grande rue en zigzag, et par d'autres rues désignées sous le nom très expressif de casse-cous; mais la vue magnifique dont on y jouit compense les fatigues de l'ascension.

De tous les projets d'excursions mis en avant, deux d'entre eux avaient obtenu l'approbation générale : il s'agissait d'aller visiter les chutes des rivières de Montmorency et de la Chaudière, qui, toutes deux, sont des affluents du fleuve Saint-Laurent.

Convenablement équipés, pourvus de vivres et munis de tous les accessoires utiles au goût de chacun, les jeunes savants, après s'être adjoint un guide, partirent au lever du soleil. La route tracée au milieu de bois touffus, bordée souvent de fermes, de plantations de maïs et de blé, de champs de pommiers, parut courte aux voyageurs.

Depuis déjà quelque temps, ils entendaient un bruit sourd, permanent, qui augmentait d'intensité à mesure qu'ils avançaient. Ils arrivèrent bientôt sur les bords de la rivière de Montmorency, dont le lit, encaissé par des rochers élevés, tapissés de verdure, se resserrait de plus en plus. L'eau coulait avec rapidité, tourbillonnante; une vapeur humide et épaisse flottait sur les flancs des montagnes, et le bruit devenait assourdissant. Enfin, un coude les mit en présence d'un admirable coup d'œil.

Qu'on se figure une masse d'eau de 20 mètres de large se précipitant d'une hauteur de 80 mètres, par un canal ouvert dans des rochers à pic, couverts d'arbres énormes, et se détachant de ce fond sombre en une nappe continue d'une blancheur éblouissante. La lumière, brisée par les gouttelettes d'eau suspendues en l'air, renvoyait aux regards des milliers de rayons colorés des teintes de l'arc-en-ciel ; des ombres violetées se jouaient comme des serpents au milieu de la cascade et des ondes tumultueuses, éclatantes comme des flots d'argent, se heurtaient dans le bassin où les eaux se perdaient.

Après deux heures de contemplation, pendant lesquelles les albums reçurent, en croquis, cette merveille, ce qui n'empêcha pas Meyer de bourrer son havre-sac de mousses de couleurs variées, on se remit en route pour regagner Québec, en visitant la chute de la Chaudière, située à l'opposé de celle de Montmorency, à une lieue au-dessus de son confluent avec le Saint-Laurent.

L'aspect de cette seconde chute est tout à fait différent de celui de la précédente. Elle offre en largeur la magnificence que sa rivale présente en hauteur.

Au milieu de rochers bizarrement découpés, accidentés, couverts de bois, elle occupe une largeur de 120 mètres, et ne se précipite que de 40 mètres de hauteur. Il semble qu'elle soit l'image couchée sur le flanc de la chute de la rivière Montmorency.

Du reste, même spectacle grandiose, même décor splendide, même solitude sauvage et même émotion du visiteur. Les explorateurs se dirigeaient vers la ville quand Meyer, qui n'avait pas perdu une idée qu'il avait émise, demanda au guide :

— N'y a-t-il pas des crotales dans ces parages?

— Plaît-il, Monsieur? lui répondit le Canadien, en ouvrant de grands yeux.

— Parlez-lui donc français, mon ami, interrompit Bussières, pourquoi ne pas avoir dit tout de suite à ce brave garçon que vous désiriez capturer le reptile vulgairement appelé serpent à sonnettes?

— S'il s'agit de serpents à sonnettes, repartit le guide, c'est différent. Je connais un endroit à 4 ou 5 lieues d'ici, où vous pourrez en choisir, mais il faut être sur pied de bon matin, et pour cela, aller coucher à la ferme des Érables, où je vous conduirai, si vous le désirez.

— Et notre chasse à l'élan? demandaient à la fois Burton et Ramsay.

— Rien de plus simple, répondit Narischeff, demain les crotales de Meyer, et après-demain, les élans; de cette façon tout le monde sera content.

Lorsque l'on eut expliqué au Canadien de quoi il s'agissait, et qu'il eut compris que l'élan et l'orignal de son pays ne faisaient qu'un seul et même animal :

— Je pourrai, dit-il, vous mener au nord, de l'autre côté du fleuve; on y rencontre souvent l'orignal, et je m'adjoindrai un Huron de mes amis, intrépide chasseur, qui possède deux chiens parfaitement dressés.

Tout le monde étant d'accord, on se dirigea vers la ferme des Érables, où l'hospitalité canadienne, si large et si digne, reçut les voyageurs un peu fatigués de leur journée.

Le lendemain matin, dès avant l'aurore, tout le monde fut sur pied. Le Canadien, outre sa carabine mise en bandoulière, s'était muni d'un grand sac de cuir épais, et portait à la main une baguette d'érable légèrement flexible, grosse comme le pouce, et longue d'environ 1 mètre et demi.

Que comptez-vous faire de ce sac? demanda Bussières.

— C'est pour y fourrer les serpents à sonnettes de Monsieur, répondit le guide en désignant Meyer.

— Ah çà! répliqua celui-ci, vous croyez donc que j'ai l'intention de remplir ce sac de crotales? Deux ou trois me suffiront pour l'étude que je veux en faire; mais c'est égal, abondance de bien ne nuit pas.

— D'autant plus, dit Bussières, que je ne serai pas fâché d'en conserver aussi.

— Et moi de même, ajoutèrent tous les autres.

On se mit donc en route.

Comme on côtoyait la lisière d'une forêt, Burton s'éloigna de quelques pas, et revint bientôt, tenant à la main un paquet d'herbes aux fleurs blanches, radiées, et dont les racines laissaient découler un suc laiteux, visqueux et d'une grande amertume.

— C'est le *Prenanthe blanc*, dit Bussières en jetant un coup d'œil sur la plante; il paraît que vous pensez que l'un de nous sera mordu.

— Comme cela est possible, répliqua Burton, je prends mes précautions. Nous autres Américains du Nord, nous ne voyageons jamais dans les contrées où se trouvent les serpents à sonnettes sans nous munir d'*Aristoloche*, de *Polygale* ou de *Prenanthe*, suivant la latitude; le suc qui découle de leurs racines est un puissant antidote contre le venin des crotales.

— Votre prudence, répliqua le guide, n'est pas à dédaigner, mais je crois qu'heureusement elle nous sera inutile; vous allez voir, car il y a par ici des serpents à sonnettes, je les sens et je les entends.

En effet, une odeur fétide légèrement musquée arrivait jusqu'aux chasseurs, accompagnée d'un faible bruit semblable à celui que produiraient deux morceaux de parchemin frottés l'un contre l'autre.

Le Canadien cassa une branche d'*érable blanc* garnie de feuilles, la prit de la main gauche, gardant à la droite sa baguette, et se jeta au travers des broussailles. Trois ou quatre serpents s'enfuirent avec rapidité, mais l'un d'eux, d'une longueur d'environ 1 mètre 30 centimètres, se dressa devant le jeune homme, la gueule ouverte, laissant voir ses crochets et se disposa à s'élancer. Le Canadien lui opposa la branche d'érable, arbre dont le crotale fuit l'ombre et le voisinage, et pendant que le serpent se balançait hésitant, il lui cassa la colonne vertébrale d'un coup de sa baguette appliqué vigoureusement. L'animal tomba sur le sol, sans force et se tordant impuissant.

La chasse continua ainsi, deux ou trois des jeunes gens suivirent la méthode du Canadien, et bientôt ils eurent en leur possession une douzaine de crotales gisant à terre. Il ne s'agissait plus que de s'en emparer et de les mettre dans le sac ; ils le firent en les saisissant adroitement derrière le cou, ce qui les mit dans l'impossibilité de nuire.

Le plus grand de tous, d'une longueur de près de 3 mètres 50 centimètres, avait été tué d'un coup de fusil par Narischeff, qui s'était trouvé tout à coup devant l'animal et n'avait eu que le temps d'abattre son arme et de lui casser la tête.

Les crotales sont généralement moins dangereux qu'on ne le pense; comme tous les animaux, sans exception, ils fuient l'approche de l'homme, et n'acceptent une lutte avec lui que lorsqu'ils sont poussés par la faim, surpris inopinément, blessés, ou bien lorsqu'ils ont à craindre pour leur progéniture. Leur gueule, comme celle de la plupart des reptiles, peut se dilater énormément, et engloutir des proies dont le volume dépasse beaucoup la grosseur de leur tête.

Leur mâchoire supérieure est armée de dents mobiles, appelées *crochets*, creusées en arrière d'un canal aboutissant à une petite vessie renfermant un poison terrible, et couchées, à l'état de repos, dans une espèce de gouttière. Lorsque ces animaux ouvrent la gueule, les crochets se dressent; quand ils mordent, la pression exercée par le crochet fait sortir le venin qui glisse dans le canal et pénètre jusqu'au fond de la blessure. Si l'homme ou l'animal mordu ne reçoit pas un secours prompt et énergique, il est voué à une mort horrible et périt en peu d'heures au milieu de souffrances atroces. La première chose à faire en cas de morsure est d'abord d'agrandir la plaie avec un instrument tranchant, de sucer fortement le venin avec la bouche, et d'appliquer ensuite à l'extérieur comme à l'intérieur le remède que commandent les circonstances et que fournit le pays. Le venin des serpents n'a d'effet que par son mélange avec la circulation du sang, la

LE CANADIEN ET LE SERPENT.

succion est tout à fait sans danger, à moins que la personne qui se dévoue à faire cette opération n'ait une excoriation ou une blessure à la bouche; dans ce cas, elle encourrait le même genre de mort.

En même temps il faut ajouter ici *qu'aucun serpent ne pique*, que le prétendu *dard* de ces animaux n'est qu'une langue molle inoffensive, souvent fourchue, et que par conséquent le reptile le plus venimeux, privé de ses crochets, ne peut causer aucun mal, si ce n'est dans les grandes espèces par la force de ses mâchoires; alors il mord comme mord un chien ou tout autre animal, mais voilà tout.

Le sac rempli, on reprit la route de la ferme, puis le lendemain celle de Québec. Rendez-vous avait été pris sur les bords du Saint-Laurent, au-dessus de la ville, pour la chasse à l'élan qui devait avoir lieu le sur-lendemain.

L'élan est le plus grand de tous les cerfs; sa taille surpasse quelque-fois celle du cheval avec lequel son muffle renflé lui donne une certaine analogie. Sa tête longue est droite en avant, surmontée d'un bois d'une très large empaumure, plein et ne portant d'andouiller ou de divisions qu'à son bord extérieur; il n'est donc pas ramifié comme celui du cerf. Ses jambes de devant, plus longues que celles de derrière, jointes à un cou très court, le forcent à les écarter pour brouter, un peu à la ma-nière de la girafe, aussi se nourrit-il plus volontiers de branchages, de feuilles, de bourgeons et d'écorces d'arbres que d'herbe.

Quoique naturellement timide, il se défend avec courage, en frappant de ses bois, de ses pieds de derrière et surtout de ceux de devant, dont les atteintes sont fort dangereuses. Il ne galope jamais, il trotte d'un pas accéléré très rapide, et peut faire jusqu'à 50 kilomètres d'une seule traite. Ses os craquent continuellement pendant sa course.

Cet animal existait autrefois en troupes nombreuses dans toute l'Europe et même en France, mais la guerre de destruction qu'on lui a faite en a relégué l'espèce dans les grandes forêts du nord des deux continents.

Au jour convenu, les chasseurs remontèrent le Saint-Laurent dans une chaloupe jusqu'au lieu du rendez-vous. Un canot les attendait, monté par deux hommes, l'un était le Canadien, l'autre le Huron; à leurs pieds étaient deux magnifiques chiens qui paraissaient pro-venir du croisement d'un chien de Terre-Neuve avec un chien courant; quoi qu'il en fût, c'étaient deux vigoureuses bêtes propres à toute espèce de chasse, depuis celle du lièvre jusqu'à celle de l'ours.

Le Huron était un type de cette belle race, toujours l'amie et l'alliée des Français qui, vaincus ainsi que les Algonquins leurs alliés par les Chérokoès, vulgairement connus sous le nom d'Iroquois, vinrent se réfugier sous le drapeau français. Quelques centaines d'entre eux vivent encore paisiblement, et cultivent la terre au village de Loreto, à trois heures de Québec. Ils sont catholiques. C'est tout ce qu'il reste de cette nation jadis si nombreuse et si puissante.

L'Indien salua les arrivants, et leur tendit la main que tous s'empressèrent de serrer, et les deux embarcations se dirigèrent de l'autre côté du fleuve, qui, dans cet endroit, est encore excessivement large.

On continua à longer la rive opposée, en la remontant jusqu'à un petit promontoire abrité par d'énormes arbres qui formaient la limite d'une forêt d'une vaste étendue. Les embarcations furent laissées à la garde des matelots du *Saint-Nicolas*, et les chasseurs s'enfoncèrent sous le couvert du bois, dont le terrain, de distance en distance, était très marécageux et rendait la marche difficile et pénible.

Le Huron et le Canadien tenaient la tête de la colonne, évitant les fondrières et sautant par-dessus les obstacles avec une agilité incomparable. Les explorateurs les imitèrent, et, grâce à leur jeunesse, à leur vigueur et aux habitudes contractées pendant leur vie active, ils ne restaient pas au-dessous de l'exemple donné par leurs guides.

On voyait, à la figure du Huron, le plaisir qu'il éprouvait d'être accompagné de vrais chasseurs, alertes, gais et pleins d'entrain.

Les fourrés devenaient de plus en plus épais, les obstacles se multipliaient ; d'immenses troncs d'arbres brisés par la tempête, renversés par la foudre ou tués par la vieillesse, jonchaient le sol de leurs débris épars. A ce chaos succéda bientôt une clairière, puis une autre plus grande, puis d'autres encore, couvertes de hautes herbes et semées de bouquets de grands arbres.

Le Huron fit un signe de la main, s'arrêta, et, appuyant son oreille contre le sol, il écouta pendant quelques instants.

Les chasseurs étaient restés immobiles et gardaient un profond silence. Les chiens avaient imité leur maître et s'étaient rasés dans l'herbe.

— Les *sondareintas* (1) sont ici, dit l'Indien à voix basse en se relevant et en désignant une partie éloignée de la clairière entrecoupée d'arbres et de taillis.

Sur un signal, les deux chiens s'élancèrent sous bois, chacun d'un côté, en décrivant un grand cercle qui devait enserrer les élans et les forcer à se rabattre sur les chasseurs.

____

(1) Nom de l'élan dans le dialecte huron.

Dix minutes se passèrent dans une attente silencieuse, pendant laquelle le Huron colla plusieurs fois l'oreille contre terre :

— Ecoutez, dit-il.

Tout le monde l'imita, et un bruit sourd répercuté par le sol devint très sensible; les élans avaient éventé les chiens et détalaient. En même temps, de vigoureux aboiements se firent entendre, et du milieu des taillis, une horde d'une vingtaine d'élans sortit au grand trot, relancée par les chiens.

Les chasseurs se montrèrent et s'avancèrent rapidement au-devant de la troupe, qui rebroussa chemin et chercha à s'enfoncer dans les grands bois. Il eût été inutile de les suivre, et quelques coups de fusil ne servirent qu'à accélérer leur marche. Mais les chiens avaient choisi chacun leur proie, et deux élans, le mâle et la femelle, avaient été détournés de la troupe des fuyards et, malgré leurs efforts, se trouvèrent de plus en plus resserrés entre les chasseurs et les agiles limiers qui se jetaient de tous les côtés où la fuite était possible.

Ainsi acculé, l'élan mâle fit tête, et se précipita sur le chien le plus rapproché, qui fut atteint à l'épaule d'un coup d'andouiller, et roula à quelques pas en poussant un hurlement de douleur. L'élan allait écraser son adversaire, quand il fut arrêté par le second chien, qui, abandonnant la femelle, avait bondi sur lui, et de sa puissante mâchoire lui déchirait les cuisses de derrière. Cet instant de répit suffit pour permettre aux chasseurs d'arriver et au chien blessé de se relever et de sauter à la gorge de l'élan dont l'agonie ne fut pas longue. Deux ou trois balles le jetèrent à terre, où il tomba lourdement. Pendant ce court moment, la femelle s'était enfuie au milieu des taillis, d'où l'on entendait ses pas et le craquement de ses articulations se perdant au loin.

Avec une habileté peu commune, l'élan fut dépouillé de sa peau et de son bois; celui-ci était le but des jeunes savants et devait orner le salon du *Saint-Nicolas*. Puis, le Huron et le Canadien coupèrent les quatre membres dont on fait d'excellents jambons, et qu'ils devaient emporter pour leur part de prise.

Puis encore, cette belle peau si pesante que le Huron regardait d'un œil de convoitise, fallait-il l'abandonner aux bêtes fauves?

On tint conseil et il fut résolu qu'en la suspendant à un long bâton porté sur l'épaule, les chasseurs, deux par deux, ramèneraient aux embarcations les magnifiques bois et deux cuisses de l'élan, mais qu'auparavant on mettrait à l'abri des ours, des ratons et des oiseaux de proie le reste du butin.

Avec les couteaux de chasse une fosse fut rapidement creusée entre deux racines d'arbre, et les deux cuisses restantes enveloppées dans la peau y furent déposées pour que le Huron et le Canadien pussent venir les y chercher le lendemain. Le trou comblé avec la terre fut ensuite recouvert de branches, de troncs d'arbres et de grosses pierres qui devaient le mettre à l'abri des tentatives des voleurs à plumes ou à poils de ces parages.

Le butin que l'on devait emporter convenablement suspendu au milieu d'une branche d'arbre, dont les cinq jeunes gens du *Saint-Nicolas* et le Canadien portèrent chacun un bout sur l'épaule, le Huron prit les devants en choisissant cette fois les passages les plus faciles, les plus secs et les moins accidentés. Il avait placé sur son dos un large quartier saignant emprunté aux côtes de l'élan et dont, disait-il, il comptait fort se régaler.

Il y avait déjà près d'une heure que l'on marchait, et le fleuve ne devait pas être éloigné de plus de la même distance quand le Huron, sans ralentir sa marche et sans se détourner, interpella le Canadien en langue cherokoè ou iroquoise ; celui-ci répondit quelques mots et continua sa route du même pas.

Déjà l'on entendait le bruit des flots du Saint-Laurent, le fleuve ne devait pas tarder à se montrer aux regards. Narischeff, qui portait le bois de l'élan avec Meyer, se retourna pour répondre à une interpellation de celui-ci. Tout à coup il s'arrêta.

— Un ours derrière nous, s'écria-t-il.

— Silence, répliqua le Canadien, continuez votre route, il y a une heure qu'il nous suit et que je l'ai vu. C'est l'odeur de la viande fraîche qui l'attire, mais il est trop prudent pour chercher à nous attaquer, et quant à nous, nous n'avons pas le temps de le tuer aujourd'hui ; le soleil va se coucher.

En effet, un bel ours noir connu sous le nom d'ours noir d'Amérique, réglant son pas sur celui des chasseurs, suivait à environ 100 mètres de distance. De temps en temps il levait le nez comme pour aspirer les émanations de la chair de l'élan apportées par le vent, et passait sa langue rouge sur ses lèvres. Mais à part cela, son allure était toute pacifique.

Le Huron ne s'était pas trompé d'un mètre dans la direction qu'il avait suivie, quoique ayant pris un chemin différent de celui parcouru le matin, et il sortit de la forêt juste en face des canots. Le butin fut embarqué, chacun entra et reprit sa place à bord.

Pendant qu'avaient lieu les préparatifs de départ, et que les matelots bordaient les avirons, l'ours, assis sur son derrière, regardait s'en aller sa proie si convoitée et grommelait d'un air désappointé; il s'était arrêté au pied d'un arbre à une distance de 200 mètres.

— Tout est paré, dit le contre-maître à l'aspirant qui commandait le canot de la corvette.

— Attendez un instant, je vous prie, interrompit le Canadien.

Montréal.

Et sautant sur la rive avec sa carabine dont il venait de renouveler l'amorce, il mit un genou à terre, épaula, visa une seconde et lâcha la détente. Un rugissement de douleur succéda à la détonation, l'ours tomba étendu sur la terre, se releva, essaya de s'élancer en avant et retomba de nouveau.

Durant ce temps le Canadien avait sauté dans le canot où le Huron l'attendait.

— Maintenant, Messieurs, dit-il, si cela vous convient, nous pouvons partir.

— Et l'ours? s'écrièrent tous les jeunes gens.

— Je le retrouverai demain, répondit le Canadien, je lui ai brisé l'épaule droite, il n'ira pas loin et n'en mourra pas tout de suite : dès la pointe du jour, mon ami et moi, nous suivrons sa trace et nous aurons sa fourrure. Si je l'avais tué, je n'aurais pas eu le temps de le dépouiller : l'emporter tout entier était impossible, vu la petitesse de ma pirogue; l'abandonner mort, c'eût été courir la chance presque certaine de le retrouver complètement gâté et déchiré demain matin; comme cela, je suis sûr de l'avoir intact.

Il n'y avait rien à répondre à ce discours cruellement logique, et l'on partit entraîné par le rapide courant du fleuve.

La pirogue aborda la rive, et une demi-heure plus tard la chaloupe accostait le *Saint-Nicolas;* puis on se quitta les meilleurs amis du monde.

Quant à l'ours noir, blessé par le Canadien, sa fin avait été celle qu'il avait prédite. L'animal n'avait pu s'éloigner que très peu; les chasseurs l'avaient retrouvé le lendemain, léchant sa blessure, blotti dans un fourré à cinq cents pas du fleuve, où les traces de son sang les avaient guidés. Il fut tué facilement, et sa fourrure vint s'adjoindre aux deux cuisses et à la peau de l'élan, qui furent déterrées et retrouvées intactes. Avant de reprendre la mer, l'amiral conseilla à nos explorateurs de remonter le Saint-Laurent jusqu'à Montréal. Cette proposition fut acceptée avec un vif plaisir; aussi dès le lendemain ils prirent passage sur un de ces magnifiques steamers américains, et la journée suffit amplement à parcourir les 50 lieues qui séparent Québec de Montréal. La ville en elle-même, sauf son port, la cathédrale et le monument de Nelson, n'offre rien de bien intéressant; mais la grande curiosité, celle surtout qui attirait nos visiteurs, était le pont suspendu sur le Saint-Laurent pour le passage du chemin de fer. En effet, aucune œuvre de ce genre ne peut lui être comparée; et, en le voyant, on se demande comment le génie réuni de la France et de l'Angleterre n'a pas encore construit un pareil trait d'union sur le détroit de la Manche. Peu de temps fut consacré à visiter la ville qui est, depuis vingt-cinq ans, le siège du gouvernement, et qui renferme environ 75,000 habitants. Au bout de ces trois jours, ils étaient de nouveau à bord du *Saint-Nicolas*, et la belle frégate mettait aussitôt à la voile.

Le *Saint-Nicolas* reprit la mer, longea les côtes de la Nouvelle-Écosse, dont la principale ville, Halifax, possède un excellent port qui sert de refuge aux flottes en croisière et aux vaisseaux marchands, puis vint mouiller devant Boston, capitale des Massachusetts, qui s'honore d'être la patrie du célèbre Franklin, le grand moraliste et l'inventeur du paratonnerre, et dont le port peut contenir cinq cents vaisseaux à l'ancre.

C'est à Boston que commença la révolution qui enleva l'Amérique à l'Angleterre, et qui aboutit à la déclaration de l'indépendance des États-Unis d'Amérique, du 4 juillet 1776, indépendance reconnue définitivement par le traité de Versailles du 3 septembre 1783.

Après s'être ravitaillée et avoir renouvelé sa provision d'eau, la corvette quitta Boston, et se trouva bientôt à l'embouchure de l'Hudson, au milieu duquel, sur une pointe de terre comprise entre ce fleuve et un bras de mer appelé la Rivière de l'Est, est construite la riche ville de New-York, la plus importante de toute l'Union (1).

Cette ville, fondé en 1621 par les Hollandais, sous le nom de Nouvelle-Amsterdam, doit son nom actuel à Jacques II, roi d'Angleterre, Jacques VII d'Écosse, lorsqu'il était duc d'York, le même qui, exilé, mourut à Saint-Germain, près Paris, en 1701.

Cette ville est magnifique et remplie de monuments et de maisons remarquables; son hôtel de ville est bâti en marbre, ainsi que plusieurs de ses hôtels et de ses maisons particulières. Une immense voie, d'une grande largeur, nommée Broad Way (chemin large), la traverse d'un bout à l'autre, coupée par de spacieuses avenues plantées d'arbres.

Quelques quartiers ne répondent pas à cette magnificence générale, et sont fort malpropres, ce sont surtout ceux où se trouvent les rues autrefois construites par les Hollandais, du côté de la Rivière de l'Est.

L'Hudson, qui la baigne, ainsi nommé du nom d'Henri Hudson, navigateur anglais, qui la découvrit en 1609, est un fleuve large, profond et d'un cours de 700 kilomètres; il est constamment sillonné par une foule de navires de commerce, et par de petits vapeurs appelés *ferries*, qui partent toutes les deux minutes, font le service d'omnibus entre New-York et ses faubourgs de Jersey-City, Hoboken (2), Brooklyn, etc., situés sur la rive opposée du fleuve ou de l'île de Long-Island.

Une admirable promenade, désignée sous le nom de la Batterie, borde la ville au sud, du côté de la baie, et présente un coup d'œil qui, lorsqu'on l'a vu, reste éternellement dans la mémoire.

(1) La population de New-York, y compris les faubourgs, atteint aujourd'hui 1,900,000 habitants.
(2) Aujourd'hui, un immense pont suspendu relie New-York à Brooklyn.

La mission de l'amiral Chérétoff n'était pas, malheureusement pour le plaisir des passagers, de séjourner dans des villes connues et n'offrant que des costumes, des mœurs ou des aspects se rapprochant presque de ceux d'Europe : c'était l'inconnu qu'il fallait chercher ; et après être resté quelques jours à New-York, le *Saint-Nicolas* passait à toute vapeur devant Long-Island, et mettait le cap au sud.

CHAPITRE IV

LES ANTILLES

La Havane. — La Floride. — Chemin de fer à la Havane. — Haïti. — L'Hénoc et l'Argonaute. — Porto-Rico. — Le feu Saint-Elme. — Trombe marine. — La Martinique.

Le *Saint-Nicolas* avait gagné un peu au large, pour éviter la grande
chaleur des côtes, mais bientôt il dut revenir vers l'ouest, et longer
les deux Carolines, découvertes, en 1512, par Juan Ponce de Léon,
Espagnol, anabaptisées par le fameux Jean de Ribault, en l'honneur
du roi Charles IX (1562), et restées aux États-Unis après avoir été
successivement aux mains des Espagnols, des Français et des Anglais.

La presqu'île de la *Floride* apparut ensuite avec ses cultures magnifiques, ses cotonneries et ses prairies verdoyantes et fertiles. C'est le
dimanche des Rameaux ou de Pâques Fleuries, en espagnol Pascuas
Floridas, de l'année 1512, que Juan Ponce de Léon la découvrit et lui
donna le nom de la fête de ce jour.

L'histoire des premiers établissements de ce pays fut ensanglantée
par des luttes entre les Français et les Espagnols.

De nombreuses tribus d'Indiens peuplaient ce pays à l'époque de la
découverte. Les Natchez, les Cricks, les Chactas, les Têtes-Plates,
et d'autres grandes nations, au nombre de six, possédaient tout le
territoire jusqu'à l'Alabama et au Mississipi. C'est en vain que Fer-

6

nand de Soto, à son retour du Pérou, pénétra dans la Floride, le 25 mai 1539, à la tête de trois cent cinquante cavaliers, neuf cents fantassins, et d'un grand nombre de matelots. Après neuf ans de luttes, et presque de défaites continuelles, il mourut de chagrin, dit-on, de voir ses espérances déçues.

Pendant dix ans, personne n'osa entrer sur ce sol si bien défendu. Charles-Quint pensa que les missionnaires réussiraient mieux que les soldats : ils furent tous massacrés.

Les Français, à leur tour, sous la conduite de Jean de Ribault, s'y établirent, et construisirent un fort, connu sous le nom de fort Charles, en l'honneur de Charles IX (1562). Comme cette colonie prospérait, René de Landonnière reçut l'ordre d'en fonder une autre composée de protestants. Mais bientôt le désordre se mit parmi les habitants des deux établissements; ils se livrèrent à la paresse, à la piraterie, et furent décimés par les maladies.

Pierre Melanès, Espagnol, profita de ce désordre, surprit les Français par trahison, se rendit maître du fort, et massacra, de la façon la plus impitoyable, les femmes et les enfants. Quant aux hommes et aux soldats, il les fit pendre tous, et plaça cette inscription sur leur poitrine :

J'ai fait ceci non comme à des Français, mais comme à des hérétiques.

Un gentilhomme gascon, Dominique de Gourgues, apprit la nouvelle de cette odieuse barbarie, et résolut d'être le vengeur des infortunés colons. Il vendit tous ses biens, équipa trois petits navires, et s'embarqua avec cent arquebusiers et quatre-vingts matelots. Arrivé à la Floride, il attaqua les forts et les détruisit. De quatre cents Espagnols qui les défendaient, pas un ne lui échappa; il les fit tous pendre au même arbre où avaient été pendus les Français, et substitua l'inscription suivante à celle du capitaine espagnol :

J'ai fait ceci non comme à des Espagnols, mais comme à des traîtres et à des assassins.

Ce fait se passait en 1568.

De Gourgues, fier de son succès, revint en France, mais la guerre était terminée, et un traité de paix venait d'être signé avec l'Espagne. Sa conduite fut blâmée. Poursuivi par la justice, il se cacha à Rome, puis à Tunis, où il mourut en 1583.

A cette époque de l'année, la côte était trop malsaine pour permettre d'y aborder, et l'amiral entra dans le détroit de Bahama, situé entre la Floride et les îles Lucayes ou Bahama, et vint jeter l'ancre dans le magnifique port de la Havane, capitale de l'île de Cuba.

Cette île fut découverte le 18 octobre 1492 par Christophe Colomb, qui, après une assez longue exploration des côtes, ne croyant pas qu'une île pût être d'une aussi grande étendue, la prit pour un continent. Cette erreur exista jusqu'en 1508, et ne fut détruite que quand Sébastian de O'Campo en eut fait le tour. Elle a 1150 kilomètres de longueur, et jusqu'à 170 kilomètres dans sa plus grande largeur. Sa population s'élève à 1,000,000 d'âmes, y compris la race blanche, les nègres et mulâtres libres, et les esclaves. Quant à son ancienne population indienne, appartenant à une race voisine de celle des îles Canaries, et évaluée, lors de la conquête, à 800,000 âmes (1), elle a complètement disparu depuis, massacrée par la main des Espagnols, décimée par les maladies, ou émigrée vers la terre ferme, où elle pouvait mieux se garantir des recherches des envahisseurs.

La Havane, fondée en 1511 par Don Diégo Vélasquez, est une ville riche et renfermant de superbes monuments, au milieu desquels s'élève la cathédrale où, en 1796, furent déposés les restes de Christophe Colomb. Sur l'une des places, on voit une pyramide consacrant le lieu où croissait, en 1511, un énorme *ceiba* (*Eriodendrum anfractuosum*), au pied duquel fut célébrée la première messe.

Pendant que l'amiral échangeait des visites et des invitations avec le gouverneur général de l'île, quelques jeunes gens des légations respectives, proposèrent aux savants du bord une promenade à l'intérieur, avec la perspective d'une partie de chasse. L'offre était trop séduisante pour ne pas être acceptée, et c'est avec le plus vif plaisir que tous montèrent dans des wagons du chemin de fer qui mène de la Havane à Mantazas.

Le but du voyage était une station de cette ligne, située dans une des parties les plus boisées de l'île.

Les plates-formes qui séparent les wagons, bordées de rampes et où chacun peut venir fumer et causer à son aise, permettaient d'admirer le magnifique paysage qui fuyait derrière la locomotive. La voie ferrée traversait des solitudes sauvages que la main de l'homme avait respectées, et où la végétation s'étalait dans toute sa grandeur.

Au premier aspect, Cuba n'est qu'un immense amas de verdure, il semble qu'il n'y a plus de place que pour les plantes. Les montagnes,

(1) Quelques historiens prétendent que la population indienne de Cuba était à cette époque de 2,000,000 d'âmes.

les vallées, les ravins, tout est couvert d'arbres, et les ondulations
du terrain disparaissent sous la masse de palmiers, d'ébéniers,
d'orangers, de sapotilliers, d'acajous, de cèdres d'Amérique et de
mille autres qui les couvrent entièrement. Cet océan de verdure est
parsemé de fleurs de toute espèce; les cactus y étalent leurs corolles
éclatantes, les orchidées parasites surgissent de tous côtés, montrant
leurs bizarres contours, les lianes fleuries s'élancent et pendent de
chaque arbre, les reliant les uns aux autres par des liens inextricables.
Le règne animal ne se manifeste que par des bandes nombreuses
d'oiseaux aux couleurs variées, aux formes élégantes, qui volent sous
l'épaisseur du feuillage. Tout le reste est caché au milieu d'un amas
de troncs et de branches, labyrinthe impénétrable dont on ne peut se
faire une idée par la seule imagination.

Arrivés au lieu désigné, les chasseurs prirent une substantielle col-
lation dans une *hacienda* (1) voisine, et se dirigèrent vers la forêt en
suivant le fond d'un large ravin, qui devait être un torrent impétueux
dans la saison des pluies.

Une heure de marche conduisit la petite troupe jusqu'au bord d'un
ruisseau très encaissé, mais où, à certaines places, le sol avait été fortement piétiné, les broussailles écrasées, et qui offrait quelques gués
faciles. Les chasseurs aperçurent de nombreuses traces de sangliers;
elles étaient fraîches, et il était évident qu'une bande de ces animaux
avait traversé le ruisseau peu de temps auparavant.

Lorsque les Espagnols abordèrent à l'île de Cuba, le seul animal
domestique que possédaient les Indiens était le chien. Ils y introduisirent les races domestiquées en Europe et entre autres le porc. Ce dernier pullula rapidement, des individus s'échappèrent des lieux habités,
se répandirent dans les bois, où ils trouvaient une nourriture abondante, et formèrent bientôt des troupes considérables. D'abord les
colons les laissèrent tranquilles, car les porcs étaient les plus acharnés
ennemis des serpents et en détruisaient un grand nombre. Mais ensuite
ils devinrent un danger. Ils ravageaient les plantations, attaquaient et
dévoraient les enfants, et souvent les plus intrépides chasseurs étaient
tombés déchirés par ces animaux qui étaient redevenus sauvages et
avaient emprunté à l'influence du climat une audace et une férocité
qu'ils n'ont pas en Europe. Des battues avaient souvent été faites, mais
les forêts inaccessibles du centre de l'île étaient pour eux une retraite
sûre et inviolable.

(1) Ferme, habitation agricole.

Les chasseurs, avertis par les jeunes Espagnols qui les accompagnaient, s'avancèrent avec prudence sur la trace des sangliers et, après
une demi-heure de marche, s'arrêtèrent au bruit que faisaient ces animaux en grognant, et en pataugeant dans une grande flaque d'eau
marécageuse.

Un chemin de fer à la Havane.

— Attendez un instant et restez immobiles, leur dit le secrétaire de
la légation portugaise, nommé José Cabral, qui paraissait être parfaitement au courant de ces sortes de chasses : je reviens dans un instant.

En effet, il reparut deux minutes après, et fit signe aux chasseurs
de le suivre.

— Voilà notre affaire, dit-il en montrant l'énorme tronc d'un acajou
tombé et étendu sur le sol, et dont le diamètre n'avait pas moins de

2 mètres; grimpez sur cette fortification et laissez-moi faire : je vais vous amener le gibier.

Chacun obéit et se hissa sur cette espèce de plate-forme couverte de mousse, de fleurs et de plantes parasites.

Cabral visita ses amorces et se dirigea sans bruit vers l'endroit où barbotaient les porcs sauvages; à environ cinquante pas il s'arrêta en se découvrant aux regards des animaux et fit entendre un petit sifflement. A ce bruit, tous les porcs levèrent la tête, et firent grincer leurs dents en regardant l'intrus qui venait les déranger.

Le jeune homme abaissa son fusil, envoya sa charge au milieu de la bande et, léger comme un cerf, accourut vers l'arbre où se tenaient ses compagnons.

Toutes les mains se tendirent vers lui, et il fut hissé en une seconde. Il était temps, car les porcs furieux, et dont quelques-uns avaient été touchés par les plombs, se ruaient avec ensemble sur ses pas pour le déchirer.

Ils furent reçus par une grêle de projectiles qui redoublaient leur fureur; ils étaient environ une trentaine, se bousculant, se montant les uns sur les autres, se dressant sur leurs pieds de derrière, labourant le tronc de l'arbre avec leurs défenses et cherchant par tous les moyens à atteindre leurs agresseurs.

Heureusement pour les chasseurs, cela n'était pas possible, mais leur acharnement était tel qu'ils se firent presque tous tuer ou blesser plutôt que de cesser leurs attaques et de s'enfuir. Ce ne furent que les plus jeunes de la bande qui détalèrent à travers bois, suivis de quelques femelles presque toutes blessées et poussant de sourds grognements.

— Maintenant que nous en sommes débarrassés, dit Cabral, partons, car il se pourrait bien que quelque troupe attirée par le bruit arrivât jusqu'ici et, animée par l'odeur du sang, ne nous donnât la chasse; et vous avez vu, Messieurs, que ce ne sont pas des adversaires à dédaigner. Ils n'ont de rivaux dans ce genre que les *pécaris*, que vous rencontrerez probablement sur le continent américain.

Le conseil était bon, il fut suivi même par Meyer, qui, pendant ce discours et le temps que l'on mit à s'éloigner, avait sauté en bas de l'arbre et s'était tant escrimé à coups de couteaux sur un gros mâle, qu'il en avait désarticulé la mâchoire pour en conserver les défenses comme souvenir de sa chasse.

L'amiral Chérétoff longea toute la côte sud de Cuba, reconnut la Jamaïque, la principale des Antilles anglaises, dont la ville la plus importante est Kingston, et continua sa route vers Haïti ou Saint-Domingue, découverte par Christophe Colomb, le 6 décembre 1492.

On apercevait à l'horizon, au centre de l'île, la grande chaîne des monts Cibao, qui la traverse et dont le pic d'Yaqui s'élève à la hauteur de 2,000 mètres ; ils sont très riches en mines d'or.

Haïti a conservé son nom indien, qui signifie pays montagneux, et celui d'Hispaniola ou Española (petite Espagne), que lui donna Colomb, n'a pas prévalu. Elle avait, au moment de la conquête, 1,200,000 habitants ; au xvi° siècle, il n'en restait plus un, tous avaient péri sous le fer du conquérant et par les funestes effets du fanatisme de l'époque substitué à la morale d'une religion toute de pardon et d'humanité.

On sait que depuis 1630 les Français établis à l'île de *la Tortue*, voisine d'Haïti, s'étaient successivement emparés de presque tous les points de cette dernière, après en avoir chassé les Espagnols ; on connaît la funeste issue de l'expédition des généraux Leclerc et Rochambeau en 1802, qui amena par la suite l'indépendance d'Haïti, vivant de son autonomie, tantôt sous l'empire radical de Soulouque, tantôt sous la forme républicaine, mais toujours agité et prêt à la révolte contre le gouvernement que ses habitants ont élu.

Rien n'intéressait la mission de l'amiral à Haïti ; cependant il fit *stopper* devant Jacmel, petite ville de 6,000 âmes, située sur la côte sud et centre d'un commerce assez actif. Une chaloupe fut envoyée à terre pour remettre des lettres, et les jeunes gens, qui ne comptaient guère s'amuser, assistèrent à un spectacle curieux.

Le commandant de place passait, sur la plage, une revue d'inspection de la garnison composée d'une trentaine d'hommes. Boutonné dans un uniforme de général tout chamarré de broderies, la tête couverte d'un immense tricorne que surmontait un bouquet de longues plumes de toutes les couleurs, ce digne militaire à la face noire suait à grosses gouttes sous les 60 degrés de chaleur que lui envoyait le soleil. Il est vrai qu'il avait les pieds frais, car il n'avait que de mauvaises pantoufles sans bas ; il venait de chez lui, en voisin.

Si tel était le chef, que l'on suppose ce que devaient être les soldats ! Toutes les couleurs possibles brillaient sur les pantalons et les jaquettes ; il y avait des vestes d'artilleurs, des tuniques d'infanterie, des capotes coupées à mi-cuisses, des vestes d'infirmiers, de vieux habits de la garde nationale ; on y voyait des bonnets à poil, des képis, des bonnets de police, des casquettes, voire même des têtes nues ou ornées d'un foulard. Tout cet équipement avait appartenu jadis aux différentes armées de la France et de la Belgique. L'armement était à l'avenant : fusils à pierre, à piston, longs ou courts, avec ou sans chien, bassinet ou détente ; sabres-poignards, coupe-choux, couteaux de chasse ou *machètes*, il y en avait de toutes sortes. Quant aux chaussures, elles étaient nulles pour la plupart. Cependant deux ou trois soldats avaient des bottes, dont une paire à l'écuyère ; quelques-uns des souliers ou des *alpargatas*, mais la chaussette ne brillait que par son absence.

Quant à la tournure militaire, à la question d'alignement, du maniement des armes et des mouvements, il faut renoncer à en parler.

On raconte que l'empereur Soulouque, autrement dit Faustin Ier, avait appris qu'en France les soldats portaient une plaque d'or ou d'argent sur le devant de leurs coiffures, et que les grenadiers de la garde impériale se distinguaient par la largeur et la beauté de cette plaque.

Il chargea un agent à Paris de lui envoyer une collection de cette partie de l'armement qu'il regardait comme un insigne de bravoure militaire et qui devait faire de *ses troupes les premières du monde*, prétention qui, du reste, est celle de toutes les républiques de l'Amérique du Sud. Cet agent acheta à vil prix, chez tous les restaurateurs de Paris, ces boîtes en fer blanc vidées, sortant de l'usine Chollet, et ayant renfermé ces conserves si utiles en hiver et dans les voyages. Il en fit découper les plaques en laiton couleur d'or qui leur servent d'étiquette, et les envoya à l'empereur Faustin, qui s'empressa de les distribuer à sa garde impériale noire, dont peut-être pas un membre ne savait distinguer une lettre d'avec une autre.

Celui qui eût pu, le jour d'une revue, passer le long du front des bataillons eût lu sur la tête des soldats :

Petits pois au sucre. — Bœuf à la mode. — Veau braisé. — Haricots verts. — Foie gras aux truffes. — Julienne, etc., etc.

Les soldats de Jacmel avaient-ils des plaques semblables ? Les voyageurs ne s'en inquiétèrent pas ; il leur fallut tout le savoir-vivre possible pour ne pas éclater de rire à la vue de la garnison et de son chef, mais quand ils furent un peu loin, ils donnèrent un libre cours à leur hilarité et, revenus à bord, l'armée haïtienne fut pendant longtemps un sujet de plaisanteries et de bons mots.

De Jacmel à Porto-Rico il n'y a pas loin, ou plutôt, les 325 milles marins (1) qui séparent ces deux points sont bien courts lorsqu'on voyage dans cette mer des Antilles, si terrible dans ses fureurs, il est vrai, mais si admirablement belle dans son calme et dans l'aspect

---

(1) Le mille marin représente une minute de degré ; trois milles marins équivalent à la lieue marine de 5,556 mètres ; le mille marin est donc de 1,852 mètres.

de ses eaux d'azur, d'où surgissent, de tous côtés, des centaines d'îles et d'îlots couverts de verdure et de fleurs.

Abrités sous la tente qui couvrait l'arrière du *Saint-Nicolas*, les officiers du bord et les passagers s'occupaient diversement en fumant : les uns jouaient aux échecs, aux dames et au trictrac; d'autres causaient ou restaient silencieux, suivant des yeux le panache de fumée qui sortait de la cheminée et laissait sa longue trace à l'horizon. Ceux-ci dessinaient ou rédigeaient leurs notes; ceux-là suivaient les évolutions des marsouins, ou s'amusaient, en soufflant fortement, à faire carguer les voiles des petites flottes d'argonautes roses, bleus ou orange qui se laissaient entraîner à la dérive des courants; d'autres encore pêchaient les grandes traînes de *Raisins du tropique* (1) qui glissaient le long du bord et tâchaient, au moyen de filets à pêche emmanchés au bout d'un long bâton, d'attraper les *poissons volants* qui sortaient par bandes de la mer, poursuivis par les requins, les dorades et les marsouins.

Deux officiers plongeaient des thermomètres dans la mer et prenaient note de la température du grand courant du golfe, qui, dans ces parages, est toujours plus élevée que celle de l'air.

— Quelqu'un de vous, Messieurs, demanda Narischeff, a-t-il vu de près ces beaux argonautes qui voguent avec leurs voiles déployées?

— J'en ai vu souvent, répondit Burton, j'en ai même pêché quelques-uns en en approchant silencieusement en canot et en passant dans la mer au-dessous d'eux un filet dans lequel ils tombaient. J'ai pu ensuite les observer à mon aise dans un grand baquet où je les avais placés. Voulez-vous que je vous les décrive?

— Bien volontiers.

— L'argonaute, continua Burton, est un mollusque à coquille de l'ordre des céphalopodes. C'est cet ordre qui renferme entre autres le *Poulpe*, connu récemment en France sous le nom de *Pieuvre*, et aussi probablement ce fameux kraken, qui, au dire de certains voyageurs, peut jeter ses longs bras sur le pont d'un navire, s'emparer des hommes qui s'y trouvent et les entraîner dans son énorme bouche; on a même prétendu que le kraken pouvait renverser un navire en l'attirant par ses vergues ou ses mâts; mais ceci rentre dans les contes des Mille et une Nuits. Cependant il en est de monstrueux.

— C'est vrai, interrompit Bussières; l'abbé Dicquemare, naturaliste français qui s'est beaucoup occupé des animaux marins,

______

(1) Espèce d'algue, plante marine.

raconte qu'il possédait un dogue irlandais, d'une taille colossale, redouté par sa force et son intrépidité, lequel fut attaqué au Havre par un poulpe dont les bras l'avaient saisi, et que ce ne fut qu'en intervenant lui-même, en courant un grand danger et après avoir coupé les bras de l'animal, qu'il put sauver son chien. Le corps de ce poulpe, dit-il, était gros comme une énorme citrouille, et ses bras étendus à terre mesuraient 3 mètres d'envergure. Il y en a sans doute de plus grands, mais quant au kraken, je le crois un peu fabuleux.

— Qui sait? dit tranquillement l'amiral Chérétoff qui s'était

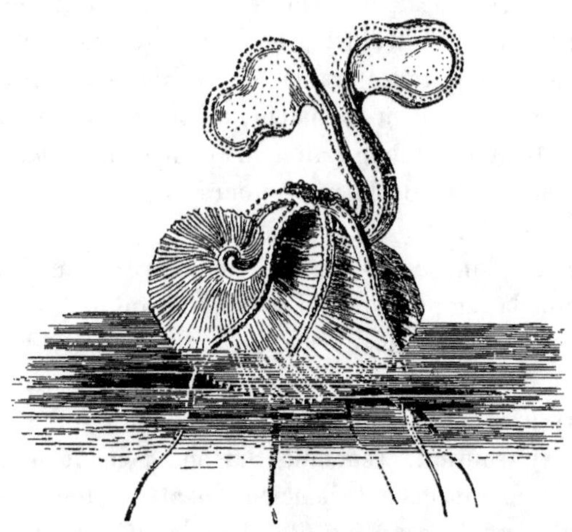

L'argonaute.

approché; les profondeurs de la mer ne nous ont pas encore révélé tous leurs secrets.

— Vous avez raison, commandant, répondit Bussières, mais pardon, Burton, je vous ai interrompu dans votre récit; continuez.

— Je poursuis : la coquille de l'argonaute est d'un blanc laiteux, transparente et fragile; elle a la forme d'une barque. L'animal qui l'habite possède huit longs bras garnis de ventouses dans lesquelles il fait le vide par une aspiration intérieure et au moyen desquelles il saisit sa proie et s'attache aux objets avec une force considérable; deux de ces bras sont élargis à leur extrémité en forme d'ailes et de voiles. Il a deux gros yeux, une très grande bouche garnie de dents au centre du corps. Lorsqu'il veut monter à la surface de l'eau, ce qu'il ne fait que par un temps calme, il pousse son corps en dehors de la coquille, y fait un vide qui la rend plus légère et la fait arriver à la lumière. Alors, jetant ses bras sur les côtés pour se maintenir en équilibre, il déploie au vent les membranes de ses deux autres bras, et navigue ainsi poussé par la brise. Lorsqu'un bruit insolite l'inquiète, il rentre complètement dans sa maison, qui perd l'équilibre, se renverse sur le côté et coule à fond. Les membranes sont, dans certaines espèces, teintées des couleurs les plus fraîches, ainsi que vous pouvez le voir sur ces argonautes qui sont à notre droite.

— Terre! cria la vigie.

Aussitôt tout le monde se leva pour mieux voir la bande grisâtre signalée à l'horizon. C'était Porto-Rico, appartenant aux Espagnols, et dont les montagnes peu élevées renferment des mines d'or et d'argent. Lorsque cette île fut découverte par Colomb en 1493, elle était peuplée de 5 à 600,000 Indiens. Ils furent tous détruits de la façon la plus barbare. Elle est très fertile et produit en abondance du coton, du tabac et la canne à sucre.

A peine les sommités de Porto-Rico disparaissaient-elles à l'horizon, que se montraient les îles vierges au nombre d'environ quarante, et dont sept seulement sont habitées. Passant entre Sainte-Croix et Saint-Thomas, toutes les deux aux Danois, la corvette vint jeter l'ancre dans le port si coquet et si joli de cette dernière. Autrefois la baie de Saint-Thomas était le repaire le plus sûr des flibustiers et des boucaniers qui, au xviie siècle, firent une si terrible guerre aux colonies espagnoles. Qui ne connaît les audacieuses entreprises des Morgan, des Monbars, des Desmarais, des Sawkins, des Sharp, des Roze, des Picard, des Harris et de cent autres qui luttèrent toujours avec succès contre les flottes et les armées de l'Espagne, détruisirent sa prépondérance, furent les pionniers de la civilisation en Amérique, et ne succombèrent, après d'héroïques efforts, que par le refus que leur fit Louis XIV, vieux et mal conseillé, de donner son appui à ces hommes qui avaient si victorieusement promené le pavillon français sur tous les points de la mer des Antilles.

Saint-Thomas, siège du gouverneur danois, est une ville charmante et coquette. Sise au fond de la baie, appuyée sur les pentes des trois mornes qui la dominent, elle ne ressemble pas mal avec ses toits de vermillon, ses murs peints de couleurs vives et variées, à ces petits villages en miniature, enfermés dans des boîtes et que Nuremberg fabrique pour le plaisir des enfants.

Les *Cocotiers*, les *Tamariniers*, les *Bignones*, les *Fromagers*, couvrent les crêtes des mornes, bordent la plage, ou s'élèvent au milieu des maisons.

On y parle toutes les langues, et il n'est pas rare de pouvoir s'entretenir tour à tour en anglais, en français, en espagnol et en danois avec le nègre commissionnaire qui vous sert de *cicerone* ou qui porte vos bagages à l'hôtel.

Les explorateurs descendirent à terre; leur but était de visiter la propriété que possède dans l'île le général Santa-Anna (1), l'ancien dictateur du Mexique, et en même temps de butiner parmi les richesses végétales, minérales et animales dont l'île est remplie.

Tournant vers la gauche, ils suivirent la longue rue parallèle à la mer qui passe au pied des trois mornes, achetant des ananas, des oranges et des pastèques aux négresses qui emploient toutes sortes d'agaceries pour attirer les chalands, et bientôt ils se trouvèrent au bord d'un ravin, à sec dans cette saison, seule route ouverte au travers des épaisses broussailles qui tapissent les pentes des mornes. Ils s'y engagèrent résolument et grimpèrent comme des chats; mais leur marche fut peu de temps après entravée par des milliers de lézards qui fuyaient de tous côtés et passaient jusque sur leurs pieds. Il y en avait de grands et de petits, les derniers comme ceux de nos pays d'Europe, les premiers de 1 mètre et plus de long. Ils étaient de couleurs variées, gris, bruns, fauves, vert foncé ou vert clair, jaune sale, bleu verdâtre. Chaque broussaille en recélait une famille, et il fut facile d'en assommer quelques-uns pour les étudier. L'ascension devenait de plus en plus rude et la sueur coulait sur tous les fronts.

Le bruit d'un ruisseau chatouilla agréablement les oreilles des touristes, et ils se dirigèrent de son côté; mais au murmure de l'eau se joignait un autre bruit constamment répété. Arrivés sur un petit plateau, ils virent un ruisseau qui, à sa source, devait être limpide, mais qui avait passé à l'état d'eau de savon, troublé qu'il était par une trentaine de blanchisseuses noires qui, à grands renforts de bras, frappaient leur linge à coups de battoir.

Il leur fallut reprendre une autre direction, et ce ne fut qu'après deux heures de marche qu'ils arrivèrent en haut d'un morne d'où la vue s'étendait sur tout le groupe des îles vierges.

De cette hauteur, les moindres détails de la côte étaient visibles, et à l'extrémité de la baie on distinguait facilement, à l'œil nu, la légère crête d'écume frangeant les lames qui venaient se briser sur la plage. La pureté incroyable de l'atmosphère dans ces parages est la cause de ce phénomène qui étonne beaucoup d'abord, et que

(1) Mort en 1876.

l'on est à même d'observer quand on voyage dans les régions inter-tropicales et dans les pays de montagnes.

Il ne fallait pas penser à la visite à Santa-Anna; le soleil s'abaissait rapidement, et comme il n'y a qu'un très court crépuscule sous cette latitude, il eût fallu coucher à la belle étoile, sans dîner, ou risquer de se casser le cou dans les crevasses volcaniques dont les pentes des montagnes sont sillonnées.

Le lendemain, un orage suivi d'une pluie torrentielle éclata, et on fut forcé de rester à bord. Le même soir, le vent se leva du large et le baromètre baissa subitement. Aussitôt l'amiral fit chauffer les feux, et moins de deux heures après, le *Saint-Nicolas* courait sous toute vapeur, se dirigeant du côté de la Guadeloupe, mais en évitant de trop s'approcher des nombreuses îles faisant partie des Petites-Antilles, dites du Vent, qui s'étendent en demi-cercle du nord-ouest au sud-est, entre Saint-Thomas et la Guadeloupe, et de là jusqu'à la côte américaine. Il craignait qu'un brusque changement n'arrivât dans l'atmosphère, et en conséquence, il voulait s'éloigner des terres et rester au large.

La nuit n'apporta pas de changement à l'état du temps. Les vents alizés qui viennent du nord-est et règnent, dans cette saison, sur tous ces parages, ne se faisaient plus sentir; seulement de grosses bouffées d'air chaud arrivaient par intervalle.

La phosphorescence de la mer était d'une intensité extraordinaire, et la corvette semblait naviguer au milieu d'une masse d'argent en fusion. Derrière elle son sillage s'étendait à perte de vue, comme une route lumineuse, comme une seconde voie lactée sur les flots. Ce n'était pas de l'eau qui jaillissait sous la quille du navire, c'étaient des étincelles. Les poissons qui fuyaient dans la profondeur de la mer marquaient leur passage d'une longue raie de feu. L'amiral avait fait placer les paratonnerres au haut de chaque mât, et s'était plusieurs fois assuré que leurs chaînes plongeaient sans obstacle dans la mer.

L'officier de quart s'approcha de lui.

— Le feu Saint-Elme, commandant...

— C'est bien, il n'y a rien à faire, répondit l'amiral, faites appeler ces messieurs.

Sur l'avis de M. Chérétoff, les cinq explorateurs montèrent sur le pont, et purent être à leur aise spectateurs d'un phénomène assez rare.

Toutes les pointes des mâts et des vergues, toutes les extrémités des différentes parties du navire qui se terminaient par une armature métallique, étaient surmontées d'une légère flamme bleuâtre, mobile, sautillante, semblable à celle de l'alcool enflammé. Quelquefois on entendait un léger pétillement accompagnant la recrudescence de la lueur.

— C'est le feu Saint-Elme, dit Ramsay, et cette apparition me fait penser que nous sommes au milieu d'une atmosphère fortement chargée d'électricité.

En même temps et comme pour donner raison au jeune savant, une forte étincelle violette apparut sur un des bordages en faisant entendre un bruit sec, comme celui de l'étincelle électrique; puis un peu de brise s'éleva, et tout rentra dans l'ordre accoutumé.

Au lever du soleil, le temps changea, le baromètre remonta, mais rapidement, et la brume qui couvrait la mer se dissipa.

On allait arriver en vue de la Guadeloupe, quand un nuage noirâtre, qui d'abord n'était qu'un point à l'horizon, s'avança avec vivacité et sembla se précipiter sur la mer. Au-dessous de ce nuage, les flots s'élevaient et se couvraient d'écume, et cependant l'air et la mer étaient calmes autour de la corvette.

La masse sombre, en s'abaissant, avait pris une forme cylindrique et ressemblait à une immense colonne noirâtre dont le pied baignait dans l'eau et dont le sommet, d'une blancheur qui contrastait avec celle de son fût, tournoyait en s'appuyant à la partie inférieure du nuage; elle n'était plus qu'à 2 milles de distance.

— Lieutenant, faites charger les deux pièces de tribord, commanda l'amiral.

Et, en même temps, il fit changer la direction de la corvette pour l'éloigner le plus possible du danger qui la menaçait.

Ses ordres furent exécutés avec rapidité, et pendant quelques minutes, tout le monde regardait avec anxiété cette énorme trombe qui, si elle eût rencontré le navire sur sa route, pouvait l'engloutir ou au moins lui causer des avaries considérables.

Les pièces étaient chargées et les hommes à leur poste.

— Pointez à 20 mètres au-dessus du flot, commanda l'amiral, et feu !

Deux détonations ébranlèrent les flancs du *Saint-Nicolas*, et presque aussitôt la trombe, coupée par les deux boulets, s'affaissa sur sa base avec un grand bruit, et en produisant sur la surface de la mer une agitation qui la souleva en vagues énormes. Le danger était passé, mais comme ces parages paraissaient à l'amiral être menacés de quelque violent ouragan, ou de quelque tremblement de terre dans le

LA TROMBE.

genre de ceux qui désolèrent cette malheureuse colonie, entre autres en 1825, il renonça à s'arrêter dans cette île, et fit route pour la Martinique dont le fameux Jardin botanique, près de la ville de Saint-Pierre, devait nécessairement appeler l'attention de l'expédition.

La Martinique, qui, ainsi que la Guadeloupe, appartient à la France, fut découverte par Christophe Colomb le 11 novembre 1502, jour de la Saint-Martin. Son sol est volcanique et ses hautes montagnes sont pour la plupart des volcans éteints.

C'est dans cette île qu'en 1720 le chevalier Déclieux planta le seul pied de *caféier* qui eût échappé aux dangers de la traversée, et qui fut la souche de tous les caféiers qui couvrent aujourd'hui les îles et le continent américain. On sait qu'il en avait apporté trois plants de France ; pendant le cours d'un long et pénible voyage l'eau manqua à bord, deux des caféiers moururent par la sécheresse, et Déclieux ne sauva le troisième qu'en partageant avec lui sa mince ration d'eau. Ces arbrisseaux avaient une singulière histoire : c'est un Hollandais, Van Horn, qui en 1699, pour affranchir son pays du tribut payé à l'Arabie, parvint à se procurer quelques plants qu'il transporta à Batavia, capitale de l'île de Java, où ils prospérèrent à merveille ; en 1710, un pied fut envoyé à Witsen, bourgmestre d'Amsterdam, qui le mit au Jardin botanique, où il fleurit et donna des graines fécondes, dont un individu fut offert à Louis XIV. Au Jardin des plantes de Paris, on en fit des boutures qui réussirent et, en 1720, ce fut le célèbre Antoine de Jussieu qui confia à M. Déclieux la mission dont il a été parlé ci-dessus. C'est aussi la Martinique qui fournit le fameux tabac si estimé, nommé *macouba*.

La corvette jeta l'ancre devant Fort-de-France, où demeuraient le gouverneur et les autorités. Une promenade admirable, entourée d'un quadruple rang d'énormes tamariniers et située sur le bord de la mer, sert de rendez-vous à toute la population, qui peut braver les plus grandes ardeurs du soleil sous cet épais et magnifique ombrage. Au centre s'élève la statue en marbre de l'impératrice Joséphine, née aux Trois-Iles, lieu situé au milieu de la mer, en face de Fort-de-France.

Après s'être promenés dans la ville arrosée par de nombreux ruisseaux d'eau vive, les voyageurs retournèrent au port où le *Saint-Nicolas* renouvelait sa provision de charbon, pour être témoin du spectacle qu'il offrait.

Ce sont exclusivement des femmes jeunes ou vieilles, toutes de race noire, qui portent sur leur tête de gros morceaux de charbon de terre qu'elles reçoivent au dépôt, et vont décharger à l'entrée des soutes, sur le navire. Elles ont suspendu par une ficelle à la ceinture un gobelet de fer blanc. En sortant chargées du dépôt elles passent sur une bascule et reçoivent un jeton ; leur fardeau rendu à bord, elles rentrent par un nouveau guichet et prennent un nouveau chargement. Lorsqu'elles ont quarante jetons, elles ont droit chacune à un verre de rhum qu'elles payent avec les jetons et recommencent leur travail. Mais ce qu'il faut voir et entendre pour s'en rendre compte, c'est le costume, l'allure, les cris, les chants de toutes ces femmes encore plus noires de charbon que de peau, courant, sautant, gambadant au son d'un tambour que frappe un nègre avec ses mains. Ce tambour est tout simplement un tronc d'arbre creusé et couvert d'une peau tendue ; le son en est sourd, quoique fort, et se fait entendre de très loin. Rien n'est étrange comme les grimaces de ce nègre qui, accroupi, ou assis sur son instrument, le frappe de coups précipités avec les doigts, la paume de la main ou les poings, conservant toujours la même division d'un rhythme heurté, original, et continuant ainsi toute la journée et sans interruption, à moins qu'une âme charitable ne vienne lui apporter un verre de rhum.

Les travailleuses chantent en même temps une longue complainte dont chaque couplet est divisé en deux vers. Le premier est dit par une voix et le second, servant de refrain et toujours le même, est chanté par toute la bande. Ce chant n'est en réalité qu'une histoire, dont le sujet varie, que l'imagination de la soliste embellit et prolonge, et qui peut avoir cent ou cent cinquante couplets.

Quand le navire est rempli de charbon, la paye se fait proportionnellement aux jetons rendus ; elle est accueillie par des vociférations de joie ; tous les tambours, les fifres, les violons, les crécelles s'en mêlent, et la bande tout entière s'en va danser sur la savane, à la lueur des torches ou de la lune, si cela est possible.

Alors commence la *bamboula* des nègres, danse étrange, accompagnée de gestes, de cris et de jeux de physionomie, et qui doit son nom à une sorte de flûte criarde qui fait toujours partie de l'orchestre.

Le *Saint-Nicolas* quitta Fort-de-France, et une heure plus tard il était en rade de Saint-Pierre, ville plus importante que la première et centre d'un commerce considérable en sucre, café, rhum, cacao, coton, etc. Elle est bien bâtie, assez propre et arrosée par les eaux qui descendent des mornes. Le marché est largement approvisionné de légumes, de poissons exquis et de fruits de toute nature.

En la traversant, les jeunes gens purent faire une ample provision d'ananas, d'oranges, de mangues, de bananes, de goyaves et d'autres fruits exquis. En sortant de la ville et après avoir gravi des rues en pente rapide, on suit un large chemin taillé à mi-côte d'un des mornes ; des ravins côtoient la route en la coupant et la vue s'étend de plus en plus sur de vastes cultures de cannes à sucre, de caféiers, de cacaoyers et d'arbres à fruits.

Le paysage devient successivement plus agreste et plus sauvage, la nature vierge se montre dans toute sa splendeur, et l'on arrive au Jardin botanique, sans contredit le mieux situé du monde.

Averti de l'arrivée des membres de l'expédition scientifique, le directeur du Jardin français, d'une rare érudition en science botanique, s'empressa de se mettre à leur disposition et leur servit de guide au milieu de ce dédale d'arbres et de plantes appartenant à toutes les parties du monde.

Si le Jardin botanique de Saint-Pierre a une entrée et un commencement, on peut dire qu'il n'a ni fin ni limites. C'est au milieu des productions naturelles si riches et si variées de l'île, que la main intelligente de l'homme a ouvert des routes commodes, a élagué les fourrés trop épais, a opposé une digue à des torrents destructeurs, a facilité le développement d'arbres gigantesques, et s'est borné à empêcher par l'art la destruction de la nature par elle-même. Un jardin réservé renferme tout ce que les différentes parties du monde situées sous la zone intertropicale produisent de végétaux rares et curieux. Les Indes, le Sénégal, le Brésil, la Nubie, les Guyanes, Java, Madagascar, Taïti, l'Australie, la Bolivie, les îles Marquises, Ceylan, etc., etc., revivent aux yeux du savant, sur ce coin de terre privilégié. Les étangs abrités sous l'ombre des bambous de la Chine, des palmiers épineux de l'Amérique centrale et des héliconias de la Madeleine, sont couverts des fleurs du lotus du Nil et de la victoria-regia de l'Amazone. A côté des dattiers des oasis de l'Algérie s'élève le cocotier des Maldives aux fruits géminés, et s'élancent, rivalisant d'élégance et de hauteur, les fougères arborescentes de la Colombie. Les bignones aux fleurs roses, jaunes ou lilas, les passiflores écarlates, les petrea aux grappes bleu d'azur, les convolvulus aux longues corolles blanches ou violettes, grimpent de branche en branche et retiennent les grands arbres par de longues guirlandes aux couleurs éclatantes.

Au milieu de ce paradis, volent mille oiseaux, bourdonnent mille insectes dont les ailes, revêtues des teintes les plus éclatantes, étincellent et brillent sous les feux du soleil. Les papillons tournoient en bandes nombreuses sur la surface des eaux ou, solitaires comme le *grand azuré*, volent lourdement sous les ombrages.

Une foule d'oiseaux aquatiques, d'échassiers ou de gallinacés nagent, courent et picorent dans toutes les parties du Jardin et retrouvent sur ce sol la patrie où ils sont nés.

Et puis, plus loin, plus loin encore, des rochers, des ravins, des torrents, des masses d'arbres de toute nature, la solitude, la forêt vierge et ses aspects grandioses, et l'île tout entière avec ses grands mornes créés par les feux des volcans et ses mystères inconnus.

La journée tout entière ne suffit pas aux explorateurs pour examiner, même succinctement, ce qui les intéressait le plus dans ce Jardin, et c'est avec le regret de ne pouvoir élire domicile au milieu de cet Eden scientifique qu'ils quittèrent le Jardin botanique et retournèrent à bord de la corvette.

CHAPITRE V

LE MEXIQUE ET L'ISTHME DE PANAMA.

Le Mississipi. — La Vera-Cruz. — Chasse aux oiseaux-mouches. — Mexico. — Ruines et monuments anciens. — République de Costa-Rica. — Construction du chemin de fer de Panama. — Le Mancenillier. — Isthme du Darien.

Cette fois, la corvette allait rester quelques jours sans voir la terre : remontant au nord-ouest en traversant la mer des Antilles, elle passa entre Haïti, non loin de la ville des Cayes, et la Jamaïque, puis vint longer, mais à grande distance, la côte méridionale de Cuba, et se trouva ensuite par le travers des bouches du Mississipi, qui se jette dans le golfe du Mexique.

Ce fleuve, nommé en indien Meschacébé ou *Père des eaux*, est un des plus grands du continent américain ; il prend sa source dans le lac Itaska, dans le Minnesota, sur les confins du Canada, et reçoit des affluents considérables, tels que l'Arkansas, l'Ohio, le Missouri. Ce dernier est même considéré par certains géographes comme le Mississipi lui-même qui aurait alors 6,400 kilomètres de cours. Il ne fut bien connu que lorsque le Français Robert de Lassalle, en 1682, l'eut descendu depuis sa source jusqu'à son embouchure, qui se trouve à 40 lieues plus bas que l'endroit où fut construite ensuite la Nouvelle-Orléans.

Cet intrépide voyageur fut assassiné par ceux qui l'accompagnaient en 1687, dans un voyage qu'il fit au Texas. C'est lui qui prit possession, au nom de la France, du vaste pays qu'il venait de découvrir, et auquel il donna le nom de Louisiane en l'honneur de Louis XIV.

L'amiral fut averti, par le capitaine d'un navire américain, que la fièvre jaune régnait à la Nouvelle-Orléans. Il crut prudent de ne pas remonter le fleuve. Cette ville est en effet très malsaine, sujette à des inondations terribles, résultat de sa position au-dessous du niveau du Mississipi, qui renverse quelquefois les digues construites pour encaisser son cours.

Il passa le long de la côte du Texas dont presque tous les fleuves ont leurs embouchures fermées par des bancs de sable, et ne s'arrêta que peu à Tampico, port du Mexique, déjà très florissant quoique la fondation de la ville ne remonte qu'à 1824.

Continuant sa route, il aperçut bientôt le fort de Saint-Jean d'Ulloa, situé en face de la Vera-Cruz, et dont l'amiral français Baudin se rendit maître le 27 novembre 1838, après un bombardement de quatre heures, et après avoir réduit au silence les cent quatre-vingt-cinq pièces de canon qui l'armaient.

C'est le jour du vendredi saint de l'année 1519 que Fernand Cortez, marchant à la conquête de la capitale du Mexique, aborda à l'endroit où, plus tard, il fonda la Vera-Cruz (la vraie croix) en souvenir de la croix sur laquelle mourut le Christ.

L'intention de l'amiral était de se rendre à Mexico, pour traiter, avec le gouvernement, d'une question qui intéressait le commerce russe, et en conséquence il fit ses préparatifs de départ, et annonça aux cinq jeunes savants qu'il serait heureux de les voir se joindre à lui.

Grande fut la joie des explorateurs, qui allaient visiter l'intérieur de ces riches pays, et pouvoir se livrer à leurs goûts scientifiques jusque dans la capitale du Mexique.

Par les soins des consuls établis à la Vera-Cruz, rien ne fut oublié pour leur rendre le voyage facile et agréable jusqu'à Mexico, éloigné de la Vera-Cruz de 276 kilomètres. Chacun eut un double service de mules et un guide du pays sûr et fidèle (1).

---

(1) Une ligne de chemin de fer relie aujourd'hui ces deux villes.

La première nuit fut passée à Xalapa, ou Jalapa, charmante ville
de plaisance bâtie au milieu de jardins en terrasses, et qui a donné son
nom à la racine médicinale nommée jalap. Elle jouit d'une température perpétuelle de 18 à 20 degrés.

La route que suivaient les voyageurs était pittoresque et très accidentée. De tous côtés s'épanouissaient au soleil les clochettes du *Convolvulus jalap* ou méchoucap noir, et de toutes les espèces voisines

Cavaliers mexicains.

appartenant au même genre qui fournissent le puissant purgatif.

Meyer était ravi, et faisait tous ses efforts pour forcer son mulet à
entrer dans les buissons, afin de voir de plus près les différences carac-
téristiques des espèces ; et les noms adoptés par Linné, par Candolle,
par de Jussieu, par Marquis ou Tournefort, étaient cités à chaque
nouvelle découverte.

— Il est curieux, disait-il, de retrouver, après trois siècles et demi,
les mêmes plantes, au même endroit où des moines de l'ordre de Saint-
François, qui accompagnaient Fernand Cortez, les recueillaient pour
les emporter en Europe, sous le nom de rhubarbe des Indes.

— Ce qui n'est pas moins curieux, répliqua Bussières, c'est de voir en aussi grande quantité ces masses de dahlias rouge pourpre et à fleur simple, qui sont la source de toutes ces belles variétés de dahlias dont s'enorgueillissent les amateurs d'horticulture. Voyez, Meyer, ce que quelques années du travail de l'homme ont pu faire. C'est en 1790 que cette fleur fut pour la première fois transportée en Espagne : en 1802, un médecin français, nommé Thibaud, la vit à Madrid, et l'emporta en France où le célèbre jardinier Thouin la fit planter au Muséum de Paris. Cultivée par divers fleuristes, la couleur de ses rayons ne se modifia qu'en 1810, ils furent lilas, roses, safranés; puis, en 1818, apparut le dahlia double, et vous savez ce que cette fleur est devenue depuis une vingtaine d'années.

Comme ils causaient ainsi, ils virent sur la route une dizaine d'Indiens Tonacas, dont quelques familles habitent l'État de la Vera-Cruz. Ces hommes d'une taille moyenne et bien prise, forts et vigoureux, quoique d'une apparence un peu chétive, se reposaient à l'ombre d'immenses acajous. Leur peau est d'un rouge de cuivre : ils se levèrent tous, et saluèrent les voyageurs avec cette politesse un peu outrée peut-être, mais que l'on rencontre dans toute l'Amérique espagnole. Ils s'occupaient à serrer dans une bourse de peau qu'ils portent pendue sur l'épaule, une centaine de colibris et d'oiseaux-mouches qu'ils avaient tués, et qu'ils comptaient vendre à la Vera-Cruz ou à Xalapa.

Pour cette chasse, ils se servent d'une longue sarbacane dans laquelle ils mettent pour projectile une petite boule de terre glaise entourée de coton ou de soie d'asclépias, et frappent ainsi l'oiseau qui tombe suffoqué, et sans perdre une goutte de sang, ce qui pourrait gâter son riche plumage. Il faut à ces chasseurs une grande habitude et une adresse incroyable pour toucher, très souvent au vol, un but aussi petit et aussi mobile qu'un colibri ou qu'un oiseau-mouche, dont les mouvements brusques et rapides échappent souvent à l'œil.

Ils font une légère incision au corps de l'oiseau, le vident et le bourrent avec un peu de coton imprégné de savon arsenical, qui suffit à le préserver des attaques des insectes.

A la demande des jeunes gens, les Indiens montrèrent leur butin, qui leur fut acheté, et qui passa dans les bagages des explorateurs enchantés de cette bonne occurrence.

Un *huppe-col*, magnifique espèce huppée, à la tête et à la gorge d'émeraude, et une *angèle mâle*, au corps bleu d'indigo et au plastron de rubis, furent l'objet d'une vive discussion entre Ramsay et Meyer, qui auraient bien voulu chacun les garder tous les deux. Mais l'affaire s'arrangea par un partage équitable, et par l'espoir de rencontrer d'autres Indiens, dont la chasse satisferait leurs regrets réciproques.

Les voyageurs s'avançaient à petites journées pour bien voir et tout examiner. M. Chérétoff comptait bien rester dix à douze jours en route, car sa présence à Mexico n'était pas obligatoire à jour fixe.

Au Mexique, comme aussi dans l'Amérique du Sud, les villes ou les lieux habités semblent isolés, et ne devoir jamais avoir de communication entre eux, tant les routes, ou ce qu'on est convenu d'appeler routes, sont mauvaises, mal entretenues et souvent complètement impraticables pendant certaines saisons de l'année. Il se rencontre des sentiers horribles, périlleux, où les premiers conquérants ont passé il il y a trois cent cinquante ans, parce qu'ils n'en connaissaient pas d'autres, et que le hasard seul les y avait amenés; eh bien! on continue à s'en servir, quoiqu'il soit très facile d'ouvrir un sentier sûr et commode à 10 mètres de distance.

Une fois la difficulté de la route admise, rien n'est plus beau et plus pittoresque que l'aspect des montagnes boisées qui couvrent une partie du pays. L'ébène, le bois de campêche, le liquidambar, les poivriers, le gayac, l'acajou, les palmiers à éventail ou lataniers, les amyris, les euphorbes, les fougères en arbre, le myroxylon qui produit le baume de tolu, les cactus cierges, les rocouyers et cent autres espèces, forment des forêts impénétrables, où grimpe la vanille, où s'accrochent les grenadilles et où rampe la capucine.

Sous ces sombres voûtes habitent des myriades d'oiseaux, et vivent le jaguar, le couguar et l'ours, poursuivant sans relâche le cerf (1) ou le bison.

On rencontre souvent des cadavres d'animaux à demi dévorés par les bêtes fauves, et sur lesquels des bandes d'une espèce de vautours (coragyps), nommés *urubus* dans le pays, s'acharnent, en déchirant les parties échappées à la dent du jaguar.

La route de Mexico est trop fréquentée dans la saison sèche pour que le voyageur puisse compter sur quelque occasion de se trouver en présence des bêtes féroces, qui, toutes sans exception, redoutent le voisinage de l'homme; aussi, après un voyage accompli sans accident, la petite caravane se trouva tout à coup sur la lisière de la forêt, et vit se déployer sous ses yeux le magnifique panorama de Mexico, situé au milieu d'une de ces vastes plaines que l'on rencontre dans les Cordillères, et souvent à des hauteurs considérables : ainsi la capitale

_____

(1) C'est l'*antilope mazama* de Smith et le *cerf* de la Louisiane de Georges Cuvier.

du Mexique se trouve à 2,277 mètres au-dessus du niveau de la mer.

Chacun s'était arrêté et restait en extase devant cet admirable point de vue.

— Descendons ici, et reposons-nous un peu, dit l'amiral; je veux jouir quelque temps de ce coup d'œil.

Et, en disant ces mots, il mit pied à terre, confia sa mule à un péon, et s'assit au pied d'un arbre, que recouvrait presque entièrement une immense vigne vierge, dont les longues guirlandes, courant de branche en branche, ou retombant en girandoles, formaient un couvert d'une rare beauté.

Il resta quelques minutes silencieux, promenant son regard sur l'immense cité, et, prenant enfin la parole :

— Je ne sais, Messieurs, si vous éprouvez devant ce splendide tableau une émotion égale à la mienne; mais, quant à moi, il semble que les grandes pages de l'histoire du passé se déroulent sous mes yeux, et que, pour un instant, j'existe dans les premières années du XVIᵉ siècle.

La parole de l'amiral était vibrante; on voyait qu'il subissait l'influence que les lieux historiques imposent à tout homme qui, comme lui, s'est nourri d'études fortes et sérieuses.

Tous se groupèrent autour de lui prêts à l'écouter.

Il continua :

— C'est aussi sous le couvert de grands arbres, abrité par de longs pampres de vigne vierge; c'est peut-être ici que Montézuma II, le dernier roi des Aztèques, vint s'humilier devant Fernand Cortez, cet illustre conquérant, dont les hautes et énergiques qualités peuvent à peine racheter l'inutile et sanglante cruauté.

L'ancien Anahuac (1) était riche et peuplé : vingt-sept millions d'Indiens cultivaient les campagnes fertiles, vivant sous la domination des rois toltèques. La durée de chaque souverain était fixée à cinquante-deux ans. S'il mourait avant d'avoir accompli ce nombre d'années de puissance, un conseil de nobles gouvernait le pays jusqu'à l'époque révolue. Une épidémie terrible vint à enlever les trois quarts de la population toltèque, et d'autres Indiens, les Chichimèques, les remplacèrent. Après un long temps, les Aztèques conquirent le pouvoir sur toutes les autres tribus indiennes, et dominèrent tout l'Anahuac.

C'est en 1325 que se fonda ici, sous nos yeux, au milieu du lac de

____

(1) C'est ainsi qu'était nommé autrefois tout le pays s'étendant depuis la Californie jusqu'à Guatémala.

Tezcuco, l'antique et vaste Tenochtitlan, ville superbe, semée de temples couverts d'or, entourée de jardins flottant sur les eaux du lac, et qui fut détruite par Fernand Cortez en 1521.

C'est en partie sur son emplacement que s'élève Mexico ; mais si belle que soit la capitale moderne, elle est loin de rappeler le souvenir de la ville morte. Les forêts qui l'entouraient et lui donnaient la fraîcheur et l'ombre ont été coupées, les lacs et les canaux ont été presque desséchés, et les radeaux verdoyants et fleuris ne dérivent plus sur l'eau, au souffle du vent.

Vous savez, Messieurs, que Fernand Cortez débarqua sur les côtes, le 14 mars 1519, ayant sous ses ordres six ou sept cents hommes déterminés. C'est avec ces faibles ressources qu'il marchait à la conquête du puissant empire des Aztèques. A peine à terre, il fait mettre le feu aux vaisseaux qui l'avaient amené de la Havane, et rend ainsi toute chance de salut impossible. Il faut conquérir ou mourir.

Montézuma II régnait. Ce prince, épouvanté à l'approche des hommes blancs et barbus annoncés par une vieille tradition, terrifié par l'apparition d'une comète, envoie porter des masses d'or aux Espagnols, dans l'espoir de les éloigner après avoir assouvi leur cupidité.

Mais Cortez marche toujours ; il s'est allié six mille indiens ennemis du roi, et arrive bientôt sur les bords du Tezcuco, en vue de Tenochtitlan. Le roi se soumet, accueille le conquérant dans son palais et, quelque temps après, victime des événements, il est emprisonné · et ne recouvre une apparence de liberté qu'en livrant à Cortez six cent mille marcs (1) et une prodigieuse quantité de pierreries.

Cortez est obligé de quitter la ville pour marcher contre des compétiteurs envoyés par l'Espagne ; il leur livre bataille, les défait, puis revient à Mexico, dont il trouve les habitants soulevés par les cruautés des Espagnols.

Montézuma est tué en voulant apaiser la révolte, les Espagnols sont chassés et leur arrière-garde est taillée en pièces et jetée dans les lacs. Pendant six jours d'une fuite rapide, constamment harcelé, Cortez se défend comme un lion, et fait à chaque instant reculer ses ennemis dont le nombre augmente à toute minute. Chaque arbre, chaque rocher, chaque ravin cache une embuscade, recèle un danger, et la mort l'environne de tous les côtés. Mais rien n'ébranle son courage ni sa confiance dans la grandeur de son entreprise.

Le 7 juillet 1520, au moment où il débouche dans la vallée

____

(1) Cette quantité d'or représente une valeur d'environ 480 millions de francs.

d'Otumba, il rencontre l'armée ennemie rangée en bataille et lui coupant le passage. Sur toute l'étendue de cette vaste plaine, d'innombrables soldats accourus de tous les points de l'Anahuac font briller leurs armes.

Cortez rallie sa petite troupe, la harangue, l'exhorte à se montrer digne du nom castillan, et se précipite sur l'ennemi aux cris de *saint Pierre et saint Jacques*. Une horrible boucherie commence, et ne se termine que par le triomphe de Cortez, qui passe en laissant le champ de bataille couvert de monceaux de morts et de mourants.

Il ne pense plus à fuir, mais à se venger ; il entre le lendemain sur le territoire des Indiens tlascalans, ses anciens alliés, les entraîne et se porte immédiatement sur Tenochtitlan. Dans sa marche rapide, il livre et gagne des combats, soumet des provinces et revient camper devant la capitale, défendue alors par Guatimozin, successeur de Montézuma.

Cortez fait construire des barques et les lance sur les lacs ; des canaux sont creusés pour faciliter les approches de la ville, et après une défense aussi héroïque que l'attaque est vigoureuse, Guatimozin se décide à abandonner sa capitale. Il est fait prisonnier, et les habitants, que leurs fortifications détruites ne protègent plus, font leur soumission.

Pendant quatre-vingt-treize jours de siège, cent mille Indiens avaient perdu la vie. Tenochtitlan, cette cité si grande, si puissante, dépouillée de son prestige d'invincibilité, ruinée, à demi brûlée, avait été défendue avec une persévérance digne d'un meilleur sort ; elle était tombée encore plus par la haine des nations voisines que par les armes de Cortez ; sur la fin du siège, deux cent mille Indiens s'étaient rangés sous les drapeaux de l'Espagne.

Pour consolider sa conquête, Cortez employa la terreur et les supplices : les Indiens réduits au désespoir prirent les armes, mais ils furent vaincus et écrasés. Leurs caciques furent pendus ou massacrés. Guatimozin, sommé de déclarer où étaient cachés ses trésors, et s'y étant refusé, fut mis sur des charbons ardents, et ensuite pendu à un arbre : les plus cruelles tortures furent employées pour satisfaire la cupidité des conquérants, et bientôt il ne resta de l'antique et puissante race des possesseurs du sol, que ceux qui avaient pu s'enfuir pour aller traîner dans les profondeurs des forêts une vie misérable et sans espoir d'un meilleur sort.

Tenochtitlan pillée, saccagée, disparut de la surface du sol, et Cortez la remplaça par Mexico. Plus tard, Fernand Cortez, après

avoir connu la suprême gloire et l'immense fortune, après avoir vu
pleurer à ses pieds les plus puissants et les plus illustres de la race
qu'il avait anéantie, eut à souffrir les dédains et l'oubli de ceux pour
qui il avait tout fait.

Un jour qu'après avoir été repoussé vingt fois par le roi Charles-
Quint, il avait osé s'avancer jusqu'au marchepied de la voiture du
souverain :

Cathédrale de Mexico.

— Qui êtes-vous? dit l'empereur et roi.

— Je suis, répartit fièrement Cortez, un homme qui vous a donné
plus de provinces que vos pères ne vous ont laissé de villes.

Sept ans plus tard, abreuvé de dégoûts, menant une existence misérable, pauvre et délaissé, il mourut le 2 décembre 1547, à l'âge de
soixante-deux ans.

— Voilà, Messieurs, ajouta l'amiral en terminant, les souvenirs qui
assaillaient ma pensée devant le spectacle qui frappe nos regards, et
je n'ai pu résister au désir de les exprimer par la parole.

— C'est une belle page d'histoire que vous venez de dérouler sous nos yeux, commandant, répondit Bussières, et croyez bien à la vive impression que nous avons tous ressentie en vous écoutant.

Les autres jeunes gens se joignirent à leur ami en exprimant à l'amiral le plaisir qu'ils avaient eu à l'entendre, et l'on descendit les pentes qui menaient à la capitale.

Mexico est une des plus belles villes qu'aient fondées les Européens dans les deux hémisphères. Elle a certainement l'aspect moins riant et moins enchanteur que quand, couverte de jardins, elle s'élevait au milieu des eaux, mais elle n'en offre pas moins un coup d'œil imposant et majestueux. Les rues en sont droites, bordées de maisons couvertes avec art et richement décorées, pourvues de larges trottoirs et parfaitement éclairées.

Une des premières visites des explorateurs fut pour la cathédrale, la plus admirable, la plus riche et la plus vaste des deux Amériques.

La balustrade qui entoure le maître-autel est d'argent massif : on y voit une lampe de même métal si grande que trois hommes entrent dedans lorsqu'il faut la nettoyer. De nombreuses statues de la Vierge et des saints ornent les chapelles; elles sont toutes en argent massif, ou recouvertes d'or et chargées de bijoux et de pierres précieuses. *Le Sagrario* ou trésor de la cathédrale renferme d'inestimables richesses.

Sur la même place que la cathédrale se trouve le palais du viceroi construit par Fernand Cortez. La Monnaie, autrefois si célèbre et qui dans les xviie et xviiie siècles frappa pour plus de six milliards cinq cents millions de pièces d'or et d'argent, et d'autres édifices publics sont fort remarquables.

Mexico renferme 180,000 habitants (1) : la population de Tenochtitlan était de 1,500,000 âmes.

Un Indien *otomi* dont la tribu nombreuse, aujourd'hui détruite, habitait autrefois une partie du plateau de Mexico, servait de guide aux voyageurs, et les conduisit là où se trouvent conservées quelques rares antiquités échappées à la destruction. Il connaissait parfaitement l'intérieur du pays et savait où se rencontrent les ruines de cités florissantes à présent enfouies sous la végétation.

Ramsay lui demanda s'il connaissait l'emplacement de l'antique ville de Palenqué dans l'État de Tabasco : il avait vu, disait-il, des dessins représentant des restes de cette cité, et il pouvait à peine croire à leur véracité.

______

(1) Aujourd'hui, 260,000.

— Je ne sais, lui répondit l'Indien, de quels dessins vous parlez, mais j'ai vu Palenqué, ou plutôt les ruines de la ville située près de Palenqué, et qui portait le nom de Culhuacan. Les alliés des Quatchiquiles qui habitaient le sud de Yucatan, et dont quelques familles sont encore vivantes, je suis allé les visiter, et j'ai vu ce dont vous parlez.

Imaginez-vous, Messieurs, au milieu de la nature sauvage du sud

Ruines d'un palais au Mexique.

du Mexique, un vaste emplacement jonché de monuments écroulés et gisant sur la terre, couverts d'arbres, de lianes et de buissons qui en rendent l'accès presque impossible.

Une course du soleil au-dessus de nos têtes serait nécessaire pour suivre le contour des fortifications qui enceignaient la ville (1). De tous côtés se dressent, à demi renversés, des temples, des palais, des pyramides, des colonnes, des maisons, des tombeaux ; sur les ruisseaux

____

(1) On évalue à 28 ou 30 kilomètres le périmètre de Culhuacan.

desséchés, des ponts sont encore debout, ou leurs arches se sont écroulées [dans le lit où coulaient autrefois des eaux limpides : les aqueducs sont rompus, et leurs piliers gigantesques se perdent sous une verdure épaisse. Sur tous les murs, des inscriptions sont gravées dans la pierre. Elles ont défié la rage du temps et celle de l'Espagne.

En disant ces derniers mots, les sourcils de l'Indien se contractèrent,

Antiquités mexicaines.

et sa figure si calme et si placide prit tout à coup une expression de haine profonde.

Il continua :

— Des statues de nos anciens dieux, des signes symboliques, des animaux, des plantes sont sculptés sur les parois des temples en prodigieuse quantité; au milieu des ruines, sous la terre amoncelée, j'ai retrouvé les idoles, les vases, les instruments de musique, les objets de la famille dont aujourd'hui encore la forme s'est conservée de générations en générations, et que l'on rencontre chez ceux de nos frères qui sont restés dans les solitudes de leurs ancêtres.

L'Indien s'était attristé dans ses souvenirs ; il baissa la tête et resta silencieux.

— Quel étrange mystère couvre l'existence de ces ruines! dit Ramsay en s'adressant à ses amis. J'ai examiné des photographies de quelques-uns des plus remarquables monuments encore debout, et dont les toits servent de terrasses à d'énormes palmiers dont les oiseaux, ou les vents, ont apporté jusque-là les semences : c'est quelque chose de colossal, et qui atteste une civilisation bien avancée chez le peuple qui les a construits. J'ai été étonné de l'analogie qui existe entre les constructions, les dessins et les sculptures qui les recouvrent, ces statues gigantesques et les monuments que j'ai rencontrés dans l'Inde et dans l'Egypte.

— En effet, conclut Meyer, c'est un étrange mystère.

Quelques jours plus tard, M. Chérétoff quittait Mexico, rentrait à la Vera-Cruz et remontait à son bord pour poursuivre son voyage.

C'est avec un œil d'envie qu'en passant en face de Tabasco les jeunes savants examinaient la côte comme si, dans l'horizon, ils eussent pu découvrir les vestiges de la grande cité en ruines. L'amiral aurait bien voulu leur faciliter une excursion sur ce point si curieux, mais les fièvres qui régnaient dans cette partie du pays et les difficultés de la route par une saison pluvieuse, et par conséquent défavorable à la santé, furent les arguments qu'il leur donna pour motiver le refus qu'il fit à leur demande.

On fut bientôt à la pointe du Yucatan, vis-à-vis l'extrémité occidentale de Cuba.

— Je voudrais bien savoir, disait Bussières à Narischeff, le vrai nom de cette presqu'île.

— C'est la presqu'île du Yucatan, répondit celui-ci, ne le savez-vous pas?

— Parfaitement, répliqua Bussières, mais celui que je voudrais connaître, c'est le nom que les indigènes donnaient à leur pays, et non celui que les conquérants lui ont si maladroitement imposé.

— Comment cela?

— Lorsque les Espagnols découvrirent cette presqu'île et y débarquèrent, ils furent bien reçus par les Indiens Huastecas et Mayas qui l'habitaient. Ils leur montrèrent de l'or, et on leur en donna une grande quantité, puis ils demandèrent en pur castillan à ces braves gens : *Comment se nomme votre pays?* — Pas de réponse. Quel est le nom que porte ce pays? dirent-ils de nouveau. — *Yu ca tan*, répliquèrent les Indiens s'entreregardant. — *Merci*, répondirent les Espagnols ; et ils s'en allèrent, mais malheureusement pour le sort des habitants, pour revenir bientôt.

De retour dans leur pays, les Espagnols annoncèrent la découverte qu'ils venaient de faire du *Yucatan*, pays riche en métaux précieux. Or les trois mots *Yu ca tan* signifiaient en dialecte indien : *Je ne comprends pas ; je ne sais pas* ce que vous demandez : réponse toute naturelle à la question des Espagnols faite en langue castillane. Voilà pourquoi, mon cher ami, je voudrais connaître le vrai nom de ce pays.

La corvette longea les côtes du Honduras, passa devant l'embouchure du San-Juan-del-Norte, et devant le port de Greytown, appartenant à la république de Nicaragua, sans s'y arrêter. C'est par la susdite rivière de San-Juan que l'on a tenté vingt fois d'établir un canal devant aboutir à l'océan Pacifique ; entreprise rêvée par Fernand Cortez, et que tous les hommes sérieux ont reconnue impossible.

Puis se déroulèrent sous les yeux des voyageurs les plaines fertiles et cultivées de la petite république de Costa-Rica, qui ne compte que 200,000 habitants, mais tous vigoureux, intelligents et travailleurs, chose rare sous les tropiques où la trop grande richesse de produits végétaux naturels et l'absence d'une foule de besoins factices énervent l'homme et détruisent son intelligence et son initiative.

Continuant sa route et laissant à sa droite Chiriqui, dont les tombeaux, dépositaires des ossements des anciens caciques indiens, renferment en quantité des poteries élégantes et des figurines en or, le *Saint-Nicolas* toucha à Colon Aspinwall, petit établissement américain sur la terre de la Colombie, qui forme la tête du chemin de fer qui traverse l'isthme et conduit à Panama (1). C'est le lieu d'arrivée de tous les paquebots d'Europe et d'Amérique, transportant des passagers et des marchandises en destination de la partie du globe située du côté occidental des deux Amériques.

Colon ou Aspinwall est sale et malsain : ses maisons sont pour la plupart en bois, et à part celles situées sur le quai, entourées de cloaques immondes où fourmille un monde d'animaux dégoûtants, et d'où s'échappent, en certaines saisons, des miasmes pestilentiels. Bâti sur un îlot, Colon manque d'eau potable, et les immondices qui encombrent les rues, et l'intérieur des maisons, y resteraient éternellement si des bandes nombreuses de gallinazos, espèce de vautours, n'étaient les hôtes familiers des habitants, et ne pourvoyaient à la salubrité publique.

(1) Nos lecteurs savent que, depuis quelques années, M. de Lesseps a entrepris le percement de l'isthme. Les travaux sont poussés avec la plus grande activité et bientôt un canal, creusé entre Colon et Panama, réunira les deux océans.

La première chose qui frappa les yeux des voyageurs, en descendant
à Colon, fut une multitude de coqs maigres, hauts sur pattes, presque
déplumés et attachés par une patte à un piquet de bois planté en terre.
Ils étaient espacés de manière à ne pouvoir se rencontrer, et picoraient
dans une vase immonde à la recherche des vers, des larves et des crabes
de terre qui pouvaient s'y rencontrer. De temps en temps ils chantaient
d'une voix rauque et enrouée, rappelant, de fort loin, le son éclatant
et joyeux du coq de nos campagnes. C'étaient des coqs de combat, attendant l'heure où leurs maîtres les lanceraient l'un sur l'autre dans
les arènes préparées à cet effet.

Les voyageurs sortirent en hâte de Colon, et suivirent, à gauche,
la promenade qui borde la mer du côté où se trouvent les ateliers du
chemin de fer. A mesure que l'on avance, on rencontre une végétation de plus en plus fournie; de magnifiques pancratium aux fleurs
blanches et d'une odeur suave sortent de l'herbe épaisse, des cocotiers agitent leurs grands panaches à la brise, et la vue s'étend sur
la mer qui déferle avec violence sur les brisants de la côte.

A l'endroit où le flot vient mourir, et au milieu des débris de
toute nature, on trouve souvent de fort beaux coquillages, et les
cinq amis en firent une ample provision : les olives, les janthines, les
porcelaines, les pourpres entraient dans les carniers de chacun, et
Meyer poussa un cri de triomphe en rencontrant une frêle et transparente spirule de Peron, parfaitement intacte.

Les arbrisseaux devenaient de plus en plus touffus, puis faisaient
place à de grands arbres dont les branches étaient chargées d'orchidées parasites. Narischeff se baissa et ramassa deux ou trois petites
pommes d'un vert gai et d'une odeur agréable : il en porta une à sa
bouche, la mordit et la rejeta en faisant une grimace significative.

— Ce n'est pas bon, n'est-ce pas, Narischeff, lui dit Meyer; je vous
ai laissé faire pour que vous vous rappeliez le goût de la mancenille.

— Comment! que dites-vous? la mancenille, ce terrible poison?
s'écria le jeune Russe.

— N'exagérons pas, mon ami, reprit tranquillement Meyer, le
fruit si poli du mancenillier est un poison, c'est vrai, comme presque
tous les genres de végétaux de la famille des euphorbiacées, mais
on ne meurt pas pour si peu. Nous sommes du reste à côté du contre-
poison, qui est l'eau de mer; un bain et quatre ou cinq gorgées d'eau
salée rendent nul l'effet de la pomme mancenille.

— Cela n'empêche pas, interrompit Burton, que le voyageur qui
s'endormirait sous cet arbre, et recevrait la rosée tombant de ses

feuilles, pourrait bien se réveiller aveugle, et avoir la peau couverte de petits vésicatoires; autrefois, sur toute cette côte, les Indiens, avant de connaître les armes à feu, empoisonnaient leurs flèches en les trempant dans le suc de cet arbre, et j'ai vu souvent des ouvriers refuser un bon prix pour abattre un mancenillier qui inquiétait ses voisins. Le suc blanchâtre et visqueux qui en découle est si abondant qu'il rejaillirait sous les coups de la hache, et pour le détruire, on préfère l'entourer de bois sec auquel on met le feu.

Les lèvres de Narischeff s'étaient légèrement enflées, il les baigna d'eau de mer, ce qui le soulagea presque immédiatement, mais il était fort mécontent que Meyer ne l'eût pas prévenu avant, au lieu de le prévenir après, et il le lui dit.

Ils entrèrent ensuite dans un des nombreux hôtels qui bordent la mer devant la ligne du chemin de fer, et dont l'agglomération est motivée par l'immense affluence de passagers qu'amènent chaque mois à Panama et à Colon une vingtaine de paquebots pour toute destination; un succulent dîner leur fut servi, et le mancenillier fut oublié.

Ils étaient en train de fumer d'excellents cigares de la Havane, et contemplaient à la clarté des étoiles ce spectacle toujours admirable de la mer se brisant en écume phosphorescente, quand ils furent distraits de leur rêverie par le bruit cadencé d'un tambourin auquel se mêlaient les sons aigus d'un fifre, et le choc monotone et sec de cailloux secoués dans une calebasse. Ils reconnurent de suite l'orchestre des nègres, et se dirigèrent vers la chaussée qui borde un bassin à tortues. Là, une foule compacte était réunie et poussait des cris dont la nature était assez indécise.

C'était un bal en plein vent; bal où nègres et négresses déployaient, à l'envi, leurs grâces et faisaient briller leurs avantages physiques.

Au milieu d'un grand cercle formé par la foule, et assis sur de vieilles caisses vides, se tenaient trois musiciens s'escrimant à qui mieux mieux, le premier frappant son tambourin à tour de bras, le second soufflant dans son fifre à en perdre haleine, et le troisième agitant à grands renforts de bras sa calebasse creuse où bruissaient une vingtaine de cailloux. C'était un tapage infernal.

Immédiatement autour de l'orchestre et entourés par les spectateurs qui applaudissaient de la voix et du geste, tournaient et marchaient, avec un déhanchement de corps impossible à décrire, une trentaine de couples de danseurs; hommes et femmes ruisselaient de sueur et n'en paraissaient que plus animés. Lorsque par un geste plus hardi, par une pose plus excentrique, une danseuse avait bien mérité du public, son danseur ou quelque galant moricaud lui offrait une chandelle allumée qu'elle prenait et gardait dans la main droite en continuant son pas et en l'élevant au-dessus de sa tête.

Là, comme ailleurs, toutes les danseuses n'atteignaient pas à l'originalité de certaines coryphées, et la chandelle d'honneur était rarement offerte, mais la ballerine hors ligne voyait bientôt ses efforts chorégraphiques amplement récompensés.

Une seconde chandelle, puis une troisième, une quatrième, une cinquième venaient s'ajouter à la première. Elle les collait les unes

La danse des nègres.

contre les autres, les brandissait à tour de bras, et activait les flammes qui montaient rouges et fumeuses, car ce sont des chandelles d'un suif très impur.

Les 28 degrés de chaleur, la brise, le mouvement de la danse, les contorsions, etc., tout cela faisait découler le suif sur les bras, sur la tête, sur les hanches et jusqu'aux pieds de la triomphatrice qui ne s'en préoccupait pas et qui redoublait d'ardeur.

Rien n'était plus singulier que de voir ces longues stalactites de graisse à demi figées, collées aux bras et au corps de ces femmes dont la peau noire faisait encore mieux ressortir leur sale ornement.

Les assistants recevaient maintes éclaboussures et n'en applaudissaient que plus fort.

Les jeunes passagers de la corvette, après avoir satisfait leur curiosité, commencèrent à trouver que l'air pur de la soirée était notablement et doublement vicié, naturellement par l'odeur de la réunion joyeuse, et artificiellement par celle qui résultait de la combustion du vieux suif, ils regagnèrent le bord de la mer, poursuivis par le bruit incessant de l'orchestre, et les cris d'enthousiasme qu'excitait *la danse des chandelles*.

En passant près du bassin, ils virent qu'il était rempli de grandes tortues de mer qui venaient respirer à la surface. C'est en cet endroit que les pêcheurs de tortues déposent les animaux qu'ils vendent ensuite aux divers paquebots qui partent pour l'Europe, pour l'Amérique du nord ou pour les Antilles.

Lorsque le *Saint-Nicolas* eut repris la mer, en gardant à sa droite la pittoresque vue des Cordillères boisées de la côte de San-Blas, l'amiral rassembla les explorateurs, et les engagea à préparer leurs armes, les équipements de chasseurs et de naturalistes.

— Demain, leur dit-il, nous arriverons sur un point désert de l'isthme du Darien, et nous y resterons quelques jours. Là, Messieurs, vous serez en pleine nature vierge, et si vous rencontrez une figure humaine, ce dont je doute, ce sera quelque survivant de la grande famille des Caraïbes, race douce et hospitalière, qu'une persécution sanglante avait faite cruelle, et qui, aujourd'hui réduite à quelques centaines d'hommes, vit libre et a retrouvé son ancien caractère.

Une telle nouvelle était bien faite pour être accueillie avec enthousiasme, et le lendemain, dès la pointe du jour, tous ceux qui devaient descendre à terre étaient sur le pont en grande tenue de campagne, bien armés, approvisionnés et pourvus de tous les accessoires nécessaires au but de chacun.

Vers dix heures du matin, la vigie signala la terre, dont on s'était éloigné pendant la nuit. Bientôt des pics assez élevés sortirent de l'horizon, puis une bande bleuâtre continue qui se teinta de plus en plus de vert, à mesure que la distance diminuait. C'étaient les montagnes qui enceignaient la baie de Calédonie, ainsi nommée par William Péterson, écossais, qui fonda en cet endroit une colonie en 1698, et donna aux divers points de la côte des noms qui rappelaient aux émigrants les souvenirs de l'Écosse, de la patrie absente : c'est ainsi que l'on y voit les ruines d'un fort nommé Saint-André, et que le port intérieur s'appelle Port-Écossais.

Peu à peu des îles s'élevèrent du sein de la mer, couvertes d'une verdure épaisse, et paraissant autant de jardins épars, et, deux heures plus tard, le *Saint-Nicolas* vint jeter l'ancre derrière l'Ile-d'Or, si fameuse dans l'histoire de la conquête.

Il fut décidé que l'on attendrait au lendemain pour descendre à terre, et que les explorateurs, accompagnés de cinq ou six matelots et d'un charpentier, parcourraient pendant quelques jours l'intérieur du pays pour y faire les recherches scientifiques nécessaires.

L'amiral fit mettre le grand canot à la mer, et se dirigea vers le fond de la baie, où se jette un ruisseau appelé Sasardi, sur le bord duquel est un village du même nom, habité par des Indiens Mandingas et Chucunagues de la grande famille des Caraïbes.

A son arrivée à la plage, il fut reçu par deux hommes armés de fusils, presque nus, qui l'accompagnèrent au village. Là il se trouva en présence du chef, qui connaissait assez de mauvais anglais pour comprendre ce qu'on lui disait. M. Chérétoff lui expliqua qu'il venait en ami dans le pays, non pour y séjourner, mais pour y faire de l'eau, et se reposer des fatigues d'un long voyage. Il ajouta qu'une dizaine d'hommes de son bord avaient l'intention d'aller à terre pour y chasser, et qu'il comptait que les Indiens verraient en eux des amis qui ne pensaient pas à nuire. Il invita le chef et les siens à venir à son bord, et se retira après lui avoir fait quelques cadeaux, et en avoir reçu l'assurance que les habitants de cette côte ne songeaient nullement à inquiéter les voyageurs.

En effet, l'amiral était à peine revenu que trois pirogues habilement manœuvrées arrivaient et accostaient.

Les hommes qui les montaient furent parfaitement reçus et, en échange des bananes, des ananas et des cannes à sucre qu'ils apportaient, ils reçurent une foule de petits objets utiles dont ils se montrèrent très satisfaits.

La nuit vint et l'on se sépara mutuellement contents des relations établies.

CHAPITRE VI

LE DARIEN

Le Darien. — La Cordillère. — Campement dans les bois. — L'agouti. — Le couguar. — Le fourmilier. — Le tapir. — Rendez-vous des animaux féroces. — Une famille de jaguars.

On sait que l'Amérique du nord et l'Amérique du sud sont séparées par une immense bande de terre d'environ 600 lieues de longueur sur une largeur qui varie de 12 à 225 lieues et qui porte le nom d'Isthme américain.

Cet isthme commence au nord à Téhuantépec dans le Mexique, par un étranglement d'une trentaine de lieues de large et se termine au sud sur le territoire du Darien, dans la Colombie, avec une largeur de 40 lieues. Il renferme, outre les cinq républiques de l'Amérique Centrale et deux provinces mexicaines, toute la partie connue sous le nom d'isthme de Panama, et celle moins connue quoique plus importante de l'isthme du Darien.

C'est cette dernière contrée qui fut la première découverte de tout le grand continent américain, non par Christophe Colomb, comme on le croit généralement, mais par un gentilhomme de Séville, Roderigo Bastidas, qui y aborda en 1501 et qui fit part de sa découverte à Colomb, lequel à son tour y vint en 1502.

C'est par l'isthme du Darien, et en débarquant à l'Ile-d'Or, où était mouillé le *Saint-Nicolas*, que passèrent les conquérants du Pérou, du Chili et de la Californie : c'est sur cette terre, si riche en or et en productions végétales, que furent fondées les villes aujourd'hui disparues, qui constituaient la Castille d'Or, et que brilla le génie de Vasco Nûnez de Bulbao, ce héros du xvie siècle, si peu connu, et qui mourut si misérablement victime de l'envie et de la calomnie.

On doit penser combien étaient heureux ces explorateurs, à l'idée de rester quelques jours au milieu des solitudes grandioses de cette terre oubliée, où 4,000 habitants à peine vivent groupés sur le bord des fleuves, laissant aux bêtes sauvages un libre domaine de plus de 2,000 lieues carrées.

Après avoir reçu de l'amiral de prudentes recommandations, les explorateurs se dirigèrent vers la terre et abordèrent à l'entrée de la petite rivière Aglatomate, près des ruines encore visibles de la ville d'Agla, fondée, en 1514, par Gabriel de Rojas, et abandonnée pour Panama, en 1532.

Il ne s'agissait de rien moins que de passer la chaîne des Cordillères qui fait face à la baie, et de pénétrer dans l'intérieur du Darien en descendant l'autre versant.

Une demi-douzaine de *caïmans* barbotaient dans les eaux de la rivière et se jetèrent à la nage à l'arrivée de la chaloupe; quelques coups de fusils furent tirés en pure perte et les plombs qui les atteignirent rebondirent sur leurs écailles. L'épaisseur du fourré était telle que le plus simple des moyens d'arriver au pied de la Cordillère consistait à suivre le lit de l'Aglatomate qui prenait sa source à mi-côte. C'est ce qu'on fit, tantôt marchant sur la berge, tantôt entrant dans l'eau, et marchant sur le fond de gravier où coulait une eau pure et fraîche. Les rives étaient bordées de fleurs et d'arbrisseaux; Meyer s'extasiait et récoltait une botte de plantes; il était évident qu'en continuant ainsi, dix hommes n'auraient pas suffi pour porter son bagage scientifique au retour.

— Attendez donc, mon ami, disait Burton, cueillez et étudiez comme nous faisons tous, et puis, en revenant, nous retrouverons tout ce que vous admirez à juste raison, et nous pourrons alors prendre les échantillons nécessaires à nos herbiers.

— Regardez, répliquait l'allemand sans écouter, quelle magnifique

Strelitzia regina; à Berlin on la paierait 30 thalers (1) et ici on la foule sous ses pieds.

Tout en causant, ils étaient arrivés vers la source de l'Aglatomate, non loin d'un chemin tracé à mi-côte par les indiens de Sasardi. En cet endroit, l'on n'était qu'à 150 mètres au-dessus du niveau de la mer et la crête de la Cordillère s'élevait encore à environ 250 mètres plus haut.

Aucune route n'était tracée, et ce fut en gravissant péniblement le versant couvert d'une épaisse forêt, qu'ils atteignirent le sommet. Là, grâce à l'absence de végétation sur un petit plateau caillouteux, une vue magnifique s'offrit à leurs yeux.

Du côté du nord et presque sous leurs pieds, s'étendait la baie de Calédonie, semée d'îles et d'îlots verdoyants, et au delà, la mer et son immensité. L'atmosphère était si pure qu'ils distinguaient leur corvette à l'ancre dont les mâts élancés semblaient des fils noirâtres dessinés sur le fond du ciel.

Tous à la fois déchargèrent leurs fusils en poussant un hourra d'enthousiasme, et leur surprise fut extrême quand ils virent un nuage blanchâtre se détacher des flancs du navire, et que quelques secondes plus tard, un bruit faible, mais distinct, vint frapper leurs oreilles. C'était un coup de canon répondant à leur salut; toutes les lunettes du bord étaient braquées sur la crête des Cordillères, et l'amiral Chérétoff, ayant aperçu la silhouette des voyageurs se détacher sur l'horizon, avait donné l'ordre de tirer un coup de canon. La petite troupe se remit en route vers le sud, et la direction à prendre fut soigneusement contrôlée par les jeunes savants, qui ne marchaient jamais sans leur boussole. Après avoir franchi l'épais massif de la montagne, ils se trouvèrent sur le versant opposé; ils n'avaient sous leurs yeux qu'une immense masse continue de verdure ne laissant deviner les accidents du sol que par les sommités plus ou moins élevées, qui émergeaient, couvertes de forêts, du milieu d'un océan végétal sans limites visibles.

La descente fut, sinon plus facile, du moins plus rapide et l'on se hâta, car il était trois heures. Il ne restait donc que trois heures de jour pour choisir un campement, construire un abri et préparer des feux pour la nuit.

On trouva bientôt un emplacement convenable au bord d'un petit ruisseau qui bondissait sur les cailloux, et chacun se mit à l'ouvrage

______

(1) Le thaler de Prusse valait environ 3 fr. 75 c.

à coups de hache et de ce sabre d'abatis que les habitants de l'Amérique espagnole nomment *machète* et dont ils se servent si adroitement, un espace carré fut déblayé et les arbres coupés rejetés sur les côtés. Six arbrisseaux de la grosseur de la cuisse furent laissés au milieu pour y accrocher les hamacs et pour servir de base à l'habitation qu'on allait édifier.

Chacun se chargea d'un détail; ceux-ci allèrent couper quelques

Un rancho.

jeunes palmiers à fruits de corail, dont la tige est fine, élancée, d'une grande solidité et n'a qu'un diamètre de 5 centimètres pour une hauteur de 8 mètres; ceux-là se chargèrent de faire une ample moisson des feuilles en éventail du latanier, dont on fait des toitures et dont les longs pétioles résistants servent en guise de lattes, appuyés sur les traverses; d'autres revinrent traînant derrière eux de longues et fines lianes d'une grande souplesse qui remplacent les cordes avec avantage; quelques-uns avaient accumulé tout le bois sec qu'ils avaient pu rencontrer en quantité suffisante pour entretenir le feu pendant la nuit.

En un clin d'œil, tous les matériaux furent mis en place ; les jeunes palmiers et autres troncs d'arbrisseaux furent disposés sur les branches des arbres conservés au milieu de la clairière et assujettis avec les lianes ; un faîtage fut établi pour recevoir les traverses et les feuilles du latanier, qui, placées de bas en haut et imbriquées, recouvrirent l'édifice d'un toit, suffisant pour abriter les voyageurs de la rosée et même d'une pluie d'orage s'il en survenait.

Le *rancho*, c'est ainsi qu'on appelle ces sortes d'habitations, était solide et couvert, c'était le principal ; quant à la porte, elle était partout, et l'air pouvait à son aise circuler sous cet abri sans parois. On doit ajouter que vers cinq heures et demie, moment où l'œuvre fut achevée, le thermomètre marquait encore 28 degrés centigrades, et qu'il ne devait pas baisser de plus de 2 ou 3 degrés.

Les explorateurs complimentèrent le charpentier et les matelots de leur habileté, et l'on songea à préparer le dîner au moyen des vivres conservés dont on s'était muni.

Un instant après, un coup de fusil se fit entendre à deux ou trois cents pas, tout le monde se précipita du côté du ruisseau d'où le bruit était venu et l'on aperçut Ramsay revenant sur le bord de la berge, et tenant à la main un animal de la grosseur d'un énorme lièvre.

— Voilà de quoi dîner, dit-il, en jetant son gibier à terre, près du feu qui venait d'être allumé.

— C'est un agouti, dit Bussières ; bravo, Ramsay, nous allons goûter d'un mets excellent.

Meyer s'était déjà emparé de l'animal.

— Vingt dents, deux incisives à chaque mâchoire, pieds de devant à quatre doigts, de derrière à trois doigts, tous libres, ordre des rongeurs.

Meyer allait répondre quand des cris assez discordants se firent entendre sous les arbres à peu de distance. Narischeff et Burton sautèrent sur leurs fusils, et se glissèrent sous bois en faisant le moins de bruit possible. Arrivés en face d'un *anona* touffu, ils virent, sur les branches inférieures, une demi-douzaine d'oiseaux gros comme des dindons qui, à la tombée de la nuit, étaient venus se percher sur l'arbre dont les fruits, quoique sauvages, ont pour eux un attrait particulier.

Les deux jeunes gens firent feu à la fois et deux oiseaux tombèrent. mais l'un d'eux n'était que blessé et se mit à fuir avec rapidité sous les taillis où il eût été impossible de le poursuivre. Lorsque la fumée fut dissipée, les chasseurs furent très étonnés de ne voir que les survivants

.qui, au bruit de la détonation, s'étaient enlevés d'un vol lourd, n'avaient fait que quitter leur perchoir et étaient allés s'établir sur la branche voisine. Une nouvelle décharge en fit tomber deux et cette fois tués roides.

La nuit s'avançait si rapidement, que Burton et Narischeff ne purent que s'emparer de leur butin et sortir du couvert des bois où les serpents circulent, une fois le jour tombé.

Ce n'est ni le dindon sauvage, ni le hocco, disait Burton en marchant, mais c'est un oiseau d'un genre voisin; dans l'Amérique espagnole on désigne indifféremment tous ces gallinacés par la même appellation de *pavo de monte*, paon de bois, de sorte qu'on ne sait jamais à quoi s'en tenir.

L'arrivée des chasseurs, et surtout la vue de leur butin, fut saluée par des acclamations.

— Vous voyez, Ramsay, dit Bussières au jeune Anglais, c'est un dîner complet, vous avez fourni le poil, nous nous sommes chargés de la plume. A propos, Meyer, continua-t-il, la science de Burton et lui-même sont en défaut; dites-nous ce que sont ces oiseaux et comment ils se nomment même en latin. Ce n'est pas là le hocco.

— Non, répondit Meyer en souriant, le hocco alector, que nous rencontrerons probablement dans ces forêts, porte une huppe de plumes redressées et recoquillées au bout; de plus la cire de son bec est jaune et son plumage est noir, sauf au bas ventre où il est blanc. Les oiseaux que vous avez tués sont des pénélopes; Latham leur a donné le nom de *Penelopa cristata* à cause de sa huppe à plumes droites et tombant en arrière; Buffon les appelle yacoun. Le plumage de la pénélope ainsi que sa huppe sont d'un vert roussâtre à reflets métalliques, avec des parties blanches et châtain.

— Bravo, s'écrièrent les jeunes gens; et maintenant allons voir à la cuisine.

Un immense feu flambait, et déjà l'agouti embroché sur une branche suspendue à deux piquets commençait à se dorer en exhalant un parfum appétissant. Deux pénélopes furent bien vite plumées et plongées dans une marmite où l'eau bouillait depuis longtemps; la troisième, superflue pour le moment, vidée, roulée dans le sel et pendue à un arbre près de la cuisine pour le déjeuner du lendemain.

Deux autres feux furent allumés et disposés de manière que le rancho se trouvât au centre d'un triangle formé par les trois foyers.

Après un dîner succulent où l'agouti eut les honneurs du triomphe, on songea au repos, et chacun s'installa dans son hamac ou s'étendit sur le sol, entortillé dans sa couverture.

La nuit était splendide ; une brise douce et parfumée des senteurs âcres et fortifiantes de la forêt était venue tempérer les ardeurs du jour, et sauf la sentinelle qui veillait au salut de tous, tout le monde fut bientôt plongé dans un profond sommeil.

Ce n'est pas qu'un silence profond régnât dans ces vastes solitudes ; au contraire : le jour, la nature éveillée s'agite, se plaint, joue, se meut, on entend du bruit ; la nuit, c'est autre chose, tout est plus distinct, plus perceptible, on distingue, on entend des bruits. C'est le vol lourd et sourd des hiboux ; c'est le chant monotone des crapauds ; c'est le froissement du taillis où se glisse un serpent, c'est le craquement des branches brisées par le passage rapide du chevreuil fuyant le jaguar ; c'est la voix plaintive du paresseux répétant ses trois notes sonores, c'est le cri d'angoisse aussitôt étouffé de l'écureuil ou de la colombe que la couleuvre étreint dans ses replis ; c'est le grognement d'un singe hurleur se débattant sous l'étreinte du chat tigre ; c'est encore le choc formidable d'un acajou ou d'un bombax chargé d'années qui s'écroule en faisant trembler la terre sous son poids et en anéantissant tout ce qui l'entoure.

Déjà trois sentinelles s'étaient succédé et, sauf quelques fausses alertes produites par les rugissements des jaguars, la nuit promettait de se bien passer ; les feux s'éteignaient lentement et ne jetaient plus qu'une flamme intermittente, quand le matelot de faction entendit un bruit de branches rompues dans la direction de la cuisine ; un moment interrompu, ce bruit recommençait comme si celui qui s'approchait eût voulu ne pas éveiller l'attention.

Le matelot entra sous le rancho et, suivant l'ordre qu'il avait reçu, toucha les hamacs de Bussières et de Narischeff qui étaient voisins : ceux-ci se réveillant soudainement saisirent leur fusil accroché près d'eux, sautèrent à terre, et sur un signe de la sentinelle, dirigèrent leurs regards vers le point qu'elle leur indiquait.

Les flammes du foyer en se ranimant leur permirent de voir un animal de la forme et de la grosseur d'un énorme dogue qui s'avançait avec précaution, la tête levée et les yeux fixés sur la pénélope pendue auprès de la cuisine.

Ils visèrent et firent feu, mais en même temps l'animal avait fait un bond énorme, s'était emparé de l'oiseau et avait disparu avec sa proie sous les arbres voisins.

Au bruit de la détonation, tout le monde fut sur pied, et l'on ne put que constater la disparition d'une partie du déjeuner futur. Poursuivre le ravisseur eût été une grande imprudence au milieu de la nuit :

il fallut donc se borner à lui envoyer toutes les malédictions possibles, ce qui n'empêcha sûrement pas l'animal sauvage de dévorer sa volaille tranquillement.

— L'avez-vous vu? demandait Meyer; comment était-il? Etait-ce un jaguar?

— Je ne crois pas, répondit Bussières, il était plus court et relativement moins haut que le jaguar, il avait l'apparence d'un lion sans crinière et je pense que c'était un couguar.

— En effet, cela doit être, reprit Meyer, c'est le puma des espagnols que l'on appelle lion dans toutes les colonies américaines du Sud. Eh bien! mon cher ami, il est fort heureux que cet animal se soit préoccupé de notre gibier plutôt que de nous autres, parce que le puma de ces contrées est rusé, féroce et hardi: il est plus à craindre que le jaguar, tandis que dans les pampas de Buenos-Ayres c'est tout le contraire, il est aussi peu à craindre que le jaguar est à redouter.

— Monsieur Meyer, dit le matelot qui s'était chargé de la cuisine, ce que je regrette le plus, ce n'est pas votre dindon, c'est une pierre de sel que j'avais glissée dans son corps après l'avoir vidé, et que ce lion a emportée du même coup (1).

Le jour arriva sur ces entrefaites : Burton, qui s'était éloigné du côté où le puma s'était enfui, revint en annonçant qu'il avait retrouvé ses traces. On suivit la piste, et à trois cents mètres environ on retrouva les pattes et le bec de la pénélope, et, à côté de ces débris, la pierre de sel à peine diminuée par la rosée. Ainsi l'animal féroce avait tranquillement fait son repas après s'être éloigné seulement de la distance nécessaire pour n'avoir rien à craindre d'une poursuite.

Les explorateurs levèrent le camp et suivirent le ruisseau auprès duquel ils s'étaient arrêtés et qui les conduisit à un cours d'eau plus considérable qu'ils descendirent en longeant la berge, et en s'ouvrant à divers endroits un chemin à coups de machète. Bon nombre de pics à tête rouge, de toucans, de perroquets, de hérons blancs tombèrent sous le plomb des chasseurs qui, après avoir déjeuné à la hâte avec leurs conserves et quelques oiseaux, s'arrêtèrent au confluent de deux petites rivières pour y construire un abri et y passer la nuit.

Pendant que les matelots guidés par le charpentier s'occupaient de leur édifice, Bussières s'était avancé sous bois, et s'était dirigé vers un palmier d'une trentaine de mètres de haut qu'il examina attentivement.

(1) Pour voyager, on emporte le sel sous la forme de pierres dures et compactes qui ont bien moins à souffrir de l'humidité que le sel en cristaux. On plonge la pierre dans la marmite pendant le temps suffisant ou bien on le râcle pour le service de la table.

Il revint vers le campement et fit signe à deux hommes de le suivre et de prendre leur hache.

— Abattez cet arbre, leur dit-il en montrant le palmier.

Rien n'est plus facile que de couper un palmier, même des plus gros; en faisant une entaille en biseau du côté où il penche, il ne tarde pas à craquer et à s'incliner; ses fibres longitudinales se brisent et il tombe en peu d'instants. C'est ce qui arriva, et le bruit formidable qu'il fit en touchant la terre et en entraînant ou écrasant les arbres qui l'environnaient fit accourir les quatre jeunes gens.

— Voilà mon contingent du souper, dit Bussières en montrant le colosse gisant sur le sol; il ne s'agit plus que d'extraire le chou.

— *Oreodoxa regia*, dit Meyer, qui avait examiné les feuilles de l'arbre; ma foi, mon ami, vous avez eu là une bonne idée: nous manquions de légumes.

Sur l'indication qui leur fut donnée, les deux matelots se portèrent à la cime de l'arbre, et après avoir abattu les longues et fortes feuilles qui les gênaient, ils entamèrent le tronc supérieur ou la tête, et mirent bientôt à découvert un énorme paquet de feuilles d'un blanc jaunâtre, cachées au centre du palmier. Ces feuilles n'étaient autres que les bourgeons intérieurs qui devaient, dans le cours de l'année, sortir du tronc, s'épanouir et former des feuilles nouvelles. Il y en avait la charge de deux hommes; le butin fut apporté sous le rancho que l'on commençait à couvrir, et tout le monde s'empressa de goûter la salade de Bussières.

D'un assentiment unanime, il fut décidé que le chou palmiste était un excellent manger, tendre, savoureux, ayant une légère odeur de noisette, et devant être aussi succulent cuit que cru.

Quelques écureuils, du genre des grands guerlinguets, que Meyer baptisa, d'après Desmarets, du nom scientifique de *Sciurus æstuans*, deux hoccos magnifiques et pesant chacun au moins 4 kilogrammes, et une pénélope furent confiés aux mains du cuisinier, et une heure après, la table fut mise sur des feuilles de lataniers et d'héliconia.

Le repas fut très applaudi, et chacun déclara qu'avec l'eau limpide du ruisseau pour breuvage, une tasse de café et un cigare pour dessert, il était impossible de souhaiter un plus magnifique festin.

La nuit fut assez tranquille, et, sauf quelques hurlements des jaguars qui chassaient au loin, un calme relatif régna jusqu'au lever du soleil.

Il en fut de même du jour et de la nuit suivants.

Ils avaient déjà rencontré d'immenses fourmilières qu'ils avaient dû éviter, après avoir appris, aux dépens de leur peau, que les fourmis, et surtout celles appelées *arrieras*, faisaient des blessures cruelles et douloureuses. Cependant, ils ne négligeaient aucune occasion d'examiner les mœurs et les habitudes de ces animaux qui déploient dans leurs constructions une si grande et si étonnante habileté.

Pendant que les explorateurs continuaient leur route, Narischeff s'était un peu écarté et côtoyait un de ces petits chemins battus et dépouillés d'herbe que se sont ouverts les fourmis arrieras au travers de la forêt, et qu'elles parcourent au nombre de cinquante, soixante, cent, mille et quelquefois plus. Les unes gardent la droite, divisées par escouades, commandées par un chef, sortent de la fourmilière et courent à la recherche du butin, qui consiste en feuilles de certains arbres; les autres reviennent en sens contraire, c'est-à-dire toujours en gardant leur droite, chargées des fragments de feuilles qu'elles sont allées découper au sommet des plus grands arbres, et retournent au logis remettre leur charge aux ouvrières employées aux constructions ou aux magasins.

Rien ne les arrête; elles jettent des ponts, creusent des tunnels, contournent les obstacles, déposent leur fardeau pour livrer bataille à quelque imprudent ennemi, le reprennent après la victoire, et disputent au feu lui-même leurs œufs et leurs larves. Sur le terrain qu'elles ont choisi pour y établir leur ville, tout disparaît, arbres, plantes, herbes, et il ne reste plus que le sol nu, mais traversé par des millions de galeries, recouvrant d'innombrables chambres voûtées et soutenu par une forêt de piliers et d'arcs-boutants. Deux ou trois mille mètres superficiels constituent quelquefois l'étendue d'une seule de ces fourmilières gardées comme des villes fortes par des sentinelles, des postes avancés et des corps de garde.

Narischeff donc suivait avec le plus vif intérêt la marche d'une colonne d'arrieras, quand, à environ cent pas de la fourmilière, il vit un animal d'une forme étrange, se tenant au milieu de l'espace dénudé et habité par les terribles insectes.

Son premier mouvement fut d'envoyer une décharge à cette singulière apparition, mais il réfléchit que s'il tuait l'animal, il lui serait impossible de l'aller chercher au milieu d'un million de fourmis, dont la blessure est si dangereuse qu'il suffit souvent de trois ou quatre d'entre elles pour paralyser momentanément un homme, fût-il fort et robuste.

En effet, leur morsure agit sur le système nerveux et annihile pendant un temps plus ou moins long les forces et surtout la volonté; on a vu des voyageurs éprouvés par les mille dangers d'une vie errante, s'asseoir abattus et pleurer comme des enfants en attendant le terme de l'effet produit par la morsure d'une seule de ces fourmis sur la nuque ou toute autre partie du corps d'une grande sensibilité. On peut alors supposer que celui qui s'aventurerait dans une de ces fourmilières tomberait pour ne plus se relever, et serait dévoré en peu d'heures par des myriades de ces insectes dont quelques espèces atteignent une longueur de 25 millimètres.

Narischeff courut sans bruit vers ses compagnons et leur fit part de la découverte. On fit halte, et tous les cinq se dirigèrent au lieu désigné et, cachés derrière un fourré, ils purent distinguer l'animal dont Narischeff leur avait parlé.

Il avait environ 4 pieds de long, sans la queue très touffue et relevée verticalement, qui pouvait avoir 1 mètre de longueur ; mais sa tête, terminée par un museau pointu et allongée, représentait au moins un tiers du corps. Des jambes épaisses et larges terminées par un pied armé d'ongles longs et tranchants, un œil à peine visible et une forêt de poils blancs et noirs, tombant jusqu'à terre et le recouvrant tout entier, complétaient son signalement.

De ses ongles il ouvrait les monticules de terre qui abritaient la fourmilière, et, approchant son museau pointu, il en faisait sortir une langue, grosse comme un tuyau de plume à écrire, longue de 70 centimètres, enduite d'une matière visqueuse, et qu'il introduisait dans le trou qu'il avait fait : il la retirait couverte de fourmis et recommençait son manège. De temps en temps il se secouait pour se débarrasser de ces insectes qui, furieux, s'acharnaient par milliers sur son corps, mais inutilement.

— C'est le grand fourmilier ou tamanoir, dit Ramsay.

— Oui, continua Meyer, de l'ordre des édentés dasypoïdes, animal complètement dépourvu de dents, mais dont la force musculaire est si grande, la fourrure si épaisse, le cuir si dur et les ongles si tranchants, qu'il vient à bout de tous les animaux et même du jaguar, si celui-ci a l'imprudence de l'attaquer, car autrement le tamanoir est timide et complètement inoffensif.

En ce moment un coup de feu partit ; c'était Burton qui avait visé le fourmilier et l'avait atteint ; mais son fusil n'était chargé que de chevrotines qui durent glisser sur le poil ou s'aplatir sur le cuir de l'animal.

En effet, le tamanoir, après avoir tourné lentement la tête du côté de son agresseur, s'éloigna d'un pas tranquille et disparut dans l'épaisseur du feuillage. Burton voulait se mettre à sa poursuite.

— A quoi bon? dit Bussières, nous l'avons vu à notre aise dans l'exercice de ses fonctions; sa chair est détestable, c'est un animal utile, et nous ne pourrions l'emporter pour nos collections; ainsi donc, qu'il aille en paix.

— Vous avez toujours le même système, répliqua Burton.

— C'est vrai, je n'admets pas que l'homme tue un animal autrement que dans trois cas : pour se défendre, pour se nourrir ou pour s'instruire : nous nous sommes instruits ici plus que dans aucun livre ou dans aucun muséum, nous ne sommes pas affamés au point de manger de l'essence de fourmis, et nous ne sommes pas attaqués. Je ne comprends pas ces soi-disant chasseurs qui tuent pour tuer, qui égorgent pour égorger. J'aime mieux casser une branche d'arbre avec ma balle que de mettre à mort une hirondelle; c'est plus adroit d'abord et ensuite c'est plus sage et plus humain.

Tout en causant, ils avaient rejoint les matelots qui les attendaient, et après une marche difficile au milieu de la forêt coupée par des ruisseaux, des ravins, et obstruée à chaque instant par des lianes enchevêtrées, ils arrivèrent sur les bords élevés d'une magnifique rivière qu'ils jugèrent être la Chucunaque. L'eau en était un peu trouble, et mêlée du limon qu'elle arrachait de ses rives composées d'un schiste argileux jaunâtre. Ils choisirent pour leur campement une ravissante clairière entourée de grands arbres et descendant en pente douce jusqu'à la rivière; à cinquante pas de cet endroit et au fond d'un de ces ravins couverts de verdure, nommés *quebradas*, coulait un ruisseau d'une eau limpide et fraîche où chacun se baigna avec délices.

Ces quelques jours passés sous ce climat, chaud il est vrai, mais essentiellement sain, au milieu des émanations fortifiantes de la forêt vierge, avaient donné à chacun des forces nouvelles et une sorte d'exubérance de santé. Nul ne se sentait fatigué, et grâce à la précaution de porter des chemises de flanelle, de garder les pieds secs, arrivé au campement, et de changer de vêtements pour la nuit, tout le monde se portait à merveille.

A peine la nuit était-elle complète que des rugissements nombreux se firent entendre de tous les côtés, en se rapprochant de plus en plus. Il semblait que tous les jaguars de la forêt se fussent donné rendez-vous à cet endroit.

On activa les feux, et l'on fit bonne garde, en ayant soin de tenir toujours deux ou trois hommes sur pied. Quant à ceux qui avaient la permission de dormir, cela leur fut à peu près impossible jusqu'à trois heures du matin, où les hurlements devinrent moins fréquents, s'éloignèrent et enfin cessèrent. Plusieurs fois les sentinelles avaient pu distinguer, à la lueur de la flamme, deux grands yeux brillants à demi dissimulés dans l'épaisseur des taillis voisins, mais ils avaient reçu l'ordre de ne pas tirer, car un jaguar, blessé seulement et non tué du premier coup, aurait bondi au milieu du campement sans s'effrayer du feu, et avant d'être achevé, il aurait pu faire quelque victime.

Tout le monde s'étonnait de cette réunion de bêtes fauves sur un aussi petit espace; mais le jour, en paraissant, vint en donner l'explication. C'était par cette berge en pente que venaient boire à la rivière les hôtes de la forêt; leurs traces imprimées sur le sable ne laissaient aucun doute à cet égard. C'était aussi en traversant le ruisseau voisin que les bandes de pécaris et de cochons sauvages passaient d'une partie de la forêt à l'autre. Le campement se trouvait donc à la fois sur l'emplacement d'un abreuvoir et de l'affût nocturne des jaguars; de là leur irritation, en trouvant la place occupée par des hommes.

Après avoir marché deux heures, les explorateurs aperçurent une pirogue attachée à un arbre de la rive : elle était faite d'un seul tronc d'acajou creusé et contenait deux pagaies, une longue perche et quelques harpons pour la pêche. Le propriétaire ne pouvait pas être loin.

Après quelques appels inutiles, Bussières eut l'idée d'employer la langue espagnole, et quelques instants après, un individu de race noire sortit d'un épais fourré et s'avança sur les voyageurs. Ses armes consistaient en un long machète et une lance de bois de palmier terminée par une forte pointe de fer.

Il dit avoir été d'abord effrayé en entendant des voix d'hommes : il avait cru à la présence de chasseurs indiens avec lesquels les villages du bas Darien ne vivent pas en bonne intelligence, mais il avait été rassuré en entendant parler espagnol.

Il appartenait au village de Yavisa, situé sur la Chucunaque, un peu plus haut que l'embouchure de cette rivière dans le grand fleuve Tuyra, et, tout en pêchant, il cherchait des vanilles et des fruits de palmier corossol qui fournissent de l'huile et de la graisse. Il engagea les voyageurs à descendre jusqu'à son village, où ils seraient bien reçus, mais il ne leur dissimula pas que, sans embarcation, ce serait un travail long et pénible que de s'ouvrir un passage au milieu des bois épais qui avoisinent le confluent des deux rivières. Sur ce qu'on lui dit de l'intention de ne pas pénétrer plus avant dans le pays, il donna le conseil de remonter la rivière Tuquesa, qui était voisine, puis de marcher au nord en traversant le Chueti, ce qui devait mener directement au port des Écossais.

Puis il alla prendre son fusil qu'il avait caché dans le creux d'un arbre, et regagna sa pirogue après avoir accepté avec empressement quelques charges de poudre qu'on lui donna pour le remercier de ses renseignements.

Pendant ce temps, Meyer examinait avec attention un buisson couvert de belles fleurs écarlates.

— Voyez donc, disait-il à Narischeff, cette belle plante ; c'est une cucurbitacée, et je crois qu'elle appartient au genre bryone.

En parlant ainsi, il allongeait la main pour en cueillir quelques rameaux, quand le mulâtre, qui s'était retourné, le vit, et, en s'avançant rapidement, lui cria :

— Ne touchez pas, Señor !

Meyer resta le bras en l'air.

— C'est un poison terrible que vous avez sous les yeux ; nous le nommons *arbol de veneno* (1), et les Indiens l'appellent guachamaca : le suc qui coule de ses tiges, non seulement peut causer la mort rapide de celui qui l'a touché, mais il communique sa redoutable

(1) Arbre de poison. C'est la *Bryona coccinea*.

propriété à la viande de l'animal qui en est mort. Un homme du village de Molineca, sur la Tuyra, eut un jour la malheureuse idée d'embrocher sur une branche de cet arbuste, pour les faire rôtir, quelques oiseaux qu'il avait tués : on le trouva mort le lendemain, et la chair des oiseaux était dans un état complet de pourriture.

Meyer remercia vivement le brave garçon de son excellent avis, ce qui ne l'empêcha pas de couper quelques tiges et fleurs de la bryone, qu'il toucha et enveloppa avec les plus grandes précautions pour en enrichir son herbier.

On suivit la route indiquée, et, après avoir déjeuné, on arriva sur les bords d'une espèce de marécage bordé d'héliconias, de bambous, de palmiers épineux et couvert de fleurs aquatiques.

Cinq ou six énormes animaux cachés par les hautes herbes et surpris par l'arrivée des voyageurs se levèrent du milieu de la vase, où ils étaient couchés, et s'élancèrent avec impétuosité du côté de la forêt.

Si rapide qu'eût été leur action, Burton avait eu le temps d'épauler et de tirer son fusil : une sorte de grognement aigu répondit à la détonation, et l'un des animaux tomba pendant que les autres fuyaient en brisant et en renversant tout ce qui s'opposait à leur passage : on eût dit qu'un ouragan dévastait la forêt.

Les chasseurs firent le tour du marécage, et se portèrent vers le lieu où les appelaient les gémissements de la victime de Burton.

— C'est un tapir, s'écria Ramsay.

— Achevez donc cette pauvre bête, dit Bussières, elle a une jambe cassée, et serait dévorée vivante par les jaguars.

Deux coups de fusil mirent fin aux souffrances du tapir, et chacun put l'étudier à son aise.

Il était grand comme un âne de forte taille, mais plus trapu, beaucoup plus épais et volumineux, moins haut sur jambes, et son dos était arqué comme celui d'un cochon. Son corps, de couleur brune, était couvert de poils rares; sa tête, grosse et longue, était surtout remarquable par la trompe charnue, mobile dans tous les sens, courte, qui termine son nez. C'est avec cet organe, dont il se sert avec une grande dextérité, qu'il arrache de la vase les racines des plantes aquatiques et les herbes dont il fait sa nourriture.

Le tapir est un animal timide, et malgré sa grande force, s'il est attaqué, il ne sait guère que fuir et gagner un cours d'eau, où il plonge et nage avec la plus grande facilité.

Les Indiens de la côte orientale du Darien mangent la chair du tapir, quoiqu'elle soit un peu dure et coriace ; ils la salent et la conservent. Mais c'est le cuir de cet animal qu'ils recherchent surtout, à cause de son épaisseur et de sa dureté quand il est sec ; ils en fabriquent des boucliers que ne peuvent percer les flèches les plus acérées.

Après avoir bien examiné le tapir, avoir mesuré ses dimensions et en avoir pris un dessin, on se remit en route, et pendant deux jours rien ne vint troubler les études des jeunes gens, si ce n'est les hurlements des bêtes fauves qui continuaient à rester invisibles le jour, et qui profitaient de la nuit et de ses dangers pour rôder autour du campement.

Ils approchaient du terme de leur excursion, et venaient de franchir les sources du Chiati, quand un matin, vers dix heures, Ramsay, qui marchait un peu en avant, s'arrêta tout à coup, et d'un signe commanda le silence ; puis il revint en arrière en marchant avec le plus de précautions possible.

Chacun attendait avec anxiété l'explication des précautions qu'il prenait :

— Une famille de jaguars, dit-il à voix basse.

— Où ?

— Là, entre les racines formant contreforts à cet énorme bombax, répondit-il en montrant un arbre gigantesque, dont le tronc blanc et lisse comme un mur s'élevait à 30 mètres de hauteur, et servait de support à un dôme de verdure de près de 20 mètres d'épaisseur sur 30 ou 40 mètres de diamètre.

Les armes furent rapidement examinées, les amorces renouvelées, chacun s'assura que son couteau et son révolver jouaient bien dans leur gaine, et l'on marcha vers le lieu désigné par Ramsay.

Les chasseurs purent alors voir à soixante-dix ou quatre-vingts pas de distance deux jaguars, mâle et femelle, près desquels se jouaient deux jaguareaux de la grosseur d'un chien barbet de taille ordinaire. Les deux animaux étaient couchés tout de leur long, le mufle posé sur les pattes de devant ; ils ne s'étaient pas encore aperçus de la présence de leurs ennemis, qui se trouvaient sous le vent de l'arbre.

A un léger bruit produit par une branche cassée, tous deux levèrent la tête et immédiatement se dressèrent sur leurs pattes en poussant un rugissement sourd et plein de colère. Mais la femelle, se ravisant, saisit un de ses petits sur la nuque et se mit en devoir de gagner le fourré.

Ce n'était pas le compte des jeunes gens : Ramsay tira, et l'animal blessé poussa un cri de douleur et lâcha le jaguareau. En même temps, le mâle, qui s'était rasé au point de disparaître sous les herbes, glissait comme un serpent et s'avançait rapidement ; sa compagne furieuse s'élançait, au contraire, par bonds rapides et sans chercher à se cacher : tous les deux attaquaient.

— A vous le mâle, Bussières, cria Ramsay.

Et tous deux, en même temps, visèrent le jaguar, qui n'était plus qu'à douze pas, s'était relevé et qui, ramassé sur ses pattes, et agitant la queue d'un mouvement imperceptible, se précipita, rapide comme un éclair, au devant du coup.

Les deux jeunes gens s'étaient jetés de côté ; ils entendirent un rugissement de douleur, et au milieu de la fumée, virent passer un corps énorme qui vint tomber à l'endroit qu'ils occupaient une seconde auparavant : c'était la bête féroce, qui essaya de se relever et de s'élancer de nouveau ; ses griffes aiguës déchiraient la terre, et sa queue battant de tous côtés décrivait un cercle infranchissable. Ses pattes de devant étaient brisées à l'articulation, et, malgré ses souffrances, elle se dressait sur celles de derrière en cherchant à se rapprocher de ses agresseurs. Bussières saisit le moment où l'animal découvrait sa poitrine, pour lui tirer son second coup, en même temps que Ramsay et un matelot lui envoyaient deux coups de révolver dans le flanc.

Du côté où luttait la femelle, les choses ne se passaient pas aussi rapidement ; ses bonds rapides avaient empêché que les trois autres chasseurs eussent pu faire utilement usage de leurs armes, et ce fut grâce au sang-froid et à l'agilité dont ils firent preuve, que l'un d'eux au moins dut de ne pas être renversé sous le corps de la bête fauve. Un coup de sa queue enleva le fusil des mains d'un matelot ; l'arme vint tomber près de la jaguaresse, qui heureusement s'acharna un instant à la mordre. Avec la rapidité de la pensée, Burton, Narischeff et Meyer profitèrent de ce moment de répit et tirèrent à la fois. L'animal fit un soubresaut en poussant un hurlement de rage, et se mit sur le dos. Dans cette position, roulant, glissant, jetant à droite et à gauche ses énormes pattes armées de griffes tranchantes, battant l'air de sa queue, il était impossible de l'approcher ; et les chasseurs et les matelots qui l'entouraient hésitaient à se servir de leurs fusils, de peur de se blesser mutuellement.

En cet instant, Meyer jeta un coup d'œil du côté du bombax, et s'aperçut que les jaguareaux avaient quitté l'abri de l'arbre, et rentraient instinctivement sous le couvert du bois pour fuir le bruit et le danger. Il laissa ses amis se charger de terminer la lutte entamée avec la femelle, courut au plus vite, et saisit par la nuque les deux

LA CHASSE AU JAGUAR.

petits jaguars au moment où ils allaient se laisser glisser sur la pente d'un ravin hérissé de broussailles. L'un des jeunes animaux poussa un miaulement aigu qui fut entendu par la mère : alors se passa une scène terrible.

La jaguaresse oublia tout, ses blessures, ses souffrances, les hommes qui l'attaquaient et son désir de vengeance : d'un bond elle fut sur ses pattes et, prenant son élan avec l'instantanéité de l'éclair, elle passa au travers du cercle qui l'entourait, en envoyant un matelot rouler évanoui à dix pas de distance, et en déchirant l'épaule et le bras de Burton d'un revers de sa griffe.

Un cri d'angoisse sortit de toutes les poitrines à la perspective du danger imminent que courait Meyer, à peine séparé de la bête féroce de la longueur de huit ou dix bonds.

Le jeune Allemand ne perdit pas la tête, il calcula la distance avec un remarquable sang-froid, et au moment où il vit le jaguar décrire le dernier arc qui devait le renverser, il se laissa glisser sur la pente du ravin en se soutenant du poignet à un arbrisseau. Au même instant l'animal féroce tombait de toute la force de son élan, mais ne rencontrait que le vide et allait rouler au fond de la quebrada, en passant à un pied au-dessus de la tête de Meyer, qui, immédiatement et à la seule force du bras, remonta sur le bord et reprit son fusil. La jaguaresse revenait et grimpait sur le flanc du ravin, mais on voyait qu'elle était épuisée et que sa vigueur ne pouvait plus servir son courage : à peine parut-elle à découvert qu'elle fut reçue par une décharge qui l'envoya rouler sur les cailloux.

On s'occupa de suite de porter secours au matelot qui avait perdu connaissance ; il revint promptement à lui : il n'avait aucune blessure et son évanouissement n'avait été causé que par la violence du choc qui l'avait renversé : on le frictionna avec de l'eau-de-vie, et il fut bientôt en état de continuer sa route.

Quant à Burton, sa blessure, quoique sans gravité, était assez profonde, il avait perdu beaucoup de sang ; mais les chairs seules avaient été attaquées, et depuis l'épaule jusqu'au milieu du bras s'ouvraient des sillons profonds causés par les ongles de la jaguaresse. Le pansement fut facile à faire et, quand l'hémorrhagie fut arrêtée, Meyer appliqua sur la plaie une compresse de feuilles de ricin qu'il avait trouvées sur les bords du ravin. Il assura Burton que ces feuilles aideraient la reprise des lèvres des plaies, empêcheraient l'inflammation et amortiraient la douleur.

— J'ai vu des Indiens au Mexique se servir de cette plante dans des cas semblables, ajouta-t-il, et ce traitement produit des effets merveilleux.

— Dites-moi donc, mon cher Meyer, demanda Bussières, qu'allez-vous faire de ces pauvres bêtes qui n'ont plus ni père ni mère?

Les emmener au vaisseau, répondit Meyer, ce sera une distraction à bord. Nous n'avons guère plus que deux journées de chemin pour arriver à la côte, et d'ici là je me charge de les nourrir et de les faire marcher.

— Et comment les nourrir? La mère les allaitait encore?

— Oui, par habitude, répliqua Meyer, mais ils sont déjà grands et doivent commencer à se nourrir de chair.

L'heure avancée de la journée en même temps que la faiblesse de Burton les engagèrent à camper, à peu de distance, près d'un ruisseau, et ils y passèrent une nuit assez tranquille.

Le jaguar mâle fut dépouillé de sa peau qui fut nettoyée, raclée, frottée de cendres et préparée provisoirement de manière à pouvoir être transportée intacte jusqu'au navire, où elle devait être apprêtée d'une manière définitive.

Cette dépouille était magnifique; on voyait qu'elle provenait d'un animal dans toute la force de l'âge, et elle ne mesurait pas moins de 2 mètres 90 centimètres, du bout du museau à l'extrémité de la queue.

Ce que Meyer avait prévu se réalisa : les jaguareaux se régalèrent de viande hachée et de sang provenant du gibier tué par les chasseurs, et qui se composait de cochons sauvages, d'agoutis et de hoccos.

Le lendemain au départ, il prit sur lui une provision de viande et, après avoir attaché en laisse ses deux animaux, il les tira pour les forcer à le suivre. La résistance, comme on le pense, fut vigoureuse, et les jaguars montrèrent vingt fois les dents et essayèrent de mordre ; alors Meyer leur présenta un morceau de viande, ce qui les fit avancer ; il continua ainsi son manège et parvint à vaincre à peu près la mauvaise volonté de ses élèves. Narischeff prit la laisse de l'un des deux, et la peine ainsi partagée devint plus facile.

Quant à Burton, il était tout à fait remis. Les feuilles de ricin avaient enlevé la douleur de ses blessures, qui étaient déjà presque fermées et ne montraient aucun signe d'inflammation. Le pansement renouvelé, il put accompagner ses amis sans ressentir aucun malaise. C'était au reste une nature forte et énergique qui ne pouvait pas être ébranlée pour si peu, et, sans une perte assez considérable de sang, qui lui avait causé une faiblesse momentanée, il n'eût pas même parlé de sa blessure.

Deux jours après, ils campaient au pied de la Cordillère, qu'ils franchissaient le lendemain sans trop de difficultés. Quelques heures après ils rencontraient le sentier indien qui mène d'Asnati à Sasardi, le suivaient vers l'ouest et retrouvaient l'Aglatomate, des bords duquel ils purent apercevoir le *Saint-Nicolas* à son ancrage près de l'Ile-d'Or.

Ils tirèrent quelques coups de fusil qui furent entendus, et trouvèrent sur la côte des chaloupes envoyées par l'amiral Chérétoff.

Il est superflu de dire comment les explorateurs furent reçus à bord par l'amiral et par ses officiers. Le récit de leur excursion défraya toute la soirée, et fut encore, longtemps après, le sujet de bien des conversations. Les nombreux échantillons de toute nature dont chacun était chargé attirèrent la curiosité générale; oiseaux, papillons, coléoptères, coquilles terrestres, peaux, minerais, graines, plantes, etc., etc., passèrent de mains en mains, et furent l'objet de questions et de dissertations scientifiques fort intéressantes.

Mais ce qui causa une jubilation générale, ce fut la présence des deux petits jaguars qui n'étaient déjà plus aussi farouches, et jouaient comme de jeunes chats avec le mousse qui avait été de suite préposé à leur entretien, poste dont il se montrait très fier.

Le surlendemain, la corvette chauffa ses feux, tourna le cap vers la haute mer, et, rabattant ensuite vers la côte, la suivit à 8 milles de distance, se dirigeant sur Cartagena.

Habitations des Indiens galibis.

CHAPITRE VII

DE LA MAGDALENA A LA TERRE DE FEU

Cartagena. — La nuit sous les tropiques. — Les bouches de l'Orénoque. — Cayenne. — Les forêts de la Guyane. — Les Indiens galibis. — Réception d'un sorcier. — Passage sous la ligne. — Rio de Janeiro. — Mines de diamant au Brésil.

Le *Saint-Nicolas* s'était un peu rapproché des côtes, il coupa en travers le golfe d'Uraba ou du Darien, où se jette le fleuve Atrato, et continua sa route en longeant les abords du golfe de Morosquillo ou de Tolu.

Le lendemain soir au coucher du soleil, un point blanc fut visible au sommet d'une petite montagne : c'était la chapelle qui domine la Popa, colline de 150 mètres de hauteur, voisine de Cartagena.

Il était inutile de chercher à entrer dans la baie, vu la difficulté de passer et le peu de fond de la mer ; on jeta donc l'ancre en vue de la ville, et le lendemain matin un pilote vint à bord et fit arriver la corvette jusqu'en face du village de Manga.

Cartagena, fondée en 1533 par Pedro de Heredia, et nommée d'abord

Calamar, fut entourée de fortifications formidables, qui, aujourd'hui, bien que complètement dégarnies d'artillerie, saisissent l'œil par leur grandeur et leur masse imposante. Vue de la mer, cette cité offre un aspect remarquable, et le profilement de deux vastes bâtiments, servant ou ayant servi d'hôpitaux, au-dessus desquels s'élèvent les clochers de l'église San-Juan de Dios, semble annoncer au voyageur quelque chose de mieux que ce qu'il rencontre en y entrant.

Les explorateurs descendirent à terre, firent le tour des remparts dont l'épaisseur, à certains endroits, est de 13 mètres, et dont les matériaux sont entièrement composés des roches madréporiques de la côte, reliées à la chaux, et sortirent de la ville pour aller faire une partie de chasse sur les lagunes qui se trouvent derrière la Popa.

Ce que ces amas d'eau salée reposant sur un fond vaseux renferment d'oiseaux aquatiques est impossible à décrire. C'est par milliers que les hérons blancs ou aigrettes, les cormorans, les flamants, les pélicans, les canards, les spatules roses, les jabirus, au milieu desquels se voient quelques rares hérons noirs ou bleus, se promènent, nagent ou volent sur la surface de ces immenses étangs. Des superficies de plusieurs hectares apparaissent de loin couvertes d'une masse blanche que piquent çà et là quelques points sombres.

Lorsque les détonations des armes à feu vinrent troubler la tranquillité de ces oiseaux, ce fut un spectacle curieux. Des bandes innombrables s'élevaient de tous côtés en poussant des cris assourdissants, et s'éloignaient à tire-d'aile, les uns vers les bois qui conduisaient à Turbaco, les autres vers les lagunes plus éloignées, où les chasseurs ne devaient pas aller les chercher.

Une dizaine de pièces curieuses, entre autres un héron bleu magnifique, tombèrent aux mains des jeunes gens, qui revinrent à bord couverts de vase et de boue jusqu'aux hanches, mais cependant très satisfaits de leur chasse.

En quittant Cartagena, le *Saint-Nicolas* se dirigea, mais pour ne pas s'y arrêter, vers Santa-Marta, fondée en 1625 par Roderigo Bastidas, près de l'embouchure de la Magdalena, qui se jette dans la mer après un cours de 800 milles ou 1480 kilomètres.

Cette ville, pillée en 1596 par le fameux capitaine anglais, Francis Drake, dévastée pendant la guerre de l'Indépendance, presque détruite par le tremblement de terre du 22 mai 1834, est triste et couverte de maisons, d'églises et de couvents en ruines. Une jolie petite rivière nommée le Guadalquivir coule à côté de la ville au milieu d'épais et

frais ombrages, et fournit de l'eau à la ville construite sur un fond de
sable aride.

La nuit était d'une admirable pureté, les étoiles brillaient d'un vif
éclat doré, et le silence n'était troublé que par le bruit des bandes de
poissons sautant hors de l'eau pour éviter la poursuite des requins.

La chaleur de l'atmosphère de l'entre-pont avait fait sortir tous les

passagers de leurs cabines, et fumant silencieusement en admirant
la voûte étoilée du ciel, ils jouissaient de cette douce quiétude que l'on
ne connaît que sous les tropiques.

Mais bientôt, vers l'est, l'horizon blanchit légèrement, et peu à peu
se teignit d'étroites lignes d'un pourpre pâle; puis, tout à coup, et
comme surgissant par un coup de baguette, une sorte d'écran d'un
gris violacé apparut se dessinant fortement sur le fond lumineux en
crêtes et en pics déchiquetés. C'était la Sierra Nevada de Sainte-

Marthe, massif de montagnes dont le plus haut sommet s'élève à la hauteur de 7,900 mètres.

Le soleil, s'élevant toujours derrière ce formidable rempart, ses rayons montaient de plus en plus vers le zénith, quand tout à coup la crête entière de la Sierra s'illumina d'une teinte rose éclatante, rayée çà et là de lignes étincelantes, dont la clarté rayonnait au loin.

C'étaient les neiges et les glaciers éternels de ces hautes montagnes éclairées par les lueurs obliques du soleil ; leur éclat augmentait de plus en plus à mesure que l'astre du jour s'élevait ; puis, au moment où son disque splendide dépassa le niveau de la hauteur formée par les montagnes, tout disparut en un instant, fondu dans l'immensité lumineuse qui couvrit l'espace.

Tout le monde était muet d'admiration, et l'on eût cru à l'effet d'un mirage trompeur, si la carte géographique, étalée dans le salon de l'amiral, n'eût pas indiqué qu'à 12 lieues de la côte s'élevait la Sierra-Nevada.

Maracaïbo n'offrait aucun intérêt aux voyageurs ; la corvette passa au large de la Guayra, port par lequel ou se rend à Caracas, capitale du Vénézuela, située à 28 kilomètres de la côte, et qui se glorifie d'avoir donné le jour à Simon Bolivar, qui affranchit l'Amérique du Sud du joug des Espagnols.

Passant ensuite dans le détroit situé entre l'île de la Trinité et celle de Tabago, ces deux Antilles de l'extrême sud, découvertes en 1498 par Christophe Colomb, et appartenant aux Anglais, le *Saint-Nicolas* se trouva dans les eaux du fleuve Orénoque, dont la puissante masse, se jetant dans la mer par une cinquantaine de bouches, rend les eaux de la mer douces jusqu'à une grande distance des côtes.

C'est à cet endroit que Christophe Colomb arriva le 15 août 1498, lors de son troisième voyage, et qu'il eut pour la première fois la conviction que décidément il avait touché le continent, car, dit-il, « une si prodigieuse quantité d'eau douce n'appartenant qu'à un « fleuve d'un cours très prolongé, la terre qu'il traverse doit être un « continent et non une île. »

En effet, l'Orénoque, ou l'Orinoco, n'a pas moins de 2,500 kilomètres de cours, il reçoit des affluents considérables, et l'une de ses bras, le Casiquiare, l'unit à l'Amazone par le Rio Negro ; c'est-à-dire que le Brésil, la Colombie et le Vénézuela sont reliés entre eux par d'admirables canaux naturels.

La côte des Guyanes fut signalée : la corvette passa devant Georgetown, autrefois Stabrock, sur le bord du Démérary, capitale de la Guyane anglaise, et devant la Nouvelle-Amsterdam. Chacune de ses maisons, couverte en feuilles de bananier, s'élève au milieu d'un jardin qu'entoure un fossé qui communique à la mer, se remplit et se vide à chaque marée, et forme une petite île particulière. Ce mode de nettoyage des immondices par l'Océan contribue à la salubrité de la ville.

Cayenne.

Vint ensuite Paramaribo, capitale de la Guyane hollandaise, à l'embouchure du beau fleuve Surinam. Sa population est d'environ 20,000 âmes, et c'est une des plus belles et des plus riches cités de l'Amérique méridionale.

Toutes ses rues sont larges, droites, plantées, de chaque côté, d'allées de citronniers, d'orangers et de tamariniers, toujours chargés de fleurs et de fruits ; et au lieu d'être pavées, elles sont sablées comme les allées d'un parc. Les places publiques sont vastes et régulières.

Toutes les maisons sont construites en bois précieux, produits naturels et abondants du pays, et les fenêtres, privées de vitres, sont garnies de rideaux de gaze parfaitement disposés pour défendre de la chaleur.

Le port est bordé de magnifiques quais, et l'embouchure du Surinam sur lequel il s'ouvre est constamment sillonnée de navires, de barques et de canots.

Les environs de la ville sont couverts de délicieuses maisons de campagne, où l'on trouve de luxe, le confortable et la propreté qui distinguent la race hollandaise.

L'amiral, pressé de se rendre à Cayenne où l'attendaient des nouvelles d'Europe, continua sa route, et vint mouiller devant la ville de ce nom, capitale de la Guyane française.

La réception du gouverneur de la colonie fut la plus cordiale et la plus empressée; il se mit à la disposition des jeunes savants, et leur offrit la jouissance d'une petite goélette, avec laquelle ils pourraient remonter l'Oyapoc jusqu'à la ville de ce nom pour, de là, entrer dans le pays des Indiens Galibis. Il ajouta qu'ils seraient accompagnés par deux de ces Indiens qui étaient en ce moment à Cayenne, et du dévouement desquels il était sûr.

Il est facile de comprendre quel accueil fut fait à la proposition du gouverneur, et si les préparatifs furent rapidement exécutés !

Le lendemain matin, la petite embarcation nommée *l'Emérillon* mettait à la voile, et, passant devant l'embouchure de l'Aprouague, entrait ensuite dans la large baie formée par la bouche de l'Oyapoc.

Les voyageurs furent parfaitement reçus par les autorités de la petite ville d'Oyapoc, pour lesquelles le gouverneur les avait munis de lettres de recommandation, et ils purent se reposer dans d'excellents hamacs entourés de moustiquaires, après avoir fait un repas succulent.

Le lendemain, ils remontèrent à bord de l'*Émérillon*, qui les condui-

Les singes dans les cocotiers.

sit jusqu'à un affluent de la rive gauche de l'Oyapoc, où ils descendirent à terre pour continuer leur excursion.

Leurs deux guides suivirent d'abord la rive droite de l'affluent en question par un sentier assez fréquenté. Des arbres énormes couverts d'un épais feuillage ombrageaient la route, et servaient d'abri à des troupes de singes et de perroquets qui faisaient retentir l'air de leurs cris. Meyer n'eut pas de peine à reconnaître la voix forte et discordante de l'alouate, ou grand hurleur, appelé, dans toutes les colonies de l'Amérique du sud, mono colorado. Le bruit que ces singes produisaient était assourdissant, et en échange des coups de fusil dont on les saluait de temps en temps, ils envoyaient à la tête des chasseurs tout ce qui leur tombait sous la main, branches sèches ou fruits.

Tous les singes d'Amérique appartiennent à la grande famille des sapajous. Ce qui les distingue de leurs confrères d'Afrique et d'Asie, c'est une queue longue, plus ou moins prenante et constituant, pour eux, un cinquième organe de préhension.

Les sapajous sont, en général, intelligents, faciles à apprivoiser et s'attachent beaucoup à leurs maîtres. Les plus farouches et les plus enclins à la solitude n'ont même jamais cette férocité qui est si développée chez beaucoup d'espèces d'entre les singes proprement dits.

Les sapajous vivent en famille, et donnent des exemples touchants de dévouement en ce qui concerne leurs petits et les autres individus de leur espèce ; ils se nourrissent de fruits, de graines, d'insectes, et sont surtout friands des œufs qu'ils viennent dérober dans le nid des oiseaux.

La rivière que suivaient les chasseurs était remarquable par le nombre et la beauté de ses chutes et de ses cataractes qui tombaient d'étage en étage sur des amas de grosses roches, en produisant un bruit qui seul pouvait étouffer celui que faisaient les hurleurs.

Avant la fin du jour, ils arrivèrent à un endroit découvert, au milieu duquel se trouvait une espèce de hangar nommé *carbet*, dont le toit, couvert en feuilles de latanier, était soutenu par des poteaux de palmier et de gayac. Une foule de plantes volubiles avaient crû autour de l'habitation, et avaient grimpé jusque sur le toit qu'elles recouvraient de fleurs de toutes couleurs, autour desquelles voltigeaient des bandes de colibris et d'oiseaux-mouches, dont le plumage éblouissant resplendissait aux rayons du soleil.

En peu d'instants les Indiens eurent rapporté des brassées de bois sec, allumé le feu et accroché les hamacs aux piliers du carbet. Puis, armés de leurs arcs et de leurs flèches, ils disparurent dans la forêt. L'un d'eux revint bientôt portant deux animaux plus grands qu'un lièvre, qu'il se mit de suite en devoir de dépouiller.

— Voilà, dit Bussières, de quoi nous faire un rôti délicieux.

— Comment appelez-vous donc ces rongeurs ? demanda Narischeff, après avoir examiné les dents des animaux.

— Ce sont deux pacas, répliqua Bussières, et par hasard l'un est brun et l'autre est fauve.....

— C'est-à-dire, interrompit Meyer qui arrivait, tenant au bout d'un bâton, avec une extrême précaution, une énorme et horrible araignée, dite mygale aviculaire, c'est-à-dire que ce brave garçon nous a rapporté les deux espèces de pacas qui vivent à la Guyane.

—Mais prenez donc garde à votre araignée, mon cher ami, elle est furieuse et mord votre bâton avec rage; qu'allez-vous en faire?

— J'ai dans mon carnier un flacon rempli d'alcool affaibli, et assez large pour la recevoir, car j'y tiens; je viens de la prendre au moment où elle allait sucer le sang d'une couvée de cotingas cordon bleu, qui sont nichés dans le simarouba que vous voyez là-bas. Les pauvres cotingas poussaient des cris aigus, et n'osaient approcher de la hideuse bête qui avait déjà sa patte de devant sur le bord du nid.

Meyer fut interrompu par l'arrivée du second Galibi, porteur d'un oiseau appartenant à l'ordre des échassiers, et qui fut reconnu de suite pour l'agami, un oiseau-trompette, ainsi nommé à cause du son éclatant de sa voix; de plus, il tira d'un sac en fil d'aloès une ample provision de racines et de fruits sauvages qu'il déclara être excellents.

Le dîner fut bientôt prêt, trouvé exquis, et le sommeil s'empara à son tour des voyageurs, qui devaient repartir à la pointe du jour.

Le lendemain ils arrivèrent au village des Indiens Galibis, où ils furent bien reçus du chef, après que les deux guides lui eurent parlé des instructions qu'ils avaient reçues du gouverneur.

Une habitation fut mise à leur disposition, et quelque temps après, des femmes et des enfants vinrent leur apporter des légumes et des fruits en quantité suffisante pour nourrir cinquante hommes; tout cela habilement disposé sur des feuilles de bananier, ou dans des corbeilles d'une forme élégante, nommées [pagaras, faites avec des lianes fines et flexibles.

Le carbet qui leur avait été affecté pour y loger était de même construction que celui où ils avaient passé la nuit précédente, mais il était beaucoup plus vaste. En le décrivant ce sera le faire pour tous les carbets du village.

Les habitations des Galibis ont un toit conique et sont plus longues que larges. Couvertes en feuilles de latanier, elles ont des murs à claire-voie formés de branches entre-croisées, ou de bambous découpés dans leur longueur et aplatis. A la hauteur d'environ 2 mètres est établi un plancher composé de lattes de bois de palmier juxtaposées et liées par des traverses de liane. Au niveau de ce plancher et sur un des côtés du carbet est pratiquée une petite porte à laquelle on arrive par une échelle qui n'est autre chose qu'un tronc d'arbre dépouillé de son écorce, et sillonné d'entailles profondes où se posent les pieds : cette échelle est placée diagonalement et appliquée dans sa longueur contre le mur, mais cependant assez espacée pour que les pieds puissent se placer sur les deux côtés entaillés.

Le rez-de-chaussée, souvent vaseux et inondé dans la saison des pluies, sert de refuge aux cochons et aux poules; l'entre-sol, unique étage, est habité par la famille. Leurs hamacs, comme leurs ouvrages de sparterie et leurs poteries, sont des chefs-d'œuvre de perfection. Des nattes et des peaux d'animaux couvrent souvent le plancher, et servent aux jeux des enfants.

Les Galibis sont de taille médiocre, mais ils sont forts, alertes, infatigables à la marche. Leur peau est d'un beau rouge, dont ils rehaussent encore la teinte en se barbouillant de rocou, ce qui les préserve de la piqûre des moustiques, très nombreux dans certaines saisons. Leur chevelure est longue, lisse et d'un noir éclatant; ils la laissent retomber flottante sur leurs épaules, ou en forment une espèce de queue en l'enroulant d'une corde.

Le costume ordinaire des hommes est un caleçon ou une chemise; celui des femmes, un jupon court, ou bien un pagne, ou tablier, tissé avec une liane d'une finesse extrême, et entouré d'une frange de plumes; elles se serrent la jambe au-dessous du genou et au-dessus de la cheville, avec une bande d'étoffe rouge, et portent souvent des colliers et des bracelets de verre ou de graines aux couleurs éclatantes.

Quoique connaissant les armes à feu et s'en servant adroitement, les Galibis ont conservé l'usage de l'arc et des flèches. Leur arc a environ 2 mètres de haut; il est fait de cœur de bois de palmier, ou d'un autre bois dur et résistant; leurs flèches, d'un roseau long, sont terminées par un bout en bois de fer, ou de cœur de palmier, de piquants d'une sorte de raie, ou d'une pointe de fer; elles sont barbelées de façon à ne pouvoir être retirées de la plaie sans produire d'affreuses déchirures, et souvent même ils les trempent dans le jus de la liane curare, ou dans celui de quelques autres plantes vénéneuses.

Ils se servent aussi d'un casse-tête appelé *bouton*, long de 2 pieds, et terminé aux deux bouts en angles élargis; cette arme est en bois très dur. Leurs haches, autrefois en pierre, sont de fabrique européenne.

Il y avait le lendemain fête au village en l'honneur d'un homme de la tribu qui venait de passer ses dernières épreuves pour être reçu sorcier, ou médecin, ce qui signifie exactement la même chose.

Dès le matin, tout le monde fut sur pied, les hommes, couverts de leurs plus beaux costumes, le bonnet de plumes sur la tête, armés complètement, et les femmes ornées de leurs parures les plus riches.

Un groupe de jeunes gens et de jeunes filles arriva sur la place du village en dansant, et fut accueilli par des acclamations unanimes. L'orchestre se composait de flûtes de roseau d'un mètre de long, de tambours et de calebasses creuses remplies de graines de maïs, et attachées au bout d'un bâton. En outre, les danseuses portaient aux jambes et aux bras des colliers d'une espèce de fruit sec, dont le noyau est mobile à l'intérieur : en s'agitant, elles produisaient un bruit semblable à celui de grelots ou de castagnettes.

La danse des Galibis est, à proprement parler, une marche cadencée, régulière, accompagnée de forts coups de pied et d'un déhanchement du corps semblable à celui d'un boiteux qui se promène. Les danseurs et les danseuses se mêlent, se croisent, et forment ainsi des figures qui ne manquent ni de grâce ni d'imprévu.

Le sorcier parut ensuite, amené par les principaux des Galibis, et tout le monde s'inclina devant lui avec les marques du plus profond respect.

Ce n'est pas une carrière dont les débuts soient très encourageants que celle de sorcier, ou médecin, dans les tribus caraïbes qui peuplent l'intérieur de la Guyane.

Pour arriver à être reconnu *boyez*, c'est le nom qu'ils portent, il leur faut passer par des épreuves longues et difficiles, auprès desquelles les travaux des cours, des examens, des thèses, de l'externat, de l'internat et du doctorat, auxquels sont obligés les médecins d'Europe, sont des jeux d'enfants. Et cependant il ne s'agit pas pour eux d'acquérir une science quelconque, car ils restent aussi ignorants qu'auparavant.

Le Caraïbe néophyte qui aspire à l'honneur d'être reçu boyez se soumet d'abord, pendant une année, à un jeûne particulier qui consiste à ne manger qu'une fois par jour, le matin, un petit morceau de pain de manioc, ou cassave (1), qu'il pose sur le bout de son pied, et qu'il doit chaque fois prendre en passant la main derrière la jambe.

Le même exercice doit être continué pendant une seconde année ; mais le menu de l'unique repas s'augmente d'une patte de crabe.

(1) Sorte de fécule extraite de la racine du *Manihot Aipi*, plante de la famille des Euphorbiacées. Cette même fécule, chauffée sur des plaques de fer, s'agglomère et constitue l'aliment connu en Europe sous le nom de *tapioka*.

Inutile de dire que le sujet qui, au bout de la première année, a atteint une respectable maigreur, n'a plus, au bout de la seconde, que la peau et les os, malgré l'adjonction de la patte de crabe.

Le même régime diététique est suivi pendant une troisième année avec adjonction de feuilles de tabac que l'aspirant sorcier mange en en augmentant la dose jusqu'à ce que sa peau, déjà parcheminée, prenne une coloration d'un jaune livide. Alors ce n'est plus un homme, c'est un squelette, un spectre vivant, dont l'œil fiévreux brille dans son orbite comme un charbon ardent.

Réception d'un sorcier.

Au bout de ce temps, le noviciat est terminé, et le village, ou la tribu, s'assemble pour assister aux dernières épreuves dont le postulant doit sortir vainqueur s'il veut être obéi et respecté par tous.

Le patient est étendu nu sur la terre ; chaque Indien s'est précautionné d'un sac à tissu serré, et l'a rempli autant que possible de ces fournis noires, longues comme la moitié du doigt, dont la blessure est si douloureuse, et que les Espagnols nomment *hormiga arriera*, ou fourmi muletière. Tous passent devant le malheureux, et après avoir secoué leurs sacs pour irriter les insectes, ils le vident sur son corps que les fourmis attaquent aussitôt avec rage ; elles le mordent, le piquent, le déchirent, et, pendant quelques instants, l'homme n'apparaît plus que comme une masse noire de fourmis grouillantes.

S'il reste impassible et immobile, s'il ne pousse aucune plainte ni aucun gémissement pendant ce terrible supplice, il est reçu sorcier ; des hurlements de joie accueillent ce stoïcisme, et quand il se dresse sur ses pieds, tous se prosternent devant lui.

On lui remet ensuite les insignes de sa profession, insignes qui le rendent redoutable et sacré, non seulement pour ceux de sa tribu, mais encore pour ceux des autres tribus caraïbes, fussent-elles hostiles et en guerre.

Ce signe de sa puissance consiste simplement en un bâton, au bout duquel est attachée une calebasse vidée, renfermant des cailloux ou des graines osseuses et enjolivée d'ornements bizarres.

On voit que ce sceptre a une grande analogie avec celui des fous qui avaient leur place privilégiée à la cour des rois et des princes des siècles passés.

Lorsqu'un Indien tombe malade, ses parents ou ses amis vont trouver le sorcier avec des cadeaux destinés à rendre l'esprit du bien favorable à la guérison.

Le boyez entre dans la case où gît le malade et s'enferme seul avec lui ; là, il crie, il s'agite et promène incessamment sa calebasse autour de la tête du malheureux, en faisant résonner bruyamment les cailloux qu'elle renferme. Quand il revient, si le mal a progressé, il recommence avec adjonction de coups de fusil, jusqu'à ce que le malade soit rendu à la santé, ou jusqu'à ce qu'il meure.

Dans le premier cas, l'honneur en est tout au sorcier, qui reçoit de nouveaux cadeaux ; dans le second, il déclare que le mauvais esprit a été plus fort que la science, et tout est dit.

Sous ce dernier rapport, il n'est pas nécessaire d'aller sur les bords de l'Oyapoc ou du Maroni pour rencontrer le même résultat appuyé de la même justification.

Maintenant, il convient d'ajouter, pour expliquer jusqu'à un certain point l'apparente constance du sorcier pendant l'épreuve des fourmis, que sa peau, passée à l'état de cuir desséché et presque sonore, a perdu beaucoup de sa sensibilité ; que ses muscles, réduits à leur plus simple expression, sont rigides et durs comme des cordes, et que l'usage immodéré du tabac absorbé en feuilles produit une espèce d'anesthésie du système cutané.

On sait aussi que tous les Indiens font une vertu du mépris de la souf-france, et que, soit par stoïcisme outré, soit aussi souvent par exaltation superstitieuse, ils supportent, sans sourciller, des tortures inouïes.

LE SORCIER ET LE MALADE.

Après avoir reçu les hommages des Galibis, le sorcier éleva son bâton ou *macara* au-dessus de la multitude, murmura quelques paroles bizarres et rentra à pas lents dans son carbet dont il ferma soigneusement la porte. Là, au travers des parois, il harangua la multitude et lui annonça qu'il allait monter au ciel pour obtenir du grand Tamoussi, c'est le nom de leur Être suprême, la recette de nouveaux remèdes. Il parla longtemps, mais peu à peu sa voix s'affaiblissait et paraissait venir de plus en plus loin; bientôt quelques syllabes seules arrivèrent aux oreilles des auditeurs, semblant descendre d'en haut; tous les Galibis avaient le nez en l'air, cherchant à apercevoir leur sorcier voyageant dans l'espace.

Les jeunes explorateurs avaient toutes les peines du monde à garder leur sang-froid devant toutes ces figures ébahies, pleines de foi, des Galibis qui clignaient des yeux, s'abritant de la lumière avec la main ou se montrant un point quelconque du ciel, où l'imagination et surtout la vue fatiguée leur rendaient visible leur respectable sorcier.

Durant ce temps-là, ce dernier, après avoir bu une ample calebasse de jus de canne à sucre fermenté, se livrait probablement à un tranquille sommeil, après avoir ri en lui-même de sa ruse de ventriloque.

Pendant que le sorcier allait faire visite au grand Tamoussi, les danses et les jeux continuèrent et durèrent une partie de la nuit. Le lendemain, au moment où les jeunes savants se préparaient au départ, ils virent de loin le médecin revenant du ciel, descendre son échelle et aller vaquer à ses affaires.

Le retour s'effectua par le même chemin et sous la conduite des deux mêmes guides.

C'est au campement, que les voyageurs goûtèrent pour la première fois un mets nouveau et qui leur avait causé d'abord une vive répugnance, si ce n'est à Burton qui en avait déjà mangé, et qui ne contribua pas peu par son exemple à engager ses amis à l'imiter.

Sur un arbre dépouillé de ses feuilles et desséché, se tenaient deux grands lézards d'environ 4 pieds de long, qui, la queue pendante, se chauffaient au soleil à une trentaine de pieds d'élévation. Tirer ses deux coups de fusil et les faire tomber à terre fut pour Burton l'affaire d'une seconde.

Meyer examinait les deux animaux, et ne disait rien.

— Comment, s'écria Bussières, votre science serait-elle en défaut, mon cher ami, et ne reconnaissez-vous pas l'iguane dont on vante tant la chair et qui, pour mon compte, n'excite pas mon appétit?

— Vous avez raison, Bussières, c'est l'iguane; on dit que c'est fort bon à manger, mais.....

— Il n'y a pas de mais, interrompit Burton, c'est exquis, délicieux, savoureux au possible, fin au goût, succulent, parfumé.....

Un rire général coupa court à l'enthousiasme peu ordinaire de l'Américain, et il fut convenu qu'ils essayeraient de cet étrange plat.

Après quelques hésitations, les éloges furent unanimes, et l'excellence de la chair de l'iguane fut proclamée en vidant une calebasse pleine de vin de palmier, qui fut aussi, lui, trouvé exquis.

Il faut dire cependant que l'appétit, occasionné par la marche, fut pour beaucoup dans l'opinion exprimée sur ce breuvage qui ressemble plutôt au poiré ou à du cidre qu'à du vin proprement dit.

A peu de distance de l'Oyapoc, Ramsay aperçut, perché sur une branche de pitanga (1), un oiseau long d'environ 10 à 12 centimètres et d'un plumage ravissant; il appela Meyer et le lui montra.

— Quel magnifique oiseau! s'écria Meyer, et il abaissa son fusil pour le tuer; mais il hésita un instant, tant il craignait de manquer son but.

Un des guides galibis s'approcha de lui et lui toucha le bras.

— Vous allez abîmer son plumage; laissez-moi faire, je vais l'abattre comme nous autres Indiens en avons l'habitude.

Et tout en parlant, il avait piqué la pointe d'une de ses flèches dans un grain de maïs. Il banda son arc, ajusta, et la flèche, en sifflant, alla frapper en plein corps l'oiseau qui tomba étouffé sous le coup.

Meyer se précipita au pied du pitanga, et revint avec sa belle capture.

— C'est un tangara, lui dit l'Indien; vos compatriotes l'appellent le septicolore.

— En effet, répondit Meyer, voyez, mon cher ami, cette réunion de couleurs admirablement disposées : le bleu, le rouge, le noir, le fauve, le jaune, le brun, l'orangé se trouvent répartis sur le corps de ce gracieux animal. C'est un passereau de la famille des tangaras, et ce sera une des plus belles pièces de ma collection.

Il essuya une ou deux gouttes de sang qui sortirent du bec de l'oiseau, le vida avec adresse, et introduisit dans son corps une pelote de ouate imprégnée d'acide phénique, ce qui suffisait pour le conserver jusqu'au moment où il pourrait le préparer définitivement.

---

(1) C'est le nom donné à l'*Eugenia pimenta de la Jamaïque*, de la famille des myrtacées, et dont le fruit desséché, réunissant les aromes de la cannelle, de la muscade et du girofle, est connu sous le nom de *toute-épice*.

De retour à Oyapoc, et après quelques heures de repos, les voyageurs remontèrent à bord de l'*Émérillon* et retournèrent à Cayenne, où les attendait l'amiral, qui fit aussitôt chauffer les feux et reprit la route du Sud-Est.

Un matin, la mer perdit sa magnifique teinte bleue, devint verdâtre, puis jaunâtre.

Nous sommes par le travers de l'Amazone, dit le commandant Chérétoff, et vous pouvez vous convaincre qu'à 30 lieues des côtes nous naviguons en eau douce, tant est immense le volume d'eau apporté par ce magnifique fleuve, dont le cours ne mesure pas moins de 5,700 kilomètres, et qui reçoit un nombre infini d'affluents. Vous, Monsieur Bussières, qui êtes membre de la Société de géographie de Paris, vous devez en connaître l'histoire.

— Oui, commandant, répondit Bussières ; ce fut Vicente Yanez Pinzon, l'un des deux frères qui accompagnaient Christophe Colomb pendant son premier voyage, qui, avant tous, aborda la côte du Brésil, le 26 janvier 1500, et découvrit ce fleuve, auquel les naturels donnent le nom de Guiena ou Marañon.

En 1539, Orellana, qui avait suivi Pizarre à la conquête du Pérou, s'embarqua sur le Napo, l'un des affluents, voisin de Quito, qui se jette dans le Marañon et descendit ce dernier fleuve jusqu'à son embouchure.

Chemin faisant, entre le Rio-Negro et le Xingu, il eut à combattre une tribu de femmes guerrières, et donna au Marañon le nom de Fleuve des Amazones, qu'il a conservé. Ce fait, mis en doute par quelques historiens, est cependant affirmé par les récits et les témoignages recueillis par MM. Alexandre de Humboldt et la Condamine. Ces illustres savants ont appris que dans certaines tribus indiennes de race caraïbe ou autres, en l'absence des hommes partis pour cause de guerre ou de chasse, la défense du village était confiée aux femmes, qui s'acquittaient de cette pénible mission avec un courage héroïque. Cela existait même au Mexique et au Pérou, où les vierges consacrées au soleil, exercées au maniement des armes, firent une intrépide résistance aux attaques des conquérants.

— C'est de l'histoire vraie que vous nous racontez, reprit M. Chérétoff, mais quoique ces souvenirs soient de nature à exciter vos désirs de voir de près les rives de l'Amazone, je dois, par prudence, passer au loin de l'île Marajo et du Rio Para.

— Pourquoi donc, commandant ? s'écrièrent tous les jeunes gens.

— C'est qu'à cette époque de l'année, et je dirai plus encore, à ce moment de nouvelle lune, notre belle corvette courrait le risque d'être portée comme une plume au milieu des mangliers qui couvrent les bords de la bouche de l'Amazone, sur une profondeur de plusieurs lieues. Vous le savez, Messieurs, la marée dans ces parages s'élève à une hauteur considérable, et pénètre avec violence dans le vaste estuaire du fleuve jusqu'à 150 lieues de son embouchure. Le flot, poussé par le vent du nord-est, lutte avec fureur contre la masse d'eau que l'Amazone, grossie par les pluies d'hivernage, apporte dans la mer. Si puissant que soit le fleuve, si terrible que soit sa force, il est vaincu par la puissance et la force de l'Océan ; et alors, ce dernier refoulant sur son passage le cours immense de l'Amazone, court sans s'arrêter avec une vitesse irrésistible ; il monte sur le flot qui s'oppose à son passage, le refoule, l'entraîne, s'élève en accumulant vagues sur vagues jusqu'à 50 ou 60 pieds de hauteur, et renverse et détruit forêts, montagnes, îles, rochers, jusqu'au moment où, épuisé, il se retire en entraînant les ruines qu'il a faites. C'est ce qu'on nomme ici la prororoca, et vous devez pensez ce que deviendrait notre cher *Saint-Nicolas*, au milieu de ce cataclysme auprès duquel les ouragans et les raz de marée ne signifient pas grand'chose ; ce phénomène est, en immensément grand, ce que l'on nomme barre au Sénégal ou ailleurs, et ce qui s'appelle mascaret à l'embouchure de la Seine, en France.

— Allons alors à Rio de Janeiro, répondit tout le monde.

Deux jours après, l'officier de quart s'approcha de l'amiral et lui dit quelques mots.

— C'est bien, répondit M. Chérétoff ; prévenez ces Messieurs.

A midi précis, la corvette allait passer sous l'équateur, sous cette ligne de convention qui divise la terre en deux parties égales, dont chaque limite extrême s'appelle le pôle Nord et le pôle Sud. A cette heure, les mâts verticaux n'avaient aucune ombre ; le soleil frappait perpendiculairement leur pommette, et le chapeau de paille suffisait à abriter l'homme tout entier de la tête aux pieds.

La cérémonie ordinaire du baptême de la ligne eut lieu avec les déguisements, les ablutions, les aspersions, les grimaces et les contributions d'argent accoutumées. C'est toujours une fête pour les matelots, dont les punitions sont levées, qui ont double ration de vin et d'eau-de-vie, qui dansent et qui empochent l'expression sonnante de la générosité des passagers et des novices qui n'ont pas encore fait connaissance avec le père la Ligne.

On avait disposé sur le pont une lunette sur l'objectif de laquelle

LE PASSAGE SOUS LA LIGNE.

était placé un cheveu qui figurait la ligne de l'équateur. A la grande jubilation de l'équipage, les cinq jeunes savants allèrent coller leur œil à l'ouverture de la lunette et payèrent grassement le spectacle qui leur était offert; cela les mit en grande considération, et dans le baptême ils en furent quittes pour quelques gouttes d'eau reçues, du reste, avec un grand plaisir sous un soleil brûlant.

Le Brésil, entrevu par Orellana, ne fut cependant reconnu définitivement que le 24 avril 1500, par Pedro Alvarez Cabral, navigateur portugais, qui en prit possession au nom du roi de Portugal, Emmanuel dit le Fortuné. On sait que Cabral était parti de Lisbonne pour aller aux Indes par le cap de Bonne-Espérance, route découverte par Barthélemi Diaz, et parcourue, en 1497, par Vasco de Gama qui aborda à Calicut, sur la côte du Malabar. Cabral, arrivé à la côte occidentale d'Afrique, essuya une tempête épouvantable; poussé par les vents, il perdit sa route, et fut jeté sur les côtes du Brésil. Longtemps colonie portugaise, ce pays est devenu indépendant depuis 1822.

De longs jours se passèrent avant que la magnifique rade de Rio de Janeiro vînt s'offrir aux yeux des voyageurs, qui sentaient un vif désir de descendre à terre. Aussi, ce fut avec bonheur que le *Saint-Nicolas* ayant jeté l'ancre devant la ville, ils sautèrent dans un canot et arrivèrent sur le quai bordé d'une immense quantité de navires de toutes les nations.

Reçus dans la société brésilienne, ils purent en apprécier l'amabilité, la douceur de mœurs, la gracieuse courtoisie et le luxe bien entendu qui règne dans l'intérieur des habitations.

Une excursion dans l'intérieur du pays eût été longue et difficile, car tous les environs de la capitale, à une grande distance, sont habités, cultivés; et il eût fallu aller bien loin pour trouver quelque chose de nouveau. Au surplus, le Darien et la Guyane leur avaient fait connaître à peu près tout ce qu'ils auraient pu rencontrer au Brésil.

Dans une partie de chasse qui leur fut offerte par le directeur de l'Observatoire, ils ne rencontrèrent que des végétaux et des animaux identiques à ceux des pays sus-nommés, et durent regarder comme chose neuve la capture d'une demi-douzaine de cochons d'Inde qui habitent en quantité les bords des fleuves, et vivent dans les buissons, dans les trous des arbres et des rochers, ou dans des terriers qu'ils trouvent faits par d'autres animaux.

Ce nom de cochons d'Inde exaspérait Meyer.

— Ce n'est pas un cochon, disait-il, c'est un rongeur et non un pachyderme; c'est mille fois plutôt un rat ou un paca.

— Calmez-vous, Meyer, lui disait Burton, rat, cochon ou paca, nous le mangerons et nous le trouverons bon; c'est le principal.

Avant de quitter le Brésil, l'amiral obtint du ministre des finances une permission pour visiter la province de Minas Geraes, d'où sortent tous les diamants exportés en Europe, de l'empire brésilien. Il fallait que la commission scientifique inspirât une bien grande confiance pour que cette permission fût octroyée, et elle le fut.

La route que suivirent les voyageurs jusqu'aux environs de Villa-Rica (1), chef-lieu de la province, fut d'abord semblable à toutes celles des pays intertropicaux, c'est-à-dire difficile, dangereuse et sauvage, mais aussi admirable et pittoresque d'imprévu, et faite pour plaire à des hommes amis des sciences; puis, en entrant dans les districts des mines, et surtout après avoir franchi les montagnes nommées Serra-do-Espinhaço, elle devint aride et monotone; de toutes parts, les terrains étaient bouleversés par les recherches des mineurs.

Des postes de soldats sont placés à tous les défilés des montagnes qui entourent le district des diamants, et nul ne peut y pénétrer sans permission, ni en sortir sans être fouillé scrupuleusement. Souvent même, si l'on peut supposer qu'un individu sortant des limites ait avalé quelques pierres précieuses, il est retenu, logé et surveillé dans ses plus intimes actions pendant un jour ou deux.

Le diamant se rencontre ordinairement à la surface du sol, au milieu de débris roulés et de fragments de différentes roches, telles que du fer oligiste et magnétique, des topazes, des cristaux de diverses substances, des bois pétrifiés, etc. Il est presque toujours enveloppé d'une couche terreuse, grise, jaune ou brune, qui le recouvre entièrement et le soustrait aux regards; de plus, brut, il n'a aucun éclat, et le poli et la taille sont obligatoires pour lui permettre de révéler tous ses feux. Sa recherche est donc très difficile, d'autant plus qu'il est très rare, et que, pour ne rien perdre, il faut retrouver dans le lavage les plus petits morceaux de cette pierre si estimée.

C'est à Serro-do-Frio, lieu généralement inabordable pour les étrangers, que les voyageurs furent reçus, et qu'ils purent suivre tous les travaux de cette riche exploitation.

On évalue à 7 ou 8 kilogrammes le poids total des diamants trouvés

(1) Cette ville porte aujourd'hui le nom d'Ouro Préto.

annuellement au Brésil, et leur valeur à environ 25 millions de francs. On comprendra ce qui précède en songeant qu'un diamant d'un gramme, taillé et d'une belle eau, vaut de 3,500 à 4,000 francs, et que cette valeur du gramme augmente dans une proportion considérable à mesure que le poids devient plus grand.

Les explorateurs recueillirent de nombreux échantillons de toutes les roches qui constituent le sol du pays ; mais ils ne purent emporter aucun diamant, et durent faire sceller et cacheter, par le gouverneur des mines, le paquet qui contenait le résultat de leurs recherches.

En revenant, ils furent fouillés, mais assez succinctement pour qu'ils pussent reconnaître l'importance de la recommandation dont ils avaient été l'objet de la part du ministre. Meyer se consolait en songeant que, dans le paquet cacheté, se trouvaient de beaux cristaux de topazes, d'améthistes et d'aigues marines, qu'il leur avait été permis de prendre.

En arrivant à Montevideo, après une assez longue traversée entre-coupée d'orages, de coups de vent et de tempêtes, l'amiral Chérétoff apprit que le Rio de la Plata n'était guère sûr pour une navigation ; outre que des crues considérables en rendaient le cours impétueux, les habitants de Buenos-Aires, capitale de la République Argentine, et presque toute la république étaient en pleine révolution. Trois ou quatre généraux se disputaient la présidence, et chaque parti pillait et brûlait les propriétés de ses opposants. Comme à tour de rôle ils étaient vainqueurs ou vaincus, il s'en suivait que les partisans de l'un des compétiteurs étaient rançonnés par l'adversaire triomphant du moment, et vice versâ ; en somme, ni la rivière, ni les villes, ni les campagnes n'étaient sûres. Le Paraguay lui-même, enfermé de tous côtés, et n'ayant pour issue que le fleuve Parana, qui s'appelle plus bas Rio de la Plata, commençait à se fâcher, ce qui n'augmentait pas la sécurité générale.

L'amiral quitta donc la rade de la capitale de l'Uruguay, et sortit de la Plata en donnant un souvenir au pauvre Diaz de Solis, navigateur espagnol qui découvrit cette rivière, et qui ensuite, voulant coloniser la baie de Rio de Janeiro, fut mangé en 1521 par les Indiens anthro-pophages du Brésil.

A mesure qu'on s'approchait de la pointe sud de l'Amérique, la température devenait plus froide, et l'on dut songer à reprendre les vêtements de drap si longtemps délaissés. Les jours étaient de plus en plus courts, et arrivé par le travers de la Patagonie, vers le 47° degré de latitude méridionale, il fallut songer à chauffer les

salons de la corvette. Ce fut bien pis quand, laissant à gauche les
îles Malouines, aujourd'hui nommées Falkland par les Anglais, on
s'approcha du détroit de Magellan, qui sépare le continent américain
de la grande île appelée Terre de feu, hérissée de pics couverts
d'une neige éternelle et d'où s'élancent les flammes de volcans en
activité.

Un matin, quand un pâle soleil eut un peu dissipé la brume qui
couvrait au loin la mer, on signala un point grisâtre à l'horizon.

L'amiral, prévenu, reconnut le cap Horn; il donna l'ordre de mo-
dérer la marche et de rester sous petite vapeur, car le temps était
menaçant, et des signes de tempêtes se montraient au large. Une
foule d'oiseaux aquatiques regagnaient la côte, volant en bandes
nombreuses, et la neige qui était tombée jusqu'alors avait subitement cessé.

La houle était forte ; de grandes lames de fond heurtaient les flancs
du navire et le secouaient avec violence ; M. Chérétoff fit changer
la route et marcha droit dans le vent pour ne pas fatiguer inutilement sa corvette ; et, après avoir tout prévu, tout disposé en cas
d'événement, il rentra dans sa chambre, et donna des ordres pour
qu'on le réveillât au moindre changement qui se manifesterait dans
le temps.

CHAPITRE VIII

DU CAP HORN A SAN FRANCISCO

Le Cap Horn. — Tempête. — Valparaiso. — Les îles Chincha. — Les côtes du Pérou. — Temples des anciens Incas. — Antiquités péruviennes. — Lima. — Guayaquil. — Panama. — San Francisco.

Le cap Horn, découvert en 1616 par le Hollandais Guillaume Cornelis Schouten qui lui donna le nom de sa ville natale, est situé à l'extrémité méridionale de l'île de l'Ermite, l'une de celles qui forment l'archipel Magellanique ou Terre de feu. Sa hauteur n'est que de 152 mètres : éloigné du pôle sud d'une distance à peu près égale à celle qui sépare Copenhague, Edimbourg, Glasgow, Danzig, Hambourg et Berlin, du pôle Nord, sa température est infiniment plus froide que celle des villes ci-dessus nommées : cela tient à ce que le pôle Nord est formé par une masse de terre où se réunissent l'Asie, l'Europe et l'Amérique et que les continents, grands conducteurs de chaleur, en laissant rayonner le calorique contenu dans l'intérieur du globe, élèvent la température des lieux. Au contraire, le pôle Sud, formé presque entièrement de masses considérables d'eau

résultant de la réunion des océans Indien, Pacifique et Atlantique,
est soumis à un froid excessif sans pouvoir emprunter à la terre une
somme de chaleur compensatrice.

C'est le 21 octobre 1520 que le célèbre navigateur Portugais
Magalhaëns, plus connu sous le nom de Magellan, découvrit le détroit
qui porte son nom. La Terre de feu est habitée par des peuplades
misérables qui vivent dans un abrutissement profond. Elles se nourrissent de poissons, de la chair des phoques et des loutres qui abondent
sur leurs côtes.

Ce pays renferme des montagnes et des glaciers inexplorés; des
masses d'eau considérables se précipitent du haut des montagnes et
forment en été, c'est-à-dire en décembre, des chutes dont la magnificence n'est égalée par aucune de celles connues sur le globe.

Le *Saint-Nicolas* s'était, pendant la nuit, éloigné le plus possible
de la côte. La mer avait grossi énormément, la bise était devenue
glaciale et le pont et les agrès étaient couverts d'une couche de ver-
glas provenant de l'eau tombée à bord et congelée.

Il y avait deux heures que le soleil avait dépassé l'horizon, et cependant, c'était à peine si une faible clarté permettait de voir à un demi-
mille de distance. Des amas de nuages noirs couvraient les flots et
semblaient faire corps avec eux, on eût dit qu'ils touchaient la pointe
des mâts; le temps s'assombrissait de plus en plus, et des vagues
énormes roulant et se brisant avec fracas soulevaient le navire et le
faisaient trembler dans toutes ses parties.

Tout à coup, le vent qui jusqu'alors avait soufflé du Sud-Ouest
sauta brusquement au Sud-Sud-Est et se déchaîna avec une violence
inouie. Le rideau de nuages sombres se déchira, et par cette échappée
la mer apparut bouleversée et courant en vagues gigantesques couronnées d'écume et poussées par la tempête.

L'amiral fit forcer les feux, et la brillante corvette, obéissant à
l'impulsion de son hélice, s'élança dans le vent, coupant la lame et
faisant jaillir des montagnes d'écume.

Toute autre manœuvre eût été désastreuse, car alors le navire,
entraîné par la force des vents et des flots, eût été infailliblement
jeté sur les récifs de l'île des États, au milieu du dangereux archipel
Magellanique.

C'est dans ces terribles moments que se révèle le vrai courage,
calme, froid, résolu, et que l'homme peut à juste titre se considérer
comme la créature la mieux douée de Dieu.

Les légers mâts auxiliaires du *Saint-Nicolas* pliaient comme des roseaux ; un sifflement aigu retentissait dans ses cordages : son pont, balayé à chaque instant par des lames furieuses, semblait devoir être inaccessible, et cependant l'amiral et ses officiers, cramponnés aux manœuvres et aux bordages, l'œil attentif à toutes les péripéties de la tempête, conjuraient tous les périls, donnaient des ordres, aidant eux-mêmes à les exécuter, et se portaient partout où le danger devenait imminent.

Les matelots soumis, disciplinés, en face de la mort menaçante, se tenaient chacun à leur poste, et le sifflet aigu du maître d'équipage,

dominant le tumulte des éléments déchaînés, les trouvait dociles et obéissants.

Tantôt la corvette, enlevée sur le dos d'une vague gigantesque, semblait devoir être lancée contre le ciel : alors la mer et l'horizon disparaissaient, on eût dit qu'elle entrait dans les nuées ; tantôt, au contraire, glissant sur les pentes de la mer soulevée en montagne, elle plongeait dans un abîme, son beaupré trempant dans l'eau, et autour d'elle un cirque immense de flots irrités montaient, s'inclinaient comme pour se réunir et l'engloutir sous leur masse ; la lumière apparaissait comme par l'orifice d'un puits, dont les parois se rapprochaient.

Mais bientôt, échappé à ce péril imminent, le solide navire se relevait, gravissait la crête opposée, lançant en l'air ses nuages de fumée, et dans les rares intervalles de silence, faisait entendre la

LA CORVETTE FAISAIT PEINE A VOIR.

voix mugissante de sa puissante machine ; c'était son cri de vie
qui défiait la tempête.

Dès le premier moment de danger, Narischeff était venu se mettre
à la disposition de l'amiral : officier distingué de la marine russe,
ses services pouvaient être d'une grande utilité. Les quatre autres
jeunes gens suivirent l'exemple de leur ami ; leur voyage déjà long,
leurs connaissances variées, et une certaine pratique qu'ils avaient
acquise à bord, les avaient rendus propres à aider dans bien des
circonstances les officiers du bord dont les forces étaient mises à
une rude épreuve. Ils furent tous à la hauteur de leur dévouement,

et l'amiral exprima hautement l'estime dans laquelle il tenait leur
conduite.

Trois jours et trois nuits se passèrent dans d'épouvantables alterna-
tives ; l'amiral eut la douleur de voir deux de ses meilleurs matelots
enlevés par une lame qui retomba d'aplomb sur le *Saint-Nicolas*, en le
faisant enfoncer presque au niveau du pont. Tout fut brisé, démoli à
bord, et la sémillante et coquette corvette faisait peine à voir; mais
sa coque, sa machine et son hélice étaient intactes.

Le matin du quatrième jour, le vent s'apaisa, cessa tout à coup,
puis une forte pluie tomba suivie du vent du Nord, et la mer, quoique
fortement houleuse, cessa de se soulever.

Le soleil se leva pur et dégagé de vapeurs ; les oiseaux de mer
recommençaient leurs jeux et leurs cris ; des bandes de pétrels
volaient lentement sur la surface des flots, et semblaient marcher

sur la mer. Ce nom leur a été donné par les marins, d'abord parce qu'ils semblent marcher sur l'eau comme le fit saint Pierre (1) et, ensuite, parce que leur plumage est couvert de taches blanches sur un fond noir.

On comprend que l'amiral Chérétoff ne voulut pas séjourner dans ces parages si dangereux. Après avoir doublé le cap Horn, il remonta la côte occidentale de la Patagonie et arriva sans s'arrêter jusqu'à la hauteur des îles Chiloé, limite méridionale de la pointe du Chili, où vivaient les Indiens Aucas et Araucans qui, de même que les Patagons, n'ont jamais été complètement soumis à une domination étrangère.

On a considérablement exagéré la hauteur de la taille des Patagons ; ce sont de beaux hommes, il est vrai, mais non des géants : leur taille moyenne est de 1 mètre 75 centimètres ; mais ils ont les jambes très courtes ; et comme ils sont presque toujours à cheval, ils ont produit sur les premiers voyageurs qui les visitèrent l'illusion d'hommes gigantesques. Ils ont de plus une tête et un buste énormes, hors de proportion avec le reste du corps.

La température était subitement redevenue douce et tiède, car, à égalité de latitude, la côte orientale de l'Amérique est beaucoup plus froide que la côte occidentale ; il en est de même pour toutes les côtes des grands continents.

La corvette nécessitait des réparations urgentes, et il était indispensable de compléter le chargement de charbon ; aussi M. Chérétoff, sans s'arrêter à Valdivia comme il en avait l'intention, continua sa route et vint mouiller dans le port de Valparaiso, principale ville du Chili, dont Santiago est la capitale.

Le Chili, aujourd'hui république indépendante, avait jadis été soumis par les Incas et faisait partie de l'empire du Pérou. Ce ne fut qu'en 1536 que François Pizarre, après la conquête de cette dernière contrée, envoya Almagro pour s'emparer du Chili. Cette expédition n'eut pas un heureux succès. Valdivia, en 1540, tenta de nouveau de pénétrer dans le pays, il fonda les villes de Valdivia, de Santiago, de la Conception ; mais en 1550, il fut défait et mis à mort par les Araucans. Enfin, ce ne fut qu'en 1773, et après des guerres incessantes et désastreuses, que les Espagnols soumirent le Chili ; mais l'Araucanie, ce foyer d'un peuple intrépide, garda sa liberté.

Le pouvoir de l'Espagne dura peu de temps ; renversé en 1810,

____

(1) Petrel, du latin *Petrus*, Pierre.

reconquis en 1814, la victoire de Maïpo, remportée le 15 avril 1818, lui donna un coup mortel, et le Chili s'érigea en république indépendante.

C'est par le port de Valparaiso que s'exportent presque toutes les peaux d'un petit animal de 30 centimètres de longueur, et appartenant à la famille des rats, de l'ordre des rongeurs; c'est le Chinchilla, dont la fourrure est si recherchée par les femmes.

Le chinchilla se rencontre dans les hautes montagnes du Pérou et du Chili, où il vit par troupes nombreuses et habite des terriers dans lesquels il amasse des provisions de graines et de fruits secs pour se nourrir pendant la mauvaise saison. Ce joli animal est susceptible d'éducation, il s'attache à son maître, le reconnaît, le suit, lui obéit, le caresse, et aime à en être caressé. Les anciens Péruviens fabriquaient des étoffes avec son poil.

Après un séjour assez long à Valparaiso, nécessité par les réparations à faire à la corvette, et dont les passagers profitèrent pour aller visiter Santiago, belle ville de 60,000 âmes (1), et renfermant de riches et somptueux édifices, l'amiral reprit la mer. Il passa devant Copiapo, célèbre par ses mines de cuivre et par la beauté des femmes indiennes, dont la blancheur égale celle des Européennes; et après avoir franchi le tropique du Capricorne, il se rapprocha de la côte à l'endroit où se touchent les deux territoires péruvien et bolivien.

Chemin faisant, on s'était trouvé en vue de ces îles, assez nombreuses dans l'océan qui baigne l'Amérique occidentale, connues sous le nom d'îles à guano, et dont les plus célèbres aujourd'hui sont les îles Chincha. Ce sont des îlots rocailleux, généralement de peu d'étendue, et qui, vus de loin, paraissent couverts de neige. Lorsqu'on s'en approche, des milliers de bandes d'oiseaux de mer s'élèvent et forment au-dessus des flots des nuages épais.

Ce sont les déjections de ces oiseaux, accumulées depuis des siècles, combinées avec leurs cadavres, avec les détritus des poissons dont ils font leur nourriture, qui ont couvert ces îles d'une couche de fiente qui, en certains endroits, n'a pas moins de 20 mètres d'épaisseur. L'industrie et le commerce se sont emparés de ces riches mines d'engrais; et de nombreux navires viennent chaque année charger le guano et l'emporter en Europe où il se vend fort cher.

Cet engrais a dû être exploité dans les temps anciens par les peuples des côtes américaines, car on a trouvé, dans les couches inférieures,

(1) Aujourd'hui, 200,000 âmes.

des outils de travail identiques avec ceux que l'on rencontre dans les tombeaux les plus antiques du Pérou.

Iquique, avec ses riches mines d'azotate de soude (1) qui exportent chaque année pour 15 millions de francs de ce produit, fut laissé à droite, et le *Saint-Nicolas* se dirigea vers le Callao sans trop perdre la terre de vue.

Rien n'est triste et désolé comme l'aspect des côtes du Pérou; l'aridité la plus complète, l'absence totale d'herbe, ou d'arbres, un désert de sable se développant à perte de vue jusqu'à la Cordillère, dont le flanc occidental n'offre aucune trace de végétation; voilà ce que l'œil du marin aperçoit pendant des espaces non interrompus de deux ou trois cents lieues. C'est à peine si, sur quelques points, une petite rivière, à moitié absorbée dans son cours restreint au milieu des sables brûlants, pompée par les rayons d'un soleil torride, vient apporter un mince filet d'eau à l'océan, et permet à quelques maigres arbrisseaux de végéter sur ses bords.

C'est vers le xii° siècle, dit l'histoire péruvienne, que le vertueux Manco-Capac et la belle Oello, sa femme, réunirent les Indiens disséminés et leur enseignèrent les bienfaits de la vie sociale. D'où venaient ces législateurs? nul ne le sait; on les crut envoyés du ciel. Manco-Capac enseigna aux hommes l'agriculture et à construire des villes; Oello apprit aux femmes à tisser des vêtements, à élever leurs enfants. A tous, ils révélèrent un Dieu supérieur, maître et créateur de toute chose, et dont le soleil fut pris pour symbole. Ce Dieu qu'ils nommaient Pachacamac fut adoré dans des temples splendides; et aujourd'hui on voit encore, dans les environs de Lima, près d'un village du nom de Pachacamac, les ruines d'un temple élevé par le dixième Inca Pachacutec, au Dieu souverain.

C'est dans ce temple que le conquérant, François Pizarre, s'empara d'immenses quantités d'or, et qu'il livra à toutes les horreurs d'un sanglant pillage les jeunes filles consacrées au service de la divinité.

Ce pays, opprimé par le gouvernement le plus cruel et le plus despotique, dont le seul mobile était la satisfaction de sa cupidité, resta soumis mais frémissant, jusqu'au moment où Napoléon 1er déclara la guerre à l'Espagne. Les cris d'indépendance et de liberté s'élevèrent de toutes parts; mais ce ne fut qu'en 1821, et après des luttes terribles, que le Pérou secoua définitivement le joug de ses oppresseurs.

(1) Ce sel sert à la préparation de l'acide azotique et du nitrate de potasse ou salpêtre.

Malgré le peu d'agrément que semblait promettre une relâche, l'amiral vint jeter l'ancre dans le port d'Arica, dont le territoire doit une certaine fertilité relative au voisinage d'une petite rivière appelée Rio de Lluto.

Le but du commandant était de permettre aux explorateurs de se procurer quelques antiquités péruviennes que l'on trouve en grande quantité dans les sables des environs de la ville, où sont enfouis les tombeaux des anciens habitants.

Guidés par un jeune homme qui s'était offert pour cet office, les cinq explorateurs partirent munis de vivres et d'eau. Après une marche de quatre heures sous un soleil brûlant, dont la chaleur était encore augmentée par la réverbération du sable, ils arrivèrent à des espèces de collines près desquelles s'élevaient d'énormes blocs de pierres creusés à l'intérieur, et pour la plupart recouverts d'inscriptions.

Leurs recherches furent d'abord infructueuses, mais une grande masse de cailloux s'étant éboulée, ils virent tomber en même temps divers objets faits de main d'homme; ils consistaient en instruments de pêche et de chasse, en bracelets, en colliers, en plaques de cou, en bouts de flèches, le tout en cuivre rouge et admirablement conservé quoique fortement oxydé; des poteries de diverses formes cuites au four, des idoles, des figurines et quelques épingles, hameçons et crochets en cuivre ou en or, se montrèrent ensuite.

Dans une amphore à forme évasée, ils trouvèrent des pelotes d'une corde tressée et filée avec du coton, laquelle était enroulée autour d'une pierre ovale, portant des caractères bizarres; puis à côté, dans un autre vase, des sacs tissés en laine de vigogne, et contenant des graines plus ou moins altérées, mais très reconnaissables, de deux espèces de graminées, dont l'une ressemblait au maïs, et l'autre à une sorte de gros millet, ou de sorgho. Pour compléter leur collection et la rendre plus originale, ils ramassèrent aussi des carrés de bois d'une espèce de cèdre, creusés en double compartiment et à moitié remplis, l'un d'une poudre rouge, et l'autre d'une poudre blanche.

Était-ce du fard? cette boîte faisait-elle partie de la toilette de quelque Péruvienne? c'est ce qu'il était impossible de déterminer.

La conservation de tous ces objets s'expliqua par leur présence dans un sol sur lequel il ne pleut jamais, ce qu'il a de commun avec celui de toute la côte du Pérou, jusqu'au versant occidental de la Cordillère.

Ils revinrent à Arica chargés comme des mulets, et surtout Ramsay qui avait trouvé un modèle de pirogue exécuté en bois, et qui ne l'aurait pas abandonné pour rien au monde, comptant l'offrir au musée naval de Londres.

Bientôt la corvette entra dans la magnifique rade de Callao, ville peu habitée (1), mais qui tire son importance de sa situation à 8 kilomètres de Lima, capitale du Pérou, avec laquelle elle communique par une belle route. Autrefois, Callao comptait environ 5,000 habitants; mais, en 1746, un tremblement de terre souleva l'océan et le jeta sur la ville, qui disparut entraînée par les flots. Elle se compose aujourd'hui de deux à trois cents maisons construites en bois; mais son port voit entrer et sortir tous les ans trois mille navires.

Le séjour en rade ne fut pas long, et chacun s'empressa de monter dans les diligences qui font le service de Lima, où l'on arriva rapidement.

Cette ville, autrefois nommée Ciudad de los Reyes (ville des rois), est placée sur les bords du Rimac, et fut fondée, en 1535, par Pizarre. Sa population, quoique encore aujourd'hui de 80,000 âmes (2), a beaucoup diminué; ce qui a le plus nui à son développement, ce sont les tremblements de terre qui l'ont maintes fois ruinée, notamment en 1828, où elle fut presque totalement détruite.

Quand les voyageurs approchèrent de Lima, ils furent frappés de l'aspect enchanteur de ses abords; fortifiée et entourée d'un mur de briques percé de sept portes et flanqué de trente-quatre bastions, elle présente le plus gracieux coup d'œil, et ses monuments s'élèvent avec élégance au milieu des jardins; une double avenue d'arbres énormes, près de laquelle sont les promenades publiques, conduit à la porte de la route de Callao; les rues en sont larges, bien pavées en petits cailloux ronds, bordées de trottoirs et arrosées par une foule de ruisseaux d'eau pure et limpide; de nombreuses places l'embellissent, au milieu desquelles jaillissent des fontaines; sa cathédrale est d'une richesse inouïe, et l'emporte de beaucoup sur la magnificence, déjà bien grande, des autres églises. Par une bizarrerie extraordinaire, l'hôtel de ville de Lima est construit dans le style chinois.

C'est avec un bien vif plaisir que les cinq amis respirèrent l'air pur de Lima, et se promenèrent en devisant sous les beaux ombrages des

(1) Cette ville, qui compte aujourd'hui près de 40,000 âmes, est reliée à Lima par un chemin de fer.

(2) Elle dépasse actuellement 100,000 âmes.

promenades. Rien n'était plus curieux que de voir ces nombreux cavaliers montant en écuyers consommés les chevaux du pays, un peu petits, mais ardents et vigoureux. Les femmes, en grand nombre, en toilettes élégantes, leurs beaux cheveux noirs en épais bandeaux sur

Une rue à Lima.

le front, se promenaient lentement, jouant de l'éventail, et drapant autour de leur taille leur longue et élégante mantille. Les calèches filaient avec rapidité au milieu des groupes de jeunes gens fumant le cigare ou le cigarillo, et de tous côtés ce n'étaient que rires, inter-pellations joyeuses, saluts amicaux envoyés dans cette belle langue espagnole, si gracieuse, si expressive, si vigoureuse et si sonore.

Il n'était bruit dans toute la ville que d'une cérémonie qui devait avoir lieu, le lendemain, à l'occasion d'un point de dogme quelconque, ou en l'honneur de l'un des nombreux saints ou saintes du calendrier espagnol. Dans l'Amérique du sud, et surtout à Lima, le luxe et la splendeur des cérémonies religieuses sont prodigieux, et n'ont d'égal que le nombre des fêtes obligatoires, chaque année, pour les fidèles. Un bon catholique passe au moins deux cents jours par an à l'église; et une certaine année, le mois de Pâques renfermait dix-sept grandes cérémonies générales; qu'on ajoute les velaciones, les neuvaines, les trentaines, les quarantaines, les fêtes votives de chacune des églises nombreuses des cités, et ce qui a été dit s'expliquera parfaitement.

Disons que les femmes de ces contrées, généralement paresseuses et oisives, d'une instruction limitée à la lecture et à l'écriture qu'elles pratiquent le moins possible, n'ont d'autre moyen de varier le temps de leur journée qu'en le partageant entre l'église, les magasins de colifichets et la promenade. Aussi n'occupent-elles que très rarement et par une exception tout individuelle le rang intellectuel et moral que nous voyons jouer souvent à nos mères et à nos femmes en Europe.

On peut dire des femmes de ce pays qu'elles sont presque toutes généralement belles, en admettant que la beauté ne consiste pas dans telle ou telle convention des traits du visage. Admirablement faites des pieds à la tête, leurs extrémités sont fines et élégantes; elles possèdent de magnifiques cheveux et des yeux noirs ou bleu foncé, de l'expression la plus vive et la plus agréable; un peu réservées au premier abord, elles ont ensuite pour tous l'accueil le plus gracieux. Presque toutes les femmes des villes ont, en adoptant les modes européennes, conservé l'élégante mantille.

Le lendemain matin, toutes les cloches de Lima étaient en branle. De tous les environs accourait une foule vêtue de ses plus beaux habits de fête; parmi les hommes, presque tous Indiens habitant les faubourgs, on distinguait des types bien conservés des tribus Quichuas et Aymaras, ces anciens possesseurs du sol; ils portaient le poncho et le large chapeau rond de feutre ou de paille; les femmes, la tête couverte de la mantille de laine, de drap, de toile, de mousse-line, etc., etc., leurs longs cheveux tombant en deux tresses épaisses sur leur dos, cheminaient avec leurs enfants.

Dans la ville, toutes les señoras, vêtues de noir de la tête aux pieds, suivies de domestiques portant le tapis, la natte, ou le coussin sur lesquels elles s'accroupissent dans l'église, car les chaises y sont inconnues, suivaient les rues à pas lents, agitant leurs éventails et causant entre elles.

Là cathédrale fut bientôt remplie malgré sa vaste étendue; les hommes, surtout ceux du monde (de la classe décente, comme on dit là-bas), se promenaient et fumaient sur la place, sur le large péristyle de l'église et dans les rues adjacentes.

A midi précis, une musique militaire se fit entendre, et la procession commença à sortir et à descendre les degrés; elle se développa en passant devant le palais de l'archevêque, et couvrit bientôt la large surface de la place; c'est ainsi qu'elle parcourut plusieurs rues de Lima, s'arrêtant à peu près toutes les deux minutes; alors la population tout entière s'agenouillait sur le pavé, sur les balcons, au seuil des boutiques, même à deux ou trois cents mètres de distance, et se relevait après avoir reçu la bénédiction de l'archevêque.

Au milieu d'une longue file de prêtres et de religieux des deux sexes de tous les ordres, les premiers revêtus de leurs costumes sacerdotaux les plus riches, venaient par groupes des hommes couverts de longues robes noires, et coiffés de capuchons percés seulement de deux trous devant les yeux, qui rappelaient tristement les cagoules des frères inquisiteurs; ils portaient sur leurs épaules de magnifiques dais d'argent massif, dont le baldaquin et les épaisses colonnes qui les soutenaient étaient du même métal.

Sous chacun de ces dais, une figure agenouillée, de grandeur naturelle, vêtue de satin, de velours et de dentelles rehaussés d'or et de pierreries, couverte d'un long manteau traînant, aussi richement orné, représentait la Vierge, sainte Madeleine, sainte Marthe, ou toute autre vierge ou martyre de la chrétienté.

Entre les dais, des pénitents, des moines ou de simples Indiens portaient des peintures assez grossièrement faites, représentant des épisodes de la vie du Christ ou de celle de saint Jean, des faits relatifs à la vie des saints, et les détails de la Passion de Jésus-Christ.

Puis venaient des statues de saints et de saintes, peintes de couleurs éclatantes; les premières, quelquefois habillées suivant les modes modernes, en redingote et portant un faux-col; les secondes en robes de gaze ou de mousseline légère, bouffantes et ne dépassant pas le genou, couronnées de fleurs, et tenant à la main une palme ou une écharpe. En avant de la procession, et précédant la vierge Marie, des enfants vêtus d'un habillement collant, entièrement noir, au derrière duquel était attachée une longue queue, et coiffés d'un bonnet à cornes, simulaient les diables et représentaient l'enfer; ils sautaient, dansaient, criaient, se trémoussaient en se moquant du cortège qu'ils précédaient.

On ne voyait partout que soie, velours, or, argent, dentelles, émeraudes, rubis, améthystes qui brillaient aux rayons du soleil.

Une foule immense suivait la procession ou s'était faufilée entre les châsses et les dais; tout le monde portait un cierge allumé qu'offraient à chacun, moyennant payement, des moines munis de grandes boîtes remplies de cierges, et circulant au milieu de la presse.

De temps en temps, la brise qui soufflait éteignait les cierges, ou pis encore, envoyait la flamme sur les mantilles et les coiffures voisines; de grands cris s'élevaient, mais l'incendie était vite étouffé, et la procession continuait sa marche au bruit des prières répétées en masse par la population.

On eût dit le murmure d'une gigantesque ruche.

La cérémonie terminée, chacun se dirigea vers les promenades, et la soirée vit renaître les plaisirs et les divertissements accoutumés.

L'amiral était trop prudent pour laisser longtemps les jeunes passagers s'amollir dans les délices de la Capoue péruvienne; au bout de quelques jours, il annonça qu'il fallait songer au départ, et reprendre la rude vie du navigateur et du savant.

Le *Saint-Nicolas* salua donc, par une belle matinée, les fortifications de Callao, et continua à suivre les côtes du Pérou, qui n'étaient pas plus gaies ni plus fertiles au nord, qu'elles ne l'étaient au sud.

Peu de temps après, il entra dans la rade de Guayaquil, port très commerçant de la république de l'Equateur; mais, à part quelques achats de chapeaux de paille, dits chapeaux de panama, les voyageurs ne firent rien à terre qui pût intéresser.

Il en fut de même de Buenaventura, port appartenant à la Colombie, où l'on ne fit qu'un court séjour.

Passant devant le golfe San-Miguel, au fond duquel débouche le magnifique fleuve Tuyra qui arrose le Darien, l'amiral laissa à sa gauche le riche et fertile archipel des Perles, renommé pour ses pêcheries de perles, qui, déjà longtemps avant la conquête, étaient avidement cherchées par les Indiens Dariènes pour en orner leurs temples. Nunez de Balboa rapporta de son expédition de 1513 des masses considérables de ce précieux produit et, entre autres raretés, une pirogue ayant appartenu à un cacique, et dont les bords étaient incrustés de grosses perles.

Sur le désir exprimé par les jeunes naturalistes, l'amiral fit stopper près des îles Chapera et Contadora. Une pirogue se détacha de la

côte et accosta le navire; elle était montée par deux hommes de race
mulâtre qui venaient proposer des perles à vendre, les unes libres, les
autres attachées à la coquille qui les avait produites; c'était surtout
ces dernières qui intéressaient les amateurs de collections.

— Je ne sais, dit Bussières, pourquoi l'opinion générale veut que les
perles soient produites par les huîtres : ces coquillages ne sont pas de

Récolte de la paille servant à faire les chapeaux de panama.

huîtres; ils sont à deux valves, il est vrai, mais ils sont plus épais, beaucoup plus grands, composés d'une nacre plus fine et d'un éclat plus vif.

— Cela vient, répliqua Meyer, de ce que l'on a trouvé quelques
mauvaises perles dans les huîtres, de même qu'on en rencontre aussi
dans les mulettes et les anodontes, deux coquilles d'eau douce; mais
la vraie mère-perle, c'est la coquille que nous voyons ici; on la
nomme pintadine (*Meleagrina* de Lamarck). Les perles sont des excroissances nacrées accidentelles qui se trouvent dans l'intérieur des
valves, où elles sont rarement libres, et où le plus souvent elles

adhèrent à la substance même de la coquille ; elles ont une forme plus ou moins sphérique ou ovoïde ; souvent aussi elles affectent des apparences bizarres qui leur ont fait donner le nom de perles baroques. On rapporte la cause de ces excroissances à une maladie particulière de l'animal, due simplement à sa nature, ou occasionnée par quelque fait accidentel, perforement ou rupture de sa coquille, ou introduction d'un corps étranger entre ses valves, etc. Quant à la coquille de la pintadine, vous savez que c'est elle qui fournit toute la nacre employée dans l'industrie.

Les achats terminés, le *Saint-Nicolas* mit le cap sur le Nord-Ouest, et vint mouiller à trois milles de Panama ; car cette ville, bâtie à l'extrémité de roches qui s'avancent au loin, et que la mer découvre à chaque marée, n'a qu'un petit port où ne peuvent entrer que des embarcations de peu de tirant d'eau.

On sait que Panama fut fondée en 1519 par Pedro Arias de Avila, sur un des points du vaste golfe découvert par Balboa ; cette ville prospéra à un tel point, qu'elle absorba la population des autres cités établies dans le Darien et qui furent abandonnées pour la nouvelle reine du Pacifique.

Située au centre d'une baie large et étendue, abritée des vents, pourvue d'ancrages sûrs, arrosée par la rivière Mataasuillo, au fond d'un port accessible à tous les navires, Panama justifiait la prédilection dont elle était l'objet.

Les années s'écoulèrent, et Panama devint le centre de la richesse de ce pays qu'on appelait la Castille d'Or ; mais, en 1670, le célèbre flibustier anglais, Henri Morgan, quitta l'île de la Tortue, voisine d'Haïti, et débarqua à Chagres sur l'Atlantique. Le 18 janvier, profitant de la saison sèche, il marcha sur Panama, où il entra le 27, après avoir battu les Espagnols et les Indiens alliés. La ville fut saccagée, pillée, en partie brûlée, et Morgan regagna son île, emportant un immense butin.

Les maîtres du pays furent frappés de terreur ; ils abandonnèrent les ruines de la ville, et vinrent la reconstruire là où elle est aujourd'hui et où déjà ils avaient établi leur présidios, c'est-à-dire les prisons des condamnés aux galères. On ne pouvait choisir un plus détestable emplacement. Aussi Panama n'eut plus aucune importance, et ne s'est un peu relevée que depuis l'établissement du chemin de fer qui traverse l'isthme, et qui y aboutit (1).

____

(1) La situation de Panama s'est complètement modifiée depuis le commencement des travaux pour le percement du canal, sa prospérité ne fait que s'accroître et est loin d'être arrivée à son apogée.

Descendus à terre, les voyageurs visitèrent la cathédrale, monument remarquable, dont la façade est bizarrement recouverte de larges coquilles de pintadines incrustées dans la maçonnerie, et formant des dessins réguliers ; puis ils explorèrent les ruines des nombreux couvents et églises, parmi lesquels se distingue la maison des jésuites.

Les jeunes gens sortirent de la ville et se trouvèrent, au bout d'un quart d'heure de marche, sous le sombre couvert d'arbres énormes ; c'était pour eux presque la forêt vierge. A peu de distance de la ville, le jaguar se promène en liberté, le caïman se chauffe au soleil, et les singes gambadent en sécurité. Ils venaient de passer dans une clairière semée de jeunes arbrisseaux, de mimosas et de triplaris, quand Burton et Narischeff, qui marchaient en arrière, se mirent à pousser des exclamations assez énergiques pour appeler l'attention de leurs amis ; ceux-ci accoururent et les trouvèrent occupés à se débarrasser de fourmis roussâtres, minces, longues, qui couraient avec une rapidité extraordinaire. A leur tour, Bussières, Meyer et Ramsay eurent à se préserver des atteintes de ces petits animaux, dont chaque morsure produit l'impression d'une aiguille rougie au feu appliquée sur la peau ; mais cette impression ne dure pas plus longtemps que la morsure.

— Je la connais, dit Meyer, c'est l'*Atta tripiarina*, qui vit dans l'intérieur de certains arbres dont elle évide la moelle pour s'y tracer des galeries. Lorsqu'on s'approche de ces arbres, et surtout du triplaris qu'elle affectionne de préférence, et qu'on les heurte, des centaines de fourmis sortent par une foule de conduits latéraux qu'elles percent de la moelle à l'écorce, et se précipitent vers le point attaqué. Vous, mes chers Meyer et Narischeff, avez voulu pénétrer au travers du fourré, et vous avez été punis de votre témérité. Dans la Bolivie, où le triplaris est très commun, on le nomme *palo santo* — arbre saint ou sacré, — pour indiquer la crainte ou le respect qu'inspirent leurs belliqueux habitants.

De l'endroit où ils étaient, ils regagnèrent la plage de sable fin qui s'étend en demi-cercle jusqu'aux ruines encore très visibles du Vieux-Panama, et tout en ramassant des coquillages que l'énorme marée du Pacifique jette vivants sur la côte, ils se dirigèrent vers le port.

De magnifiques pélicans d'une blancheur éblouissante se jouaient sur les eaux du golfe, luttant gracieusement contre la lame, et près de l'embarcadère du chemin de fer, un gros caïman qui bâillait au soleil plongea dans l'eau d'une espèce de large lagune, après avoir reçu sur son écaille la balle inoffensive de Ramsay.

Quand il eut quitté Panama, et lorsque le mont Ancon, qui domine la ville, se fut perdu dans les brumes de l'horizon, l'amiral porta vers la pleine mer, en laissant à sa droite les côtes de l'Amérique centrale et celles du Mexique. Ces contrées, déjà explorées en partie, du côté de l'Atlantique, n'offraient plus qu'un intérêt secondaire, et leurs principaux produits étaient entrés dans les collections faites à bord.

Acapulco, Mazatlan, la mer Vermeille furent dépassés, et le *Saint-Nicolas* ne s'arrêta que dans l'immense baie de San Francisco, en Californie.

La vieille Californie, appelée aussi basse Californie, fut découverte en 1536, par Fernand Cortez, et colonisée par les Jésuites en 1642 ; elle a peu prospéré. La haute ou nouvelle Californie, reconnue par Gabrillo en 1542, est plus au nord ; Monterey en est la capitale et San Francisco le port principal.

Cette vaste contrée, qui faisait partie du Mexique, fut cédée aux États-Unis par le traité de la Guadalupe le 2 février 1848. Vers la fin de cette même année, un colon, le major Sunter, découvrit des gisements d'or dans les sables des cours d'eau qui servaient de moteurs à son moulin. La nouvelle s'en répandit rapidement, et amena dans ce pays une foule d'aventuriers de toutes les parties de la terre.

En effet, la richesse du sol était indescriptible, l'or existait dans toutes les alluvions anciennes et modernes ; les montagnes de quartz étaient elles-mêmes sillonnées de veines et de cristaux du précieux métal, des blocs d'or d'un poids énorme furent trouvés à fleur de terre, ayant vingt fois servi de siège aux chasseurs fatigués. Ce fut une fièvre générale. La Californie tout entière ne comptait pas 20,000 habitants en 1849, il en vint des centaines de mille ; les lieux les plus arides furent peuplés ; les vices, les maladies, les mauvaises passions, le jeu, le meurtre furent la conséquence de cette nouvelle société, fondée uniquement dans le but d'acquérir et d'acquérir vite, par tous les moyens possibles, un métal qui n'a d'autre valeur réelle que celle qu'une convention des nations civilisées a établie.

La nouvelle colonie devait être sauvée par la fertilité et la douceur de son climat, propre à toutes les cultures. Beaucoup de colons le comprirent ; le travail, le vrai travail, laborieux, pénible souvent, mais toujours respectable, fut la base d'une nouvelle organisation. San Francisco, brûlée trois ou quatre fois, fut reconstruite pour être une ville d'avenir et non un campement du moment ; la terre fut ouverte et rendit au centuple les semences qui lui avaient été confiées ; l'agriculture, le commerce et l'industrie avaient détrôné la fièvre dorée, la fièvre de l'or ; le développement de la navigation devait achever l'œuvre.

Aujourd'hui, la Californie fait un commerce de cinq cents millions ; elle envoie ses produits sur toute la côte américaine jusqu'au Chili et jusqu'en Australie ; la table somptueuse du principal hôtel de Panama, dont le territoire si fertile n'est pas cultivé, est couverte de ses légumes magnifiques et de ses fruits savoureux.

San Francisco voit chaque année 4,000 navires passer devant ses quais et 200,000 habitants (1) peuplent son sol ; la ville est pourvue d'écoles, de collèges, de musées, d'églises, de places, de promenades, de théâtres, enfin de tout ce qui constitue une civilisation avancée.

L'amiral ne voulait pas remonter trop au nord, et, en dépassant l'Orégon, se trouver exposé à rencontrer encore les froids qu'il avait supportés pendant le commencement de son voyage. Il avertit donc son équipage qu'il eût à se munir, à San Francisco, de ce qu'il pouvait désirer sur la terre américaine, et à se préparer à entrer dans le grand Océan ou Océan Pacifique.

La première station devait être Honolulu, capitale des îles Hawaï ou Sandwich.

(1) Aujourd'hui, 235,000. Une ligne de chemin de fer, traversant tout le continent américain, réunit San Francisco à New-York. Les express mettent 5 jours et demi à franchir cette distance de 5290 kilomètres.

CHAPITRE IX

LE PACIFIQUE, L'OCÉANIE ET LA CHINE

L'Océan Pacifique. — Otahiti. — La Calédonie. — Sydney. — Flore de l'Australie. — Ornithorynque. — Le Kanguroo. — Les îles Carolines. — Ouragan. — Hong-Kong. — Canton. — Enterrement chinois. — La fête aux lanternes.

Il faut avoir navigué sur cette belle et vaste mer si bien nommée Pacifique, avoir vu ses eaux d'un bleu lapis couvertes de flots légers aux crêtes argentées, rayées de pourpre et d'or par la lumière du soleil; il faut avoir passé une nuit appuyé à l'avant de son navire, admirant la voûte profonde de ce ciel d'un bleu sombre, scintillant de mille feux dorés et argentés; il faut s'être oublié dans la longue contemplation de cette surface mobile, ondoyante, traversée par des lames phosphorescentes ou s'étalant en une nappe lumineuse comme un métal en fusion; il faut avoir suivi de l'œil jusqu'à l'horizon perdu dans l'espace ce sillage sacré, cette voie lactée humide, ouverte au sein du calme océan que n'a pu troubler que sur une mince ligne cette immense puissance de la vapeur soumise à l'homme; il faut avoir rêvé longtemps à la douce et tiède brise salée, chargée des aromes de terres invisibles, pour comprendre le bonheur indicible du marin, du poète, du savant, qui vogue dans ces parages privilégiés par le Créateur.

Cette émotion, ce besoin de silence, ce désir de penser seul, tout le monde le ressentait à bord de la corvette pendant une de ces belles soirées que le pinceau ne peut représenter et que la plume ne peut décrire.

L'archipel Hawaïen ne devait pas être loin, suivant les observations astronomiques faites le matin, et chacun voyait déjà en imagination surgir de l'horizon les pics volcaniques des Sandwich et les panaches verdoyants des cocotiers qui couvrent leurs rivages.

Depuis deux heures, le soleil s'était couché en laissant derrière lui une longue traînée d'or. Seul, le bruit de la machine rompait le

Monument élevé au capitaine Cook.

silence général. Un point lumineux apparut tout à coup à l'est, d'abord faible, puis plus intense. Une bande blanchâtre dépassa l'horizon, puis une seconde, puis une troisième, qui formèrent bientôt comme une auréole dont le centre était encore invisible. Des teintes nacrées, aurores, lilas, azurées, mais toutes affaiblies, colorèrent le nimbe lumineux; la mer sembla s'éclairer en dessous, et presque immédiatement une vive lueur, un point étincelant se montra et s'étendit sur la surface des flots. Toujours grandissant, toujours montant, le disque de la lune, presque dans son plein encore, se dégagea des légères vapeurs qui l'entouraient; un instant on eût cru que, sortant du fond des flots où il baignait, il entraînait avec lui les gouttes argentées de son humide berceau; puis il se dégagea et rayonna dans toute sa splendeur; les étoiles pâlirent, leurs feux s'éteignirent, et la corvette s'illumina d'une douce et pâle clarté.

Ce fut un murmure général d'admiration, on ne pouvait dire que ces mots et les répéter encore :

— Que c'est beau !... que c'est beau !

A la pointe du jour, quand le soleil fut assez élevé pour étendre sa lumière jusqu'à l'ouest, un cri retentit du haut des hunes :

— Terre !

— A ce mot, tout le monde vint sur le pont. Trois heures s'écoulèrent ainsi dans l'attente, et successivement, les îles Sandwich se montrèrent les unes après les autres, dominées par la grande île Hawaï, couronnée de pics de 2,000 mètres de hauteur, où cinquante-sept cratères de volcans, dont vingt-deux toujours fumants, révèlent l'origine de l'archipel. C'est dans cette île où l'on mit pied à terre, que fut tué le capitaine Cook, en 1779, au moment où il cherchait à s'interposer dans une querelle survenue entre ses matelots et les naturels. Ceux-ci, qui l'aimaient, le pleurèrent ensuite et le mirent au nombre de leurs dieux ; ils furent même les instigateurs d'un monument que plus tard les Anglais élevèrent à ce célèbre navigateur, sur le lieu où il avait succombé.

C'est dans une île voisine, nommée Ouahou, que se trouve la ville et résidence royale d'Honolulu, capitale du royaume Hawaïen. Aujourd'hui, ce pays est dans un état très avancé de civilisation. Il possède une marine de guerre et de commerce ; les écoles et les établissements de charité y sont nombreux, et sa situation sur la route de San Francisco à la Chine, au Japon, aux îles de la Sonde et à l'Australie, le rendent de jour en jour appelé à un avenir de plus en plus florissant.

C'est aux îles de la Société que l'amiral comptait s'arrêter un peu de temps. Aussi, quittant Honolulu, il dirigea sa course vers le sud et jeta l'ancre dans le port de Papete, capitale de l'île de Taïti ou Otahiti, cette reine de l'Océanie, nommée par Bougainville la nouvelle Cythère. Rien ne peut être comparé à ce séjour sous le rapport de la salubrité du climat, de la fertilité du sol, de la beauté des sites, de l'abondance de tout ce qui est nécessaire à la vie et de la douceur des mœurs des habitants.

C'est Fernandez de Quiros, navigateur espagnol, qui, le premier, visita Otahiti en 1606 ; depuis, Wallis, Bougainville, Cook et cent autres l'explorèrent et y résidèrent. Tous s'accordent, dans leurs récits, sur ces lieux privilégiés ; et aujourd'hui encore, bon nombre de ceux qui y ont vécu et qui ont dû revenir en Europe le regrettent et ne souhaitent qu'une chose, y retourner et y finir leurs jours.

En s'enfonçant dans l'intérieur de l'île, ce qui frappa le plus les explorateurs, ce fut la magnificence de la végétation qui couvre jusqu'au sommet les gigantesques montagnes volcaniques qui en forment le centre. A chaque instant, se présentaient à leurs regards de hautes et larges cascades d'une eau limpide, des crevasses dans lesquelles coulaient de rapides torrents, des précipices dont l'horreur était complètement détruite par les fleurs qui tapissent leurs flancs et par les oiseaux, en nombre infini, qui volaient dans leurs profondeurs.

La chasse et la pêche étaient si abondantes que leurs carniers regor-

Habitation de la Nouvelle-Calédonie.

geaient d'animaux, d'oiseaux, de poissons et de coquillages terrestres, presque tous d'une admirable beauté.

Ils passèrent deux jours à faire draguer la rade sur les fonds de sable et de coraux, et récoltèrent une ample provision de coquillages de genres et d'espèces rares, tels que les cônes, les harpes, les volutes, les olives, les porcelaines, les mitres, les argonautes.

Pendant quelques mois, la corvette parcourut toute la Polynésie et la Mélanésie sans aucun incident qui mérite d'être rapporté. Elle longea les îles Viti ou Fidji, découvertes en 1643 par Tasman, et dont les habitants n'ont pas encore perdu leur goût prononcé pour la chair humaine : elle passa en vue de la Nouvelle-Calédonie (1), lieu de

____

(1) La Nouvelle-Calédonie jouit d'un admirable climat; son sol est d'une extrême fertilité et ses ressources minérales sont d'une richesse immense.

déportation appartenant à la France, et dont les habitants, les Kanaks, sauvages et féroces, sont anthropophages quand ils le peuvent secrètement ; puis elle vint jeter l'ancre dans la rade de Sydney, l'une des plus belles du monde, au fond de laquelle est bâtie cette capitale de l'Australie.

L'Australie, connue autrefois sous le nom de Nouvelle-Hollande, est une île immense dont la superficie égale les quatre cinquièmes de celle de l'Europe. Elle a 4,500 kilomètres de l'est à l'ouest, et 2,500 du nord au sud.

Aperçue en 1605 par des navigateurs hollandais, elle ne fut que successivement et partiellement reconnue, en 1627, par Nuyts, en 1644, par Abel Tasman qui lui donna le nom de sa patrie, et jusqu'à nos jours par une foule de marins illustres de tous les pays, dont le dernier fut, en 1827, le malheureux Dumont-d'Urville. Mais l'intérieur du pays est encore complètement inconnu.

Sydney (1) ne fut fondée qu'en 1787, et ne fut habitée longtemps que par les condamnés à la déportation envoyés d'Angleterre, lorsque ceux-ci eurent fondé la colonie de Botany-Bay, voisine de Sydney.

Ce qui frappa d'abord d'étonnement les jeunes savants, lorsque, après être descendus à terre, ils s'avancèrent dans l'intérieur du pays, ce fut le singulier aspect de la végétation, qui n'avait rien de commun avec celui des contrées qu'ils avaient déjà parcourues.

Les arbres, fort élevés, étaient couverts d'un feuillage relativement peu épais ; les feuilles, au lieu de présenter ces formes élégantes et ces teintes vertes si variées, étaient généralement courtes, étroites, rudes, piquantes et d'un vert glauque ou bleuâtre uniforme, dû au suintement d'une espèce de résine dont la plupart des arbres sont pourvus.

A côté de gigantesques eucalyptus, croissaient les mélaleucas qui fournissent l'huile de cajeput et le *Metrosideros vera*, dont le bois est plus dur et plus incorruptible que celui du tek.

De nombreuses espèces d'épacridées, particulières à l'Australie, où elles représentent les bruyères qui y manquent complètement, couvraient le sol de leurs fleurs.

— Voilà un singulier arbrisseau, dit Bussières, toutes ses feuilles sont cylindriques et horriblement piquantes, ce doit être un protea.

— Oui, je le crois aussi, répliqua Meyer, c'est, je pense, l'hakea-poignard ; et celui-ci, à côté, qui porte des feuilles de deux pieds de

(1) Sydney a aujourd'hui 225,000 habitants, et Melbourne, la principale ville de l'Australie, en compte 290,000.

long, luisantes, sèches, c'est le stenocarpus de Cunningham : voyez comme ses fleurs écarlates, orange, jaunes et roses, sont belles et bizarrement disposées.

— Tenez, interrompit Ramsay, j'aperçois là-bas un bel arbre qui me fait tout l'effet d'un magnolia, avec ses grandes fleurs en forme de tulipes.

— Cela est possible, répondit Meyer, car la Nouvelle-Hollande, comme l'Inde, la Chine, le Japon et l'Amérique boréale, a le privilège de voir croître sur son sol des représentants de la belle famille des magnoliacées.

Les explorateurs continuèrent leur route.

Un jour, après une excursion sur les bords de la mer, où ils étaient allés chercher des coquillages et de magnifiques mousses marines aux couleurs éclatantes et aux formes variées, que le flot rejette sur la plage, ils aperçurent quelques cygnes noirs dont l'un fut abattu par Burton et qui vint grossir leur collection. Ils côtoyaient les rochers laissés à nu par la marée, couverts de plantes marines, de zoophytes, sur lesquels se rencontrent quelquefois des phasianelles, belles et grandes coquilles univalves dont le prix est toujours resté élevé, vu la rareté des beaux spécimens. Le hasard les servit et ils purent s'emparer de quatre ou cinq beaux échantillons.

Une crête de rochers fermait le passage et remontait vers la forêt en suivant un marécage couvert de plantes aquatiques. Les chasseurs virent de loin des corps noirâtres s'agiter à la surface de l'eau et s'avancèrent avec précaution jusque derrière un rideau de roseaux épais, puis ils restèrent immobiles.

Des animaux qui leur parurent des loutres, mais qui cependant avaient un museau très allongé, nageaient et s'ébattaient sur l'étang. Trois d'entre eux étaient assez rapprochés et tombèrent sous le plomb des jeunes gens.

— Il n'y a ici ni caïmans ni gymnotes (1), s'écria Burton en se jetant dans le marais, je vais les chercher.

Il revint bientôt traînant trois êtres étranges.

— C'est l'ornithorynque, s'écria Meyer, je m'en doutais.

Qu'on se figure un animal tenant à la fois, tant par sa forme que par son anatomie, du reptile, de l'oiseau, du mammifère et du poisson. Sa tête couverte d'un poil lisse et ses petits yeux rappellent celle de

---

(1) La *gymnote électrique* ou *anguille électrique* est un poisson qui habite les eaux chaudes de l'Amérique méridionale, et qui possède un appareil électrique assez puissant pour paralyser les chevaux, les buffles ou les hommes qui se baignent.

13

la taupe ; au lieu d'un museau il a un long bec aplati comme celui d'un canard ; dans ce bec sont deux langues : l'une courte, épaisse, armée de deux pointes ; l'autre longue, extensible, hérissée de poils ; son corps, cylindrique comme celui du phoque, est allongé, couvert de poils roussâtres courts et de la taille de celui d'un lapin de garenne, la queue qui le termine est aplatie comme celle du castor, courte, et lui sert de gouvernail quand il nage ; ses jambes sont courtes, les pieds de celles de devant sont munis d'une membrane en forme de nageoire qui dépasse de beaucoup les doigts qui s'y trouvent en quelque sorte perdus ; dans les pieds de derrière la membrane se termine à la naissance des ongles, mais ils sont armés comme ceux du coq d'un ergot long, pointu, mobile et percé d'un canal par lequel s'écoule une liqueur huileuse et inoffensive qui sert à lustrer leur pelage et à le rendre imperméable à l'eau.

La femelle met bas trois ou quatre petits qu'elle allaite ; ses mamelles au lieu d'être saillantes sont creuses, ce qui permet au jeune ornithorynque d'introduire son bec dans la cavité pour téter.

Cet animal vit dans des terriers qu'il se creuse sur le bord de l'eau.

C'est avec la plus vive curiosité que les chasseurs examinaient leur singulier gibier ; ils ne pouvaient trop s'extasier sur la bizarrerie de conformation d'un animal qui, pendant longtemps, a été l'objet des controverses les plus vives et de la polémique la plus acharnée entre les savants. Il faut dire aussi qu'alors on ne le connaissait que par des dessins incomplets, ou par les récits de voyageurs crédules ou ignorants.

Deux ou trois jours avaient été consacrés à bord à la préparation et à la conservation du butin scientifique ; le *Saint-Nicolas* devait bientôt partir ; mais auparavant, les jeunes gens formèrent le projet de chasser le kanguroo, le plus grand animal qui existait en Australie lorsqu'elle fut découverte.

Un négociant, compatriote de Ramsay, leur procura des guides et des chiens dressés à cette sorte de chasse. Ces guides étaient des naturels du pays, c'est-à-dire qu'ils étaient horriblement laids, et que de plus leur physionomie portait les symptômes de l'abrutissement. La teinte de leur peau plus jaunâtre que noire, leurs cheveux floconneux, leurs bras longs, leurs jambes grêles et leur bouche d'une grandeur démesurée, en faisaient des êtres repoussants. Cependant ils firent preuve d'une grande habileté et de beaucoup d'adresse pendant tout le temps qu'ils restèrent avec les explorateurs.

Le plus difficile était de pénétrer au milieu d'une épaisse forêt jusqu'à l'endroit où l'on pouvait espérer rencontrer des kanguroos.

Vers le milieu du troisième jour de marche, les guides s'arrêtèrent tout à coup en faisant signe à leurs chiens de se coucher. A une assez grande distance, on apercevait, à travers les interstices formés par les troncs des arbres, une troupe de kanguroos d'une dizaine d'individus, probablement une famille. C'est avec les plus grandes précautions que deux des guides suivis de deux chiens se glissèrent sous les bois pour contourner la clairière et gagner le dessous du vent. Vingt-cinq minutes s'écoulèrent au bout desquelles un vieux kanguroo

qui paraissait être le chef de la bande, et qui broutait tranquillement des feuilles, se dressa sur sa queue et sur ses longues pattes de derrière, regarda autour de lui en poussant un léger cri qui fut le signal du départ de tous les autres.

Une femelle dont les deux petits se chauffaient au soleil les saisit de ses courtes pattes de devant, les mit dans la poche que la nature a placée sur son ventre et partit avec la rapidité de l'éclair.

Au même instant, les chiens excités par les guides entrèrent dans la clairière en aboyant et en rabattant le gibier du côté où se trouvaient les chasseurs. L'attente ne fut pas longue : les animaux poursuivis faisaient des bonds de vingt pieds, sautant par-dessus les halliers et les buissons. Les quatre chiens tenus en réserve partirent à leur tour ; deux d'entre eux arrêtèrent un mâle et l'étranglèrent avant que l'on pût les en empêcher; un autre s'était acharné à la poursuite d'un kanguroo encore jeune qui, pour échapper à ses dents meurtrières, vint tomber entre Bussières et Ramsay qui s'en saisirent et le garrottèrent immédiatement; c'était une femelle, mais elle n'avait pas de petits; un troisième kanguroo avait été tué par Burton; un quatrième attaqué par deux chiens en avait éventré un avec les longs ongles de ses pattes de derrière, et s'était enfui dans un fourré si épais qu'il était impossible de le poursuivre, ou même de l'apercevoir. Le reste de la troupe avait trouvé son salut dans une fuite rapide.

Le résultat de la chasse consistait donc en deux mâles tués et une femelle capturée vivante.

Meyer les examinait attentivement.

— Ce sont des kanguroos à moustaches, dit-il, *kangurus labiatus* de Geoffroy Saint-Hilaire; c'est cette espèce qui la première a été vue, décrite et nommée par Cook. Ce sont des animaux très doux, très timides, et qui se familiarisent aisément. Ils diffèrent du grand kanguroo, d'abord par leur taille qui n'atteint que la grosseur d'un mouton, puis ensuite par leur poil gris cendré en dessus et blanchâtre en dessous, tandis que l'autre espèce est brun-roux, et dépasse très souvent cinq pieds de longueur.

— C'est une bien singulière organisation que celle de cet animal, disait Narischeff en regardant attentivement les kanguroos. Une jolie tête fine, un œil vif, des oreilles d'une mobilité excessive, des pattes de devant d'une petitesse incroyable, plus utiles pour porter leur nourriture à la bouche, comme les rongeurs, que pour marcher; une queue longue, triangulaire, musculeuse, très grosse à son origine et qui lui sert comme de ressort ou de levier avec ses pattes de derrière d'une longueur disproportionnée, pour s'élancer et bondir comme nous l'avons vu faire tout à l'heure.

— Ce qui est assez extraordinaire, reprit Ramsay, c'est que le genre kanguroo, qui n'existe que dans cette partie du globe et dans les grandes îles voisines, compte des espèces de toute taille, depuis celle du kanguroo géant qui atteint six pieds de hauteur sans la queue, jusqu'au kanguroo de Labillardière qui n'est pas plus gros qu'un lapin, et si l'on veut, jusqu'au pétauriste de Péron, genre très voisin, qui est grand comme l'écureuil d'Europe.

Pendant cette conversation, les guides s'étaient chargés des deux kanguroos morts (dont l'un leur avait été donné par les jeunes gens, car sa chair est bonne à manger et a le goût de celle du cerf), et de la jeune femelle qui tremblait de tous ses membres sur les épaules qui la portaient.

— Décidément, Messieurs, dit gaiement l'amiral en les voyant rentrer à bord, vous allez faire de ma corvette une véritable ménagerie, et je n'aurai bientôt plus ni assez d'hommes pour soigner vos animaux, ni assez de place pour loger vos richesses scientifiques, ni la nourriture que nécessite chacun de vos élèves. J'ai déjà sur l'avant quatorze cuves que notre cher naturaliste allemand a remplies de poissons, de mollusques, de zoophytes et de coquillages vivants; mes mâts et mes vergues sont couverts de singes; le charpentier n'aura pas assez de fil de fer pour construire les cages nécessaires à votre volière, et voilà de plus un joli kanguroo qui s'accommodera peu du voisinage de votre jaguar, quoique ce dernier soit aussi doux qu'un jeune chien.

— Mais, commandant, le voyage n'est pas encore fini, s'écrièrent-ils tous.

— Parbleu, reprit l'amiral, c'est ce qui m'inquiète : quand je rentrerai dans la Néva, et que je descendrai sur les quais de Saint-Pétersbourg à votre tête, on nous prendra pour Noé et ses fils, et le *Saint-Nicolas* pour l'arche. En attendant, ayez bien soin de tous vos animaux, et qu'on veille à ce que rien ne soit épargné pour les conserver vivants et en santé.

Le lendemain matin, la corvette sortit du port de Sydney, et se lança au milieu des archipels de la Mélanésie pour entrer dans ceux de la Micronésie, laissant dans les brumes de l'horizon Vanikoro, l'île de triste mémoire où périt le célèbre navigateur français, Jean-François Galaup de la Pérouse.

Chargé, en 1785, par le roi Louis XVI, d'un voyage de découverte, il partit de Brest avec les frégates *la Boussole* et *l'Astrolabe*.

Son voyage s'accomplissait dans d'heureuses conditions; il avait visité le Japon et l'Australie, quand, en 1788, on cessa d'avoir de ses nouvelles : jusqu'en 1827, malgré de nombreux voyages de recherches, une obscurité profonde couvrit sa fin. Dans le cours de cette dernière année, un capitaine anglais nommé Dillon arriva par hasard sur les côtes de Vanikoro et y découvrit les débris des vaisseaux de La Pérouse. En 1828, le capitaine Dumont-D'Urville visitait ces lieux et obtenait tous les renseignements possibles sur ce grand désastre; les deux frégates s'étaient brisées sur les récifs. De La Pérouse et son équipage y périrent, soit noyés, soit massacrés et dévorés par les naturels anthropophages de l'île.

De Vanikoro aux îles Carolines, la corvette ne s'arrêta que peu de temps sur quelques points sans intérêt, et seulement pour avoir des légumes frais, des fruits et de l'eau.

Les Carolines ou Nouvelles-Philippines constituent un vaste archipel formé de groupes d'îles en nombre considérable. Vues pour la première fois en 1543 par Ruy Lopez de Villalobos, elles durent à l'absence de métaux précieux sur leur sol, d'être négligées par les Espagnols, et restèrent, de fait, indépendantes.

Leurs habitants sont remarquablement beaux et bien faits; leur couleur est cuivrée, très foncée. Chaque île possède un chef, ou tamoul, qui relève d'un chef supérieur ou grand tamoul. Ils sont doux, hospitaliers, aiment passionnément la danse et le chant, et vivent de leur pêche et des produits végétaux de leur sol. Le climat est magnifique, mais malheureusement sujet à des ouragans terribles.

Lors de la découverte des Carolines, les Espagnols furent fort étonnés de l'habileté des indigènes dans la navigation et dans la construction de leurs embarcations. Ils connaissaient la rose des vents et la divisaient comme les Grecs du temps d'Alexandre et les Romains du temps de Claude; l'usage de la boussole leur était familier. Ces diverses particularités donnent à supposer qu'ils avaient eu des relations avec les Arabes ou plutôt avec les Chinois qui se servent de la boussole depuis douze siècles avant l'ère chrétienne, et des mains desquels Marco Polo la rapporta en Europe au xiiie siècle, vers 1275 (1).

L'amiral s'avança avec beaucoup de précaution jusqu'en vue de l'île Lamurca, résidence du principal tamoul. Les récifs de coraux qui entourent l'archipel rendent la navigation très dangereuse au milieu des innombrables canaux qui séparent ces îles. Une embarcation commandée par un lieutenant, et dans laquelle prirent place les cinq explorateurs, fut envoyée à terre pour y chercher des noix de cocos et des légumes.

L'air était calme et le ciel d'une admirable pureté; mais en moins d'une heure, l'atmosphère s'alourdit, le baromètre baissa rapidement et les symptômes d'une tempête se manifestèrent.

L'amiral fit immédiatement jeter deux nouvelles ancres, et tira un

---

(1) Cependant Guyot de Provins, poète français et religieux de Cluny, composa en 1200 un poème satirique intitulé *la Bible,* où la boussole est décrite en termes fort clairs et fort précis. Ensuite Jacques de Vitry, d'Argenteuil près Paris, historien, puis successivement chanoine et curé en Belgique, évêque de Ptolémaïs, de Tusculum et cardinal sous Grégoire IX, dans le quatre-vingt-neuvième chapitre de son *Histoire de Jérusalem,* écrite en 1223, fait une description très exacte et très détaillée de la boussole.

coup de canon en hissant les signaux convenus pour le retour à bord
du canot. La corvette se trouvait alors à trois milles de l'île Lamurca.

Si prompts qu'eussent été les préparatifs faits pour soutenir le choc
des éléments, l'ouragan avait été plus rapide encore. Le point noir
qui s'était montré à l'horizon grandissait à vue d'œil, s'étendant
comme un crêpe funèbre sur la mer soulevée et couverte d'écume, et
s'avançait avec une vitesse prodigieuse. Bientôt le *Saint-Nicolas*.

soulevé par les vagues, roula et tangua avec violence, le vent siffla
dans les agrès, et des paquets de mer tombèrent sur le pont. Les feux
étaient chauffés, la vapeur prête, la chaloupe de sauvetage à vapeur,
suspendue aux palans, armée et équipée, tout son équipage paré
n'attendait qu'un signal pour s'abaisser sur les flots.

En ce moment, M. Chérétoff aperçut le canot envoyé à terre qui,
obéissant aux signaux de ralliement, avait quitté l'île, luttant contre
le vent et la lame et s'avançait vers la corvette.

La tempête devenait plus furieuse : à chaque instant les bancs de
coraux, alternativement couverts et découverts par les flots, montraient leurs masses menaçantes et leur surface déchirée. C'est à
peine si les vigoureux matelots, courbés sur leurs avirons, pouvaient

maintenir leur embarcation le nez à la lame. Encouragés par le lieutenant Platoff, intrépide et excellent officier, aidés dans leurs efforts par les cinq passagers qui appuyaient sur les avirons, ils ne parvenaient pas, malgré leurs efforts, à s'éloigner des écueils où une mort certaine les attendait; le moindre faux mouvement entraînait la perte certaine du canot et de tous ceux qui le montaient.

La mer était si furieuse que deux hommes à la barre suffisaient à peine à maintenir la direction du gouvernail.

L'amiral, debout sur l'arrière, accroché d'une main aux manœuvres, de l'autre tenant sa lunette fixée sur le point noir qui paraissait et disparaissait dans le tourbillon des vagues, était méconnaissable. Cet homme si calme, si imposant par son sang-froid au milieu des plus terribles épreuves, était pâle et ses traits portaient l'empreinte d'une profonde anxiété.

Tout à coup, il appela le capitaine de pavillon qui commandait à bord en cas de son absence, lui dit quelques mots à l'oreille, et d'un bond sauta dans la chaloupe de sauvetage.

— Laisse aller ! cria-t-il d'une voix qui domina la tempête.

Une seconde plus tard, obéissant à la puissance de la vapeur, la solide embarcation fendait la mer avec une rapidité prodigieuse qu'augmentait encore la puissance de l'ouragan et venait passer entre les récifs et le canot en voie de perdition. Par une manœuvre aussi hardie qu'habile, l'amiral, contournant le point où luttaient ses hommes, passa presque bord à bord en lançant sur le canot des grappins qui furent à l'instant saisis et fixés; puis, poussant au vent, fendant les masses d'eau qui s'engouffraient dans le bras de mer et remplissaient la chaloupe, il entraîna, à la remorque, le canot qui pouvait à peine maintenir sa direction, et dont presque tout l'équipage suffisait à peine pour vider l'eau qui le remplissait à chaque instant.

Enfin, on arriva contre le flanc de la corvette; tous les moyens possibles de sauvetage avaient été préparés : grappins, palans, haussières, et tout le personnel du bord rivalisait d'ardeur. Grâce à cet entrain et aux efforts énergiques et constants des matelots et des officiers, tout le monde fut hissé à bord après des efforts inouïs, et les deux embarcations purent être remises à leurs porte-manteaux.

L'amiral était resté le dernier sur sa chaloupe. Quand il parut sur le pont, un hourra accueillit son arrivée.

Bussières fut le premier à voler à sa rencontre.

— Commandant, lui dit-il d'une voix émue, laissez-moi vous embrasser, car sans vous nous étions perdus.

. — Avec plaisir, mon ami, répondit avec effusion le digne amiral, et vous aussi, mes enfants, ajouta-t-il en pressant dans ses bras les quatre autres jeunes gens qui avaient suivi l'exemple de Bussières.

Ah! continua-t-il avec un geste énergique, si pareil malheur était arrivé, je ne m'en serais consolé de ma vie.

A vos postes, Messieurs, dit-il en se détournant pour cacher une larme qui perlait au coin de sa paupière.

La tempête continua sa fureur pendant encore environ deux heures, puis le vent cessa tout à coup et la mer se calma peu à peu. Le *Saint-Nicolas* put bientôt lever son ancre et quitter ces parages si beaux, mais si dangereux.

Le groupe des îles Mariannes ou des Larrons se montra ensuite. Découvertes par les compagnons de Magellan (1), en 1521, ces îles doivent leur nom à Marie-Anne d'Autriche, mère de Charles II d'Espagne. La cruauté des Espagnols a presque complètement dépeuplé ce pays qui compte à peine aujourd'hui 2,000 habitants indigènes, tandis que lors de la découverte leur nombre s'élevait à 50,000 environ.

On n'était plus bien loin des côtes du Japon, quand la rencontre d'un vaisseau marchand américain vint changer les projets de l'amiral.

Il apprit du capitaine du voilier que l'entrée des ports de l'empire du Nipon — c'est son nom japonais — était fermée à tous les Européens par suite de luttes entre le micado, le taïcoun et les daïmios ou seigneurs vassaux de l'empire. Les étrangers, ajouta le capitaine, étaient impitoyablement assassinés, et les équipages de plusieurs navires européens surpris par les pirates avaient été massacrés.

M. Chérétoff savait, au reste, combien il est difficile d'entrer, même en temps de paix, sur le territoire japonais, où une surveillance minutieuse et perpétuelle est exercée sur tous les actes des étrangers, même les plus simples. Devant leurs pas et sur l'ordre d'agents de police, les rues deviennent désertes, les boutiques se ferment ou les marchands se cachent. Si, par hasard, on peut entrer dans un magasin pour y faire quelque achat, le prix le plus exorbitant est demandé pour un objet d'une valeur insignifiante. Sans aucun motif, on n'y trouverait pas à acheter la moins coûteuse des denrées. Il y va de la prison, de la bastonnade et mieux, souvent de la mort pour tout habitant qui, sans une permission expresse des autorités supérieures, ferait des affaires avec un étranger.

---

(1) Fernand Magellan, en portugais *Magalhaëns*, qui découvrit, le 21 octobre 1520, le détroit qui porte son nom, au nord du cap Horn, et alla par ce chemin aux Philippines où il fut tué, en 1521.

En un mot, les Japonais emploient tous les moyens possibles, même ceux qui semblent léser le plus leurs propres intérêts, pour détourner tout le monde de mettre jamais le pied chez eux (1).

Ce fut Marco Polo, Vénitien, l'un des plus illustres voyageurs qui aient jamais existé, qui, dans la seconde moitié du XIII° siècle, signala l'existence du Japon. Les siècles s'écoulèrent sans que le rideau qui couvrait les mystères de ce pays pût être mieux soulevé, et aujourd'hui que des traités plus ou moins exécutés ont été signés par les Japonais avec les puissances maritimes de l'Europe et avec l'Amérique du Nord, on n'a, sur sa géographie physique et sur son ethnographie, que des notions tout à fait vagues, incomplètes ou erronées.

Ce fut donc vers la Chine que l'amiral dirigea sa route. Il rencontra d'abord Formose, cette île si splendide, couverte d'une végétation si riche et si luxuriante que les Portugais lui ôtèrent son nom chinois de de Thaï-Van pour la nommer La Belle (en portugais, Formosa).

Mais cette beauté si séduisante est entourée de terribles dangers. Formose est à chaque instant ravagée par des ouragans et des tempêtes qui portent la destruction sur son sol. Les mers qui l'entourent sont parcourues par des typhons ou cyclones qui engloutissent les navires dans leurs terribles tourbillons, et les tremblements de terre y sont fréquents et formidables. Celui de 1782 n'est pas encore oublié ; la mer, soulevée entre le continent et l'île, couvrit entièrement Formose pendant plusieurs heures ; quand elle se retira, tout ce qui se trouvait à la surface du sol avait disparu : seuls, les montagnes et les sommets des plus hautes collines avaient été préservés (2).

Fuyant cette terre si perfide, la corvette continua sa course et fut bientôt en vue de Hong-kong et de Macao, villes situées dans le golfe de Canton et appartenant, la première aux Anglais, la seconde aux Portugais.

Lorsque l'Angleterre obtint du gouvernement chinois, par la force, il est vrai, la cession de Hong-kong, ce qu'on appelait ainsi n'était qu'un îlot rocheux, aride, désolé, refuge des oiseaux de mer et de

----

(1) A l'époque où se passent les événements racontés dans ce livre, l'empire japonais n'était ouvert que depuis fort peu de temps aux étrangers (1834).

Le Japon fait actuellement un commerce considérable avec le reste du monde, possède plusieurs chemins de fer, un important réseau télégraphique, de nombreux bateaux à vapeur et une armée organisée à l'européenne. Le peuple japonais, si longtemps hostile à la civilisation moderne, marche aujourd'hui à la tête des nations orientales, dans la voie du progrès.

(2) Nos lecteurs savent que, pendant la guerre du Tonkin, Formose a été bloquée par la flotte française placée sous les ordres du regretté amiral Courbet, le héros de Sontaï, de Fou-tchéou et des Pescadores.

quelques misérables pêcheurs, et sur lequel, faute de terre végétale, végétaient à grand'peine quelques rares arbrisseaux rabougris.

Les Anglais s'y établirent et accordèrent des franchises et des privilèges à tous les négociants et marchands qui voudraient s'y fixer. Ils apportèrent du continent, de la terre, du bois, de la brique, des matériaux de construction, des arbres, des fleurs, réunirent les eaux éparses des sources, creusèrent des citernes et fondèrent une ville qu'ils nommèrent Victoria. Une foule de Chinois vinrent y habiter sous le pavillon anglais.

Ceci se passait en 1842 ; aujourd'hui chaque année voit entrer et sortir du port de Hong-kong plus de 2,000 navires, jaugeant plus d'un million de tonneaux métriques, et son commerce représente plusieurs centaines de millions.

Ce rocher, si triste autrefois, est couvert de vastes magasins, de plantations fertiles, d'établissements de tous genres et de ravissantes maisons de campagne enfouies au milieu de délicieux jardins.

L'embouchure du fleuve Tchou-kiang s'offrit ensuite à la vue des voyageurs, et sur ses bords apparut la ville de Canton.

Cette grande cité, qui renferme environ 1,000,000 d'habitants, est divisée en trois villes distinctes ayant leurs physionomies spéciales.

Le vieux Canton ressemble à toutes les autres villes chinoises : une muraille de plus de deux lieues de circonférence l'entoure ; des temples, des arcs de triomphe, des pagodes, des promenades contribuent à son ornement ; mais ses rues droites, alignées, larges de vingt pieds au plus, rétrécies encore par les étalages des marchands et leurs enseignes bizarres faisant saillie, sont tellement encombrées par la foule qu'il est difficile d'y circuler.

Le nouveau Canton, contigu au premier, en est considéré comme le faubourg ; comme l'autre ville, il est bâti en briques, mais n'a pas d'enceinte. C'est dans cette partie que se trouvent les factoreries et les comptoirs étrangers qui forment sur le bord du Tchou-kiang un beau quartier bordé de quais larges et bien construits.

La troisième ville, qui compte 100,000 à 150,000 habitants, se compose de plus de 40,000 barques et jonques amarrées le long des bords du fleuve, sur une longueur de plus d'une lieue. Ce sont autant d'habitations flottantes, dont les formes, les couleurs, les mâts, les banderoles, les pavillons, les ornements et, par dessus tout, les habitants et leurs mœurs, donnent à la ville de Canton un aspect pittoresque et tout particulier.

Depuis longtemps, et la première de toutes les villes chinoises,

Canton fut ouverte aux Européens qui circulent partout et ne sont nullement inquiétés, Cependant, les Chinois prétendent que Canton est le refuge de tous les mauvais sujets des provinces voisines, et les habitants de Canton affirment que c'est à Macao qu'il faut aller pour trouver le rebut de Canton.

Heureuse Macao!

Profitant de la sécurité dont jouissent les étrangers à Canton, les

Une rue à Canton.

cinq inséparables de la corvette ne perdaient pas leur temps, visitaient en détail la ville et le fleuve, faisaient de nombreux achats, et pilotés par de bienveillants négociants, pénétraient le plus possible dans les maisons chinoises.

Ils aimaient à assister aux représentations dramatiques, aux spectacles de marionnettes, aux exercices des bateleurs, des danseurs de corde, des faiseurs de tours d'adresse dans lesquels ils excellent, et surtout aux feux d'artifice qui l'emportent de beaucoup sur ceux des nations européennes par la beauté et la variété des feux. Il en est de même des cerfs-volants ; les enfants en enlèvent des quantités prodigieuses, et souvent plusieurs à la fois. Rien n'est varié comme les formes, les couleurs, les aspects, les combinaisons et les mouvements de ces jouets qui représentent toutes sortes d'animaux et de figures fantastiques.

Invités plusieurs fois à dîner chez quelque riche Chinois, ils eurent l'occasion de voir jouer la comédie, car c'est le divertissement obligatoire de la fin de tout grand festin.

Les acteurs sont payés fort cher ; leurs costumes, copiés d'après les modes antiques, sont d'une grande magnificence ; leur déclamation est mêlée de chants. Ce sont des jeunes garçons qui jouent les rôles de femmes, car il est défendu à celles-ci de paraître sur la scène. Le sujet comme le dialogue des comédies est souvent d'une liberté qui ne serait pas soufferte partout ailleurs.

Il n'y a pas que les acteurs qui parlent, chantent ou dansent ; si le sujet du poème le nécessite, les oiseaux et les quadrupèdes entrent en scène, racontent leurs aventures et font part de leurs idées au public.

A l'exception des grandes réjouissances publiques, les Chinois n'ont pas de jour de repos. Dans chaque famille, le soixantième et le quatre-vingtième anniversaire de la naissance des parents sont des jours de fête privée.

Une des plus grandes solennités de chaque année est la fête dite de l'agriculture, qui a lieu au printemps, et dans laquelle l'Empereur conduit publiquement une charrue et laboure un champ. Aussi le laboureur est-il particulièrement honoré en Chine et jouit-il d'une protection spéciale auprès de l'État. Cette fête est célébrée le même jour dans tout l'empire, et devient le prétexte de toutes sortes de réjouissances.

La nouvelle année venait de commencer à partir du 4 février, lorsque le *Saint-Nicolas* arriva à Canton, et le quinzième jour de lune, devait avoir lieu la fameuse fête des lanternes qui dure trois jours.

Trois jours sont aussi la durée des fêtes du nouvel an. On passe ce temps en visite, on se félicite, on se fait des présents, on s'invite à des repas, on s'habille de son mieux ; les plus pauvres achètent au moins une paire de souliers neufs.

La veille du jour de la fête des lanternes, les cinq voyageurs passaient dans une rue de Canton, quand ils virent la foule amassée autour d'un pauvre diable qui venait de se fracturer la jambe d'une manière horrible ; une amputation était absolument nécessaire, et un médecin qui vint avec un brancard, et qui donna l'ordre de le transporter à l'hôpital, ne lui cacha pas cette dure nécessité.

Alors le Chinois, qui jusque-là avait souffert avec une admirable tranquillité les souffrances que lui causaient les fragments d'os qui étaient entrés dans les muscles, se mit à pousser des cris aigus, et voulut résister aux porteurs qui le soulevaient. Il aimait mieux mourir, disait-il, que de se voir mutilé ; il demandait qu'on l'étranglât, qu'on le pendît, qu'on le jetât dans le fleuve, enfin qu'on l'achevât ou qu'on le laissât dans l'état où il était. Néanmoins, et malgré ses protestations, il fut emporté.

Il est plus que certain que, grâce à l'habileté problématique des chirurgiens de l'hôpital auxquels de ridicules préjugés défendent d'ouvrir un cadavre, et qui n'ont aucune notion de l'anatomie, le patient aura dû succomber dans l'opération.

Bussières en fit l'observation à ses amis et au négociant qui se promenait avec eux.

— Tant pis doublement pour ce malheureux, répondit l'habitant de Canton ; s'il doit mourir, il vaudrait mieux que ce fût avant que l'opération fût tentée, il mourrait content.

UN PAUVRE DIABLE VENAIT DE SE CASSER LA JAMBE.

— Pourquoi donc? demandèrent les jeunes gens.

— Vous savez que les Chinois croient en un Dieu supérieur et en une vie future dans un lieu de délices; mais pour entrer dans cette demeure, il faut qu'ils s'y présentent après leur mort avec le même nombre de membres que Dieu leur a donnés en naissant. Aussi

Mandarin en visite.

veillent-ils avec le soin le plus minutieux à se préserver de tout accident qui pourrait entraîner une mutilation, ne fût-ce que la perte d'un doigt. On condamne un Chinois à mort; s'il doit être pendu ou étranglé, il subit son supplice avec une insouciance incroyable; s'il doit avoir la tête tranchée, il se livre au plus profond désespoir, non à cause de la mort elle-même, mais à cause de la forme. Ceci vous explique, Messieurs, pourquoi, en Chine, la décapitation est considérée comme la peine la plus infamante.

14

— Mais puisque vous êtes curieux, continua le négociant, venez avec moi jusque dans une rue voisine. Le père d'un de mes clients vient de mourir et on l'enterre aujourd'hui, ou pour parler plus exactement, on placera provisoirement le corps dans un pavillon construit exprès, jusqu'au moment où les parents pourront l'envoyer au tombeau des ancêtres. Il y a déjà douze ou quinze ans que le fils du défunt, charmant, instruit, aimable et profondément respectueux envers son père, lui a fait cadeau d'un magnifique cercueil en bois de cèdre peint, sculpté, vernis, incrusté de plaques de porcelaine et couvert d'ornements en bronze d'un excellent style ; il a coûté fort cher. L'intérieur en est simplement enduit d'une épaisse couche de bitume, ce qui, joint aux plantes et aux aromes qui entoureront le corps, suffira pour le conserver quelque temps. Tenez, Messieurs, nous sommes arrivés.

En effet, les jeunes gens, encore stupéfaits du bizarre récit de leur cicerone, furent distraits par des hurlements et des cris lugubres qui se répétaient chaque fois qu'un ami du défunt entrait dans la maison.

Ils y pénétrèrent aussi et trouvèrent le magnifique cercueil placé sur une estrade au milieu d'une grande pièce entièrement tapissée de blanc. Les cris étaient assourdissants. La bière fut fermée et recouverte d'une toile blanche, et le convoi se mit en marche pour le fond d'un vaste jardin où était placé le pavillon funéraire. Lorsque le corps eut été mis en place, on y déposa des chandelles parfumées et des banderoles de papier de couleur ; puis on brûla de grandes feuilles de papier doré et des représentations d'hommes, de chevaux et d'animaux.

Des tentes avaient été disposées dans les jardins sur le gazon ; on s'y réunit, tant pour s'y reposer que pour entendre les louanges du défunt ; alors, des tables chargées de mets divers furent apportées et distribuées à toute l'assistance ; à côté de plats d'origine européenne se rencontraient d'atroces mets chinois : les nids de salanganes (1), des côtelettes de chien, des ailerons de requins, des fritures d'holothuries (2), du riz cuit à l'huile de ricin et des confitures faites avec toutes sortes de choses. Pour aider la digestion, on se prosterna devant le tombeau, et l'on y resta longtemps plongé dans un profond silence.

Tous les ans à la troisième lune (en avril) on visite les tombeaux, on

(1) Genre d'oiseaux voisin des hirondelles.
(2) *Holothurie*, espèce de zoophyte marin, coloré ou incolore, transparent, gélatineux, en masse informe souvent parsemée de petits trous. On les a classés parmi les *radiaires*.

les répare s'il y a lieu, et l'on répète une partie des cérémonies pratiquées à l'enterrement. Ces usages sont sacrés; un fils n'oserait y manquer, de crainte d'encourir le mépris public.

En sortant de la maison mortuaire, les voyageurs allèrent visiter le cimetière situé sur une hauteur à quelque distance de la ville; ils furent fort étonnés de le trouver semblable à ceux d'Europe, planté de cyprès, de thuyas et de fleurs, et de voir les sépultures couvertes de colonnes et de pierres sculptées et revêtues d'inscriptions et de figures.

Le lendemain soir, la Chine tout entière était illuminée, et chacun se livrait à la joie, au plaisir de la table ou à celui du théâtre.

La ville de Canton et surtout le fleuve offraient un spectacle magique. Il n'y avait pas une fenêtre, un coin de toiture, un pan de pagode, un angle de monument, une vergue des quarante mille barques de la ville flottante, pas une branche d'arbre des nombreux jardins, qui ne portât sa lanterne grande ou petite, en papier blanc ou de couleur, simple ou historiée, découpée en animaux fantastiques, ou couverte de sentences sages ou burlesques. Des milliers de cerfs-volants lumineux se jouaient dans l'air, simulant des dragons; des serpents, des oiseaux énormes, des monstres inconnus; de temps en temps de leurs flancs s'échappaient des fusées multicolores, des serpenteaux onduleux, des étoiles éblouissantes, se croisant avec les mille merveilles de la pyrotechnie, et que les enfants, ivres de joie, lançaient dans les airs au bruit de leurs acclamations et de leurs cris.

Cela dura trois jours; Canton reprit ensuite sa vie active, et le *Saint-Nicolas* se dirigea vers d'autres parages.

CHAPITRE X

DES PHILIPPINES AUX INDES

Manille. — Les oiseaux de paradis. — Batavia. — La côte de Java. — Chauves-souris. — Les singes. — La panthère noire. — Calcutta. — La fête du Dubar.

Quelques jours plus tard, le voisinage de l'île Luçon était annoncé par la présence en mer de fines et jolies pirogues portant un long balancier et montées par des Indiens Tagales se livrant à la pêche.

Le *Saint-Nicolas* entra dans la baie de Manille et vint mouiller en face des quais de la ville de ce nom, capitale de l'île et de tout l'archipel des Philippines qui appartiennent à l'Espagne.

Découvertes en 1521 par Magellan, qui leur donna le nom d'archipel Saint-Lazare, ce ne fut qu'en 1560 qu'elles furent colonisées par l'Espagne et qu'elles reçurent le nom qu'elles portent aujourd'hui en l'honneur de Philippe II. Instruits par la cruelle et sanglante expérience de leur conquête en Amérique, les colonisateurs traitèrent les indigènes avec une modération remarquable. Des missionnaires doux et intelligents furent envoyés en 1565 sous la direction du Père Urbaneta, et en 1570, l'île de Luçon était pacifiquement soumise à l'Espagne et presque entièrement convertie au catholicisme. En 1571, le

gouverneur Lopez de Légaspi construisit Manille sur le bord du Passig,
charmante rivière couverte de magnifiques forêts, qui se jette dans la
baie de Manille.

Malgré les recommandations expresses du gouvernement espagnol,
les colons voulurent réduire les Indiens Tagales et Bessayas à l'escla-

Manille.

vage et s'enrichir de leur travail. Les curés des paroisses résistèrent,
et, soutenus par la métropole, conservèrent la liberté à leurs ouailles
qui n'en devinrent que plus dévoués et plus reconnaissants envers
leurs bienfaiteurs. Aussi, lorsqu'en 1603 les Chinois voulurent surprendre Manille et en expulser les Européens, ils rencontrèrent une
résistance générale, furent battus et massacrés au nombre de vingt-
cinq mille.

Manille est une belle ville de 140,000 âmes (1), bien bâtie, élégante

____
(1) Aujourd'hui, 250,000.

et entourée de douze faubourgs qui confinent à une plaine boisée, d'un aspect enchanteur et d'une fertilité remarquable. Pour rendre moins funestes les effets des tremblements de terre, si fréquents dans ces parages, les maisons n'ont toutes qu'un étage au-dessus d'un rez-de-chaussée; les poutres qui entrent dans leur construction, de même que la toiture, sont disposées de façon à jouer librement les unes sur les autres, et à céder sans résistance brusque à des mouvements oscillatoires. Les fenêtres, dont la plupart tirent leur jour sur des galeries

Combat de coqs.

qui entourent le patio ou cour intérieure, sont, au lieu de vitres, garnies de larges coquilles transparentes, glissant les unes sur les autres, comme des panneaux.

Meyer eut bien vite reconnu la coquille dont il s'agit, et, sans s'inquiéter de l'interrogation de la servante, qui lui demandait :

— Qu'y a-t-il pour votre service, senor?

Il se précipita dans un vestibule et en sortit un instant après.

— J'en étais sûr, dit-il, c'est la placune vitrée de Lamarck.

Les monuments les plus remarquables sont la cathédrale et le palais du gouverneur, situés sur une vaste place plantée d'arbres, et qui ne se recommande que par son étendue.

En se promenant dans les faubourgs, les jeunes gens furent souvent arrêtés par des groupes d'hommes et de femmes assistant, sous une espèce de hangar, à des combats de coqs, qui sont un de leurs passe-temps favoris.

Les indigènes sont généralement laids (1); leur taille est moyenne, leur teint basané; ils sont vêtus d'une chemise, d'un pantalon, d'un chapeau de paille fine, et chaussés d'espèces de pantoufles sans quartier. Les élégants portent une veste noire à doubles poches, de chacune desquelles sort un foulard de madras; un troisième foulard entoure leur cou, et ils en portent un quatrième à la main; c'est le sublime du genre. Ces foulards sont brodés à Manille et coûtent très cher.

Les femmes portent la jupe et la chemisette brodées, recouvertes d'un tapiss, pièce de cotonnade ou de soie placée sur les hanches. Leurs chaussures sont petites et souvent percées d'un trou qui laisse sortir le petit doigt du pied; leurs cheveux, fort longs, sont noués et relevés derrière la tête. Quelquefois, elles sont entièrement cachées par un long manteau noir tombant jusqu'à terre, et en haut duquel sont deux petites bandes étroites, qui pendent de chaque côté sur les épaules et sur les reins.

Après avoir fait une ample provision de cigares, de foulards brodés et de chaînes d'or d'une originalité et d'un travail remarquables, les voyageurs dirent adieu à Manille et se retrouvèrent bientôt sur l'océan.

Le *Saint-Nicolas* toucha successivement à plusieurs des îles Moluques, et entre autres à Ternate et à Amboine.

L'archipel des Moluques, connu longtemps sous le nom d'îles à épices, fut découvert en 1511 par les Portugais, qui gardèrent le secret sur leurs riches produits; disputées par les Espagnols, elles devinrent la propriété des Hollandais, qui les possèdent aujourd'hui depuis 1607. C'est là que croissent en abondance le muscadier, le giroflier et le poivrier.

Les Hollandais firent détruire par les Haraforas ou Alfourous, peuple indigène, tous les plants sauvages de ces précieux arbustes pour s'en réserver la culture et l'exploitation : ils avaient porté des peines terribles contre quiconque cultiverait ou exploiterait les

---

(1) Il ne faut pas prendre le mot de *laideur* dans un sens trop absolu ; l'habitude est pour beaucoup dans le jugement que l'on porte sur les types des différentes races. Au bout de quelque temps de séjour dans un pays, on arrive à trouver une beauté relative incontestable dans les races les plus différentes, et tel type que l'on a souvent considéré comme *laid* révèle, après un plus impartial examen, des lignes qui ne manquent ni de finesse, ni d'expression, ni d'harmonie.

épices. Mais la nature fut plus forte que ces lois iniques ; les oiseaux, et surtout les pigeons, qui se nourrissaient des fruits de ces arbres précieux, n'en digéraient pas les semences, et allaient les porter partout et dans les lieux les plus inaccessibles où les agents hollandais, malgré leur zèle, ne pouvaient aller les chercher.

Il fallut revenir à des lois plus humaines et plus raisonnables.

M. Chérétoff s'arrêta à Ternate pour permettre aux amateurs de se procurer quelques-uns de ces beaux oiseaux connus sous le nom d'oiseaux de paradis.

Passant ensuite au milieu des îles Célèbes, peuplées par environ

Types de Malais.

trois millions d'hommes de race malaise, la corvette se dirigea vers le groupe fameux des îles de la Sonde. On rencontrait à chaque instant, montées par les Boughis et les Macassars, indigènes des Célèbes, d'élégantes prôs ou petits navires de cinquante tonneaux, qui font avec la Chine le commerce des épices.

L'amiral resta longtemps dans les parages des îles de la Sonde, visitant tour à tour Bornéo, Sumatra, Java, Banca et Timor qui en sont les plus considérables, et dont les quatre premières appartiennent aux Hollandais ; Timor est partagée entre la domination hollandaise et le pouvoir portugais. Cet immense archipel compte 17,000,000 d'habitants (1), dont une grande partie est restée indépendante et vit dans le centre inconnu des îles.

Banca offrait un attrait puissant aux naturalistes de la corvette ; c'est là que se trouve l'étain de première qualité si recherché dans le commerce, sous le nom d'étain banca. A leur retour des mines,

____

(1) Aujourd'hui 29,000,000.

les voyageurs étaient chargés de beaux échantillons de ce minerai.

Le séjour à Batavia, capitale de Java et siège du gouvernement de l'archipel, fut de peu de durée. Après avoir parcouru les rues propres et bien bâties, visité les monuments, les musées ; après avoir constaté la grande activité commerciale de ce port, les jeunes gens demandèrent à l'amiral de les transporter sur un point de la côte où ils pourraient rencontrer la nature vierge, et par conséquent, trouver autre chose que ce qui existe dans les villes.

Quoique cela fût bien intéressant, il ne leur importait que secondairement, à eux savants, que six mille navires et 400 millions représentassent le commerce des îles de la Sonde ; ils avaient plutôt cherché à découvrir quelques vestiges de l'antique et célèbre Jacatra, sur les ruines de laquelle les Hollandais, en 1619, construisirent Batavia, qu'ils ne s'étaient occupés de la ville moderne.

Ce qu'ils voulaient c'était de l'imprévu, du nouveau.

L'amiral consentit à leur désir, et passant par le détroit de la Sonde (1), fit route vers la côte sud de Java, dont une partie est complètement inhabitée.

— Je regrette, Messieurs, leur dit-il un jour, que notre expédition doive se borner à certaines limites : autrement ce n'est pas sur la côte que je vous conduirais pour vos recherches ; avec vous, je pénétrerais dans l'intérieur de ces trois grandes îles, Bornéo, Sumatra, Java, et nous irions à la recherche de ces admirables et magnifiques cités enfouies aujourd'hui sous la puissante végétation de ces latitudes.

L'histoire de cet archipel est encore à faire : un savant français, à la fois littérateur, géographe et naturaliste, le baron Walckenaer, mort en 1852, l'avait entreprise, et son œuvre inachevée n'en est pas moins une précieuse initiative à des recherches nouvelles. Autrefois, ces îles étaient habitées par une population considérable dont la civilisation devait être fort avancée ; des routes nombreuses reliaient entre elles des villes immenses où vivaient jusqu'à 2,000,000 d'habitants. On retrouve aujourd'hui, perdus au milieu des forêts, engloutis sous des masses de terre et de verdure, des monuments gigantesques, des temples, des palais, des aqueducs aux arcades superposées et des fortifications couvrant une surface considérable. Tout cela est renversé, écroulé, broyé, enfoui, et les racines des arbres ont saisi de leurs griffes les sculptures fantastiques, les corps d'animaux étranges,

(1) C'est au milieu du détroit de la Sonde que s'élève le volcan le Kra Katoa dont nos lecteurs n'ont pas oublié la terrible éruption (26-27 août 1883).

les torses de dieux colossaux et les assises monumentales, taillés jadis dans le roc par ces peuples disparus, et dont les successeurs ne sont plus qu'une race abâtardie.

A quoi attribuer cette immense destruction ? Nul ne le sait. Doit-on penser qu'une invasion de barbares a rayé cette civilisation du livre des vivants ? D'épouvantables cataclysmes ont-ils successivement apporté la désolation et la mort sur ces riches contrées ? Faut-il croire ces légendes malaises qui parlent d'émigrations en masse de peuples frappés par la famine, par la peste ou par quelque autre terrible fléau ? Existait-il, comme on le prétend, une coutume qui voulait qu'à la suite d'un grand désastre public, ou après la chute ou la fin d'une dynastie, la ville capitale fut déclarée maudite, et abandonnée par tous ses habitants qui allaient la reconstruire ailleurs ?

Tous ces motifs ne sont que des hypothèses, mais l'existence de ces preuves d'une grande civilisation n'en est pas une, et c'est là un fait incontestable.

Vous concevez, Messieurs, avec quel regret je regarde ces îles, vastes tombeaux de l'histoire d'une partie du genre humain, et qu'il serait si curieux d'exhumer.

Mais tout en causant, dit tout à coup l'amiral, nous voici en vue de la côte. Je vais faire mettre deux canots à votre disposition, et vingt hommes bien armés vous accompagneront sous la conduite du lieutenant Platoff. Cependant, je crois plus prudent de ne descendre à terre que demain matin, car il reste à peine trois heures de jour.

La corvette continua d'avancer, et vint mouiller au milieu d'une petite anse assez profonde dont les bords étaient couverts d'une végétation extraordinairement épaisse, et au fond de laquelle débouchait un petit ruisseau clair et limpide, coulant sur un lit de sable et de cailloux.

Derrière un rideau de palétuviers dont les branches-racines formaient un réseau impénétrable, s'élançaient des palmiers, des bambous, des rotangs, des aréquiers, des figuiers reliés entre eux par des lianes et des plantes parasites. Un fouillis inextricable de plantes amies de l'humidité s'étendait sur les terres, servant de refuge aux gavials et à cent sortes d'animaux venimeux. Sur le tronc des arbres renversés et couchés dans la vase, des tortues du genre émyde, à carapace peu bombée, dormaient à côté des iguanes à boucle.

La nuit s'avançait rapidement ; le soleil, disparaissant derrière

les arbres dont la silhouette élégante se détachait sur le fond d'un
ciel bleu verdâtre, semblait entouré d'une mer de métal en fusion,
sur laquelle tranchaient deux ou trois légères bandes d'un noir
foncé; une vapeur violette et épaisse commençait à couvrir les bois.

Tout le monde admirait ce magique tableau, quand Burton avança
la tête et mit la main sur ses yeux pour mieux distinguer un point
noir qui venait de sortir de l'eau à l'entrée de la jungle (1) : il fit un
signe de silence, courut à sa chambre et en revint aussitôt avec une
carabine. Les derniers rayons du soleil glissèrent au travers des arbres
et permirent d'apercevoir un énorme gavial aux trois quarts sorti de
l'eau, appuyé de ses pattes de devant sur un tronc d'arbre, et ouvrant
sa large gueule où s'engouffraient des milliers d'insectes nocturnes attirés par l'odeur nauséabonde qui s'en échappait.

Burton visa avec soin, le coup partit et aussitôt le monstre fit un
soubresaut violent et s'agita dans les convulsions de l'agonie; on voyait
son ventre blanc paraître à chaque instant, il se tordait et battait violemment de sa queue l'eau qui rejaillissait de tous côtés. Au bout de
quelques minutes, les mouvements cessèrent et l'animal flotta immobile.

L'amiral envoya un canot monté par des hommes pourvus de crocs
et de cordes pour remorquer le gavial et l'amener contre le bâtiment.
Puis, au moyen de palans, on le hissa sur le pont. Meyer n'eut pas de
peine à le nommer.

— C'est le *gavialis gangeticus*, dit-il aussitôt; il se nourrit de poisson,
il n'attaque jamais l'homme et rarement les animaux ; c'est le contraire
qui a lieu chez le gavial à double arête, auquel on doit rapporter tout
ce que disent les voyageurs sur la férocité du crocodile de l'Inde et qui
est commun à Java.

Ce gavial mesurait 6 mètres du bout de la queue à l'extrémité du
museau qui est très mince et allongé, ce qui le distingue du crocodile
d'Afrique et des caïmans et alligators (2) des deux Amériques.

Il fut immédiatement dépouillé et préparé malgré l'odeur infecte de
musc qu'exhalait sa chair, et vint figurer avantageusement dans le
musée du bord.

Le lendemain matin avant la pointe du jour, les voyageurs étaient
prêts, les canots et leurs équipages attendaient.

---

(1) On appelle ainsi, dans les Indes, ces immenses et épais fourrés, marécageux pour la
plupart, qui couvrent les côtes et les bords des rivières. La végétation y atteint un développement prodigieux.

(2) Ce nom est une altération des mots *el lagarto* par lesquels les Espagnols désignent
tous les lézards grands ou petits.

Au-dessus d'une petite pointe avancée qui formait une des extrémités de l'anse où se trouvait la corvette, une lueur d'un blanc rosé se montra et grandit; de légers nuages floconneux se colorèrent d'un rose vif, et le disque du soleil sortit à demi voilé par les vapeurs, en frangeant d'une teinte pourprée les feuilles des palmiers, des hautes fougères et des colocasies aux longues feuilles en fer de flèche. Des myriades d'oiseaux et de papillons, secouant leurs ailes humides de rosée, s'élancèrent dans les airs en faisant miroiter l'éclat métallique de leurs riches couleurs.

Les canots se dirigèrent vers la petite rivière qu'ils remontèrent assez avant jusqu'à un terrain sec et plus élevé, et les voyageurs débarquèrent. Ils n'avaient pas fait trois cents pas que, presque à leurs pieds, du milieu d'une mare couverte de hautes herbes qu'ils côtoyaient, une masse noire, longue d'environ huit pieds et haute de quatre, s'élança et s'enfuit en culbutant avec fracas tous les obstacles qui s'opposaient à son passage. Dix balles furent envoyées, mais il ne parut pas qu'aucune eût porté, car l'animal disparut dans l'épaisseur de la forêt sans ralentir sa course. Tout le monde se regardait d'un air dépité.

— Quel malheur, s'écria Meyer, je l'ai reconnu, c'est un rhinocéros unicorne qu'il ne faut pas confondre avec celui d'Afrique et celui de Sumatra qui porte deux cornes sur le nez.

Le malheur était irréparable au moins pour le moment et l'on se remit en route.

Un peu plus loin était un grand marécage vaseux presque entièrement desséché; il s'étendait au loin et se perdait sous les arbres. Une foule de points noirs sortaient de la vase et devinrent bientôt plus distincts; c'étaient des corps, des têtes et des queues de gavials surpris par la sécheresse, engourdis par l'excès de la chaleur, et qui attendaient dans l'immobilité qu'une pluie bienfaisante vînt détremper le limon dans lequel ils étaient enfouis.

Déjà un bon nombre d'animaux et surtout d'oiseaux étaient tombés sous le plomb des chasseurs; Ramsây avait tué un kuvac, ou chat sauvage de Java, de Cuvier; Bussières s'était emparé à grand'peine d'une roussette, ou chien volant, espèce de chauve-souris à tête de loup, dont les ailes avaient un mètre et demi d'envergure; Meyer portait en bandoulière un porc-épic qui, bien que soigneusement enveloppé dans des feuilles, lui piquait encore assez souvent les reins; Burton, outre une quantité d'oiseaux, s'était chargé d'un couple de mangoustes de l'Inde qu'il avait tuées d'un seul coup de fusil; c'étaient

de charmants animaux de la taille d'une fouine, d'un brun fauve, rayés
sur le dos de trente bandes transversales, alternativement rousses et
noires. C'est un terrible ennemi des serpents qu'il cherche à surprendre
en employant les ruses et les finesses les plus intelligentes pour les
approcher; alors, rapide comme une flèche, il s'élance sur le reptile
et, de ses quarante dents aiguës, lui brise le crâne ou les vertèbres
cervicales. Souvent le serpent se défend avec acharnement, et malgré
la prodigieuse rapidité de mouvements de son adversaire, il le mord
de ses crochets venimeux. Alors la mangouste abandonne le combat,
s'éloigne au plus vite et court se rouler sur une plante dont elle mange
les feuilles; elle retourne alors au combat avec une nouvelle vigueur
revenue comme par enchantement, et finit par tuer le serpent.

Les Javanais ont donné à cette plante le nom de chiri, ou chiré,
qui est aussi dans leur idiome celui de la mangouste, et l'emploient
avec efficacité contre la morsure des serpents venimeux.

Il est curieux de constater que les mêmes faits dans tous leurs
détails se retrouvent dans l'Amérique du sud, et sont applicables à
l'oiseau appelé guaco du nom de la plante guaco ou huaco, qui est
une eupatoire du genre dit mikania.

Narischeff était le seul qui portât un animal vivant : c'était un jeune
singe de l'espèce dite siamang qui, à l'état adulte, atteint la taille de
90 centimètres à 1 mètre de hauteur.

En tirant sur une troupe de siamangs, les plus doux, les plus
inoffensifs et les plus faciles à apprivoiser de la famille des anthro-
pomorphes, à laquelle appartiennent les orangs, les pongos, etc.,
Narischeff avait blessé très légèrement un jeune singe qui était tombé
de branche en branche.

Ce fait avait donné lieu à un épisode touchant. La mère, quoique
nullement atteinte, en voyant son petit à terre, s'était élancée auprès
de lui, et avait cherché à le retirer des mains du jeune homme en se
jetant sur lui et en poussant des cris épouvantables. On ne voulut pas
la tuer, mais on eut beaucoup de peine à s'en débarrasser.

Ces sortes de singes sont très attachés à leurs petits; les pères
portent les jeunes mâles et les mères les jeunes femelles pour leur
faire franchir les passages difficiles ; si un petit tombe blessé mortelle-
ment, sa mère se laisse choir près de lui en poussant des cris affreux,
se roule de désespoir, le prend dans ses bras et fait tout ce qu'elle
peut pour le rappeler à la vie. Si elle aperçoit l'ennemi qui est l'au-
teur de sa douleur, elle se relève, se précipite vers lui en étendant les
bras et en poussant des hurlements lamentables. Mais là se bornent

ses efforts, car la pauvre bête ne sait ni mordre, ni frapper, ni parer les coups, et souvent elle périt victime innocente de l'amour maternel.

— J'ai vu mourir des singes, disait Bussières après cet événement, je n'en tuerai plus; il m'a toujours semblé, spectateur de leur agonie, que j'avais à me reprocher un meurtre. Cette figure se rapprochant des nôtres, ces gestes, ces plaintes, ces cris, cette pâleur, ces affaissements du corps, ces regards suppliants s'éteignant peu à peu, ce râle, tout cela me faisait l'effet de la mort d'un homme que je regardais par le petit bout d'une lorgnette; je ne tuerai plus de singes.

Tout en marchant, et pendant que Bussières parlait, la forêt retentissait des hurlements des singes et des cris des oiseaux; mais comme si une baguette magique eût frappé de mort tous les hôtes de la forêt, le silence le plus absolu se fit tout à coup. Les voyageurs eux-mêmes, saisis d'étonnement, s'arrêtèrent et se turent. Quelque chose d'étrange devait se passer sous ces voûtes épaisses.

Chacun attendait avec anxiété, les armes préparées, quand un miaulement, d'abord sourd, puis grandissant, aigu et finissant en un long grondement, se fit entendre à peu de distance et en l'air.

— C'est un tigre, dirent Meyer et Narischeff.

— Je ne crois pas, répondit Ramsay, la voix du tigre est plus rauque, plus profonde.

— En arrière, s'écria Burton, apprêtez vos armes; voyez là-haut sur cette grosse branche cette masse noire.

Et il désigna un arbre dont le tronc n'était pas à plus de cinquante pas de distance. Du milieu du feuillage et rasé le long d'une branche élevée de 3 mètres au-dessus du sol, un animal, se voyant découvert, se dressa et darda sur les voyageurs deux yeux d'un vert brillant : c'était une panthère noire.

L'escorte des jeunes gens se porta en arrière et sur les côtés, prête à tirer en cas de besoin, car les chasseurs voulaient avoir l'honneur de tuer une pareille proie.

La bête féroce s'était de nouveau cachée, et attendait le moment favorable pour agir à sa guise.

— Laissez-moi faire, dit Bussières, je vois un peu de son poil, je vais la déloger.

Et joignant l'action à la parole, il tira.

Un miaulement de colère répondit à la détonation; d'un bond, la panthère sauta à terre et bondit sur les assaillants. C'était une magnifique bête, souple, élancée, un peu basse sur pattes, entièrement d'un noir vif lustré, dont le corps pouvait avoir 4 pieds de longueur sans compter la queue d'environ 80 centimètres, dont elle battait l'air avec fureur en s'aplatissant sur le sol, et en cherchant de ses regards furieux la proie sur laquelle elle s'abattrait.

Ce fut Ramsay qu'elle choisit; sa queue se roidit comme un bâton, ses jambes s'arquèrent et, décrivant une courbe immense, elle tomba sur le jeune homme, ou plutôt à la place qu'il occupait auparavant. Ramsay n'avait pas cessé de regarder la panthère, leurs yeux s'étaient rencontrés, et aussi agile que son ennemi, il s'était jeté de côté. Au moment où la bête toucha la terre, trois coups de feu l'atteignirent; elle fit un soubresaut de côté, et voyant trois ou quatre marins de l'escorte assez rapprochés, elle se jeta sur eux et fut reçue sur la baïonnette. Une balle vint la blesser de nouveau et redoubla sa fureur.

D'un bond prodigieux, elle tomba au milieu des chasseurs, jetant ses griffes de tous côtés. Assaillie à droite et à gauche, une cuisse de derrière cassée par un coup de feu, elle ne pouvait plus que marcher et se traîner : elle se roulait sur le dos, et par la rapidité de ses mouvements, empêchait qu'on ne pût la tuer sûrement.

Meyer eut une idée soudaine; il s'empara du corps d'un singe tué et le jeta entre les pattes de la panthère qui aussitôt l'embrassa et le broya dans sa puissante gueule; c'est alors que Ramsay, saisissant ce moment, lui envoya un coup de feu dans l'oreille et l'acheva.

La bête féroce eut encore deux ou trois convulsions; son corps se roidit, et elle resta immobile, étendue sur l'herbe ensanglantée.

Elle fut dépouillée immédiatement, et sa peau, quoique bien entamée et trouée, fut donnée à porter aux matelots.

— C'est peut-être à tort que l'on nomme cet animal panthère, dit Meyer, c'est plutôt un léopard, dont il a du reste la structure, les habitudes et les taches noires lustrées sur le fond noir vif.

Quelques instants après, le concert de la forêt reprit son train, et les explorateurs, satisfaits de leur journée, se dirigèrent vers l'anse où se trouvait la corvette.

Les canots les attendaient, et quelques minutes plus tard ils étaient à bord où leurs animaux, morts ou vivants, furent l'objet d'une vive curiosité.

Repassant entre Java et Sumatra, le *Saint-Nicolas*, sans remonter vers notre colonie de Cochinchine(1), suivit tout le détroit de Malacca,

(1) Depuis cette époque, notre empire colonial en Indo-Chine s'est considérablement accru par suite de l'annexion du Cambodge et du Tonkin et de la réunion sous notre protectorat de l'empire d'Annam. Il compte actuellement une population de 25,000,000 d'habitants.

pénétra dans le golfe du Bengale et alla jeter l'ancre dans le port de
Calcutta, capitale de toute l'Inde anglaise, et dont la population s'élève
à 800,000 habitants. Cette ville immense bâtie sur l'Hougli, un des bras
du Gange, qui renferme des richesses et des fortunes colossales, aussi
célèbre par son prodigieux commerce que par son active industrie,
n'était encore qu'un pauvre village en 1717. Aujourd'hui, des milliers
de navires entrent tous les ans dans son port où brillent les pavillons
de toutes les marines du globe.

Cette relâche à Calcutta avait surtout pour but de donner un peu
de repos aux voyageurs, et de leur procurer pendant quelque temps
un bien-être et des loisirs dont ils étaient privés à bord. Mais on devait
toucher sur une partie de la côte de l'Inde plus favorable que Calcutta
aux recherches des savants.

Après avoir laissé son état-major et ses passagers visiter Calcutta
et ses environs et jouir de tous les plaisirs que peut offrir cette belle
et riche cité, l'amiral Chérétoff songea au départ. Il alla prévenir le
vice-roi de son intention de remettre prochainement à la voile ; mais
celui-ci l'en dissuada et l'engagea à rester encore quelques jours, afin
qu'il pût être témoin d'une de ces rares et splendides solennités en
usage avant la conquête de l'Inde à Delhi, et par laquelle le grand

LE VICE-ROI PARUT SUR UN ÉLÉPHANT.

mogol convoquait tous les rajahs ou souverains tributaires, afin de recevoir leur hommage et de leur faire renouveler leur serment de fidélité.

C'était cette antique coutume que le vice-roi faisait revivre, non
seulement pour les mêmes motifs que ceux qui dictaient la conduite
du grand mogol, mais encore pour frapper l'esprit des populations par
le déploiement de la puissance anglaise, et la forcer au respect et à
l'obéissance.

Cette solennité s'appelle un *dubar*.

Comme elle ne s'était pas renouvelée depuis une époque déjà
éloignée (avant la première annexion du royaume d'Oude ou d'Aoude
à la domination anglaise), les Hindous croyaient cette cérémonie
tombée en désuétude, et grande fut la surprise de tous les rajahs
quand ils reçurent du vice-roi l'ordre, dissimulé sous forme d'invi-
tation, de se rendre à Calcutta pour un Dubar solennel et extraordinaire, car le vice-roi représentait la reine Victoria, et c'était la reine
d'Angleterre qui, par le fait, posait au nom du peuple anglais sa main
sur les possessions de l'ancienne Compagnie des Indes occidentales.

Des préparatifs splendides avaient été faits par toutes les populations
de Calcutta ; les hauts fonctionnaires, les riches négociants, les nababs
les plus opulents avaient quitté leur résidence, et de tous les points
soumis à la couronne britannique étaient accourus une foule d'invités
ou de curieux. Un luxe inouï avait été déployé : on ne rencontrait
sur toutes les routes que cavaliers richement vêtus, que palanquins
brodés et ornés d'or et de pierreries, que troupes d'éléphants et de
chevaux splendidement caparaçonnés.

La ville de Calcutta était trop petite pour ses hôtes.

Mais les splendeurs de la ville n'étaient rien auprès du spectacle
offert aux yeux des curieux par l'aspect de l'immense plaine ver-
doyante qui longe la rive gauche de l'Hougli.

Cinq cent mille individus des deux sexes, de tout âge, de tout
rang, de toutes castes, revêtus des costumes les plus divers et les
plus variés, parlant tous les idiomes de la péninsule asiatique et
toutes les langues d'Europe, professant toutes les croyances religieuses, depuis la révélation la plus divine jusqu'au fétichisme le
plus grossier, couvraient la vaste étendue de terrain où devait avoir
lieu la cérémonie du Dubar.

Sous un ciel brûlant, la foule calme et patiente attendait, les yeux
fixés vers les faubourgs de la ville.

Enfin parut le vice-roi porté par un éléphant colossal sur un riche
houdak ou litière en or massif incrusté de diamants et autres pierres

précieuses. Ce houdak reposait sur une housse de drap d'or qui cachait presque entièrement les flancs et la croupe de la gigantesque monture du représentant de la couronne d'Angleterre. Un immense parasol de plumes de paon, d'autruche et de paradisier, incrusté de rubis et de diamants, et porté par deux serviteurs richement vêtus, abritait sa tête des rayons torrides du soleil.

Chose étrange, ce parasol était le seul qui s'élevât au-dessus de cette vaste assemblée. En effet, cet emblème est le signe de la puissance et de la souveraineté, et quel que pût être le pouvoir des rajahs convoqués, il ne leur avait pas été permis d'arborer le signe d'une autorité quelconque ; avant tout, ils étaient vassaux et tributaires de l'Angleterre.

Les peuples de l'Inde attachent un tel prestige, non-seulement au parasol, mais encore à tout ce qui peut le remplacer, à tout ce qui recouvre ou abrite la tête, soit une tente, soit un dais, etc., que le vice-roi, pour ne pas donner prise dans le peuple à une pensée d'égalité vis-à-vis de la puissance anglaise, dut prendre des mesures toutes particulières.

Plusieurs des rajahs convoqués étaient arrivés sur leurs éléphants dans de magnifiques siènes (houdaks) en or ou en argent, surmontés de dais dont les quatre colonnes des mêmes métaux, formant support, faisaient corps avec le siège, de manière à ne pouvoir être séparés.

C'était un grand honneur pour les propriétaires de ces richesses de les faire figurer dans la cérémonie. Après quelque hésitation, cette faveur fut accordée ; mais comme les dais offraient une ressemblance avec un parasol, et pouvaient être interprétés comme un signe de souveraineté, ce fut à la condition que personne ne monterait sur les éléphants qui étaient chargés de ces sièges, et que ces animaux suivraient alors leurs maîtres à cheval ou montés sur d'autres éléphants couverts seulement de housses ou de sièges sans dais.

N'est-il pas singulier de retrouver sur les bords du Gange, au xix° siècle de l'ère chrétienne, ce même emblème de souveraine puissance déjà reconnu trente ou quarante siècles auparavant.

Lorsque les savants d'Europe eurent découvert les ruines de l'ancienne Ninive, ils trouvèrent sur les gigantesques monuments de l'antique cité fondée par Assur, 2700 ans avant J.-C., des bas-reliefs représentant le chef de l'empire d'Assyrie, dans sa toute-puissance, recevant les hommages des princes et des peuples soumis à son pouvoir. Seul, ce monarque est abrité par un parasol, pendant que tous, la tête nue ou couverte de rubans, s'inclinent devant lui.

Ainsi, à ce long intervalle de temps, l'Asie des bords du Gange faisait revivre l'Asie des bords du Tigre.

Derrière le vice-roi suivait un cortège brillant, composé de tous les officiers de l'armée britannique, et des régiments cipayes, de tous les hauts fonctionnaires, des étrangers de distinction et des invités parmi lesquels figuraient l'amiral Chérétoff, son état-major et tous les savants et volontaires attachés à l'expédition.

Une immense clameur s'éleva du sein de la foule compacte, les rangs s'ouvrirent et le spectacle le plus imprévu s'offrit aux yeux des arrivants.

Au milieu du vaste espace laissé libre par l'innombrable foule des curieux, se tenait rangé sur plusieurs lignes le brillant cortège des princes soumis.

Cinq cent cinquante éléphants couverts de housses de drap d'or ou d'argent, surmontés de sièges ou de trônes d'or ou d'argent massif, le front plastronné de plaques d'or, les défenses ornées de colliers de perles, montés par les rajahs, les gouverneurs de provinces ou les chefs des districts, s'étalaient en ligne de bataille, illuminés de mille reflets resplendissant sous les rayons du soleil.

Les rajahs étaient vêtus de costumes somptueux, de splendides étoffes, drapés dans de magnifiques cachemires. Ils étaient couverts de colliers, de bracelets, d'aigrettes en diamants, en rubis, en perles, en émeraudes; leurs armes richement damasquinées, les fourreaux de leurs sabres ciselés avec un art infini, s'attachaient à leurs épaules ou à leurs flancs par des ceintures enrichies de pierres fines. Autour d'eux, à pied ou montés sur des chevaux de pure race, se tenait la foule de leurs serviteurs parés de leurs plus beaux vêtements.

Le vice-roi, suivi de sa nombreuse escorte et précédé de hérauts et de trompettes qui ouvraient la marche, passa dans tous les rangs, accueilli par les applaudissements de la foule; puis il prit place sur un monticule au milieu de la plaine et le défilé commença.

Le soleil était presque au zénith, une chaleur accablante régnait, car ce n'était que rarement qu'un léger souffle d'air rafraîchi par les eaux de l'Hougli venait passer sur les fronts brûlants de la population.

Seul, le vice-roi assis sur son trône, abrité sous son parasol, ventilé par le jeu des deux larges éventails qu'agitaient derrière lui deux serviteurs, recevait avec dignité les saluts des princes tributaires. Les rajahs, en passant devant lui, s'inclinaient en portant les deux mains à leur turban en signe de soumission et en se courbant sur le col de leur monture.

Le défilé fut long, puis la foule s'écoula. Le soleil s'abaissait, une vapeur roussâtre couvrit l'horizon, la brise se leva, fit frissonner les feuilles des arbres en apportant les âcres senteurs des jungles éloignées, et bientôt le silence se fit sur la vaste étendue.

La fête des hommes était passée et la nature reprenait son empire ; les gavials s'ébattaient dans la vase du fleuve, les serpents se glissaient sous les fourrés, et le cri rauque du tigre arrivait affaibli sur l'aile du vent.

Rien ne retenait plus l'amiral Chérétoff à Calcutta. Il fit ses adieux au vice-roi, et le jour suivant, le *Saint-Nicolas* chauffait ses feux et descendait l'Hougli pour reprendre le cours de ses pérégrinations.

CHAPITRE XI

DE CALCUTTA A MADÈRE

Les parias. — Les jungles de l'Inde. — Combat d'un tigre et d'un gavial. — Tempête dans les jungles. — Ceylan. — Le pic d'Adam. — Madagascar. — La Cafrerie. — La chasse aux girafes. — Le cap de Bonne-Espérance. — Le Sénégal. — Madère.

Ce ne fut que sur la côte d'Orissa, entre le lac de Tchika et une des embouchures du Mahanadi, que l'amiral s'arrêta pour accomplir sa promesse. Cet endroit était remarquable par sa beauté sauvage; la nature s'y montrait dans toute sa splendeur, et sauf cinq ou six misérables huttes ou ajoupas, habitées par quelques Hindous parias qui avaient quitté le Dekkan pour se soustraire aux humiliations de toute nature dont on les abreuvait, la côte était complètement déserte. Les Parias, race autrefois grande et puissante, étaient les maîtres du Dekkan; leur pouvoir était reconnu sur un immense territoire, depuis les frontières de l'Hindoustan jusqu'au cap Comorin; vaincus, puis esclaves, aujourd'hui libres, mais repoussés comme une classe infime d'hommes, nulle loi ne protège leur vie, et dans les villes qu'ils habitent, ils marchent en frappant deux planchettes de bois l'une contre l'autre pour que chacun puisse fuir leur rencontre, considérée comme fatale et d'un augure sinistre.

C'est à ces pauvres gens, doux et hospitaliers, que s'adressèrent les explorateurs quand ils furent descendus à terre avec les marins qui devaient les protéger en cas de danger.

Les Parias leur dirent que le pays était infesté de tigres, et qu'ils avaient grand'peine à défendre les quelques bœufs sacrés que leur piété envers Brahma leur faisait entretenir. Interrogés sur la distance qui les séparait de Pouri, ou Djagannath, la ville sainte :

— Cette ville de 30,000 âmes n'est pas très éloignée, dirent-ils, mais il est impossible d'y aller par terre : il faudrait traverser des jungles où jamais l'homme n'a pénétré, et courir des dangers de toute nature. Cette cité n'est abordable pour vous que par le Mahanadi, sur la rive duquel elle est bâtie ; mais en ce moment, elle est le rendez-vous des pèlerins qui s'y rendent de toutes les parties de l'Inde ; 1,500,000 hommes visitent son temple immense, un des plus beaux de toute l'Asie, et chaque jour, le char sacré de Vichnou, traîné par des éléphants, se promène dans les rues en écrasant les fanatiques qui se précipitent sous ses roues pour jouir plus tôt de la béatitude éternelle. Vous n'y pourriez entrer, ajoutèrent-ils, encore moins y demeurer, et malgré la puissance du gouvernement anglais, vous pourriez y être massacrés par les nombreux dévots qui croiraient ainsi se rendre favorables à la terrible Trimourti (1).

— Décidément, dit Bussières, en forme de conclusion, j'aime mieux les tigres et les serpents que les pèlerins de Djagannath ; aux jungles, Messieurs !

Après avoir récompensé les Parias de leur complaisance, ils entrèrent dans la forêt en suivant un petit cours d'eau bordé de plantes et de lianes tellement enchevêtrées, qu'ils avaient bien du mal à s'y ouvrir un passage. Au milieu de ces fourrés, sous ces épaisses voûtes de verdure, c'est à peine si, malgré le jour, ils pouvaient distinguer un objet à vingt pas de distance ; le côté du ruisseau seul offrait une éclaircie. Des bruits, dont la cause leur restait inconnue, se faisaient entendre autour d'eux ; c'étaient des branches cassées, des rameaux ou des touffes d'herbes s'abattant et se relevant brusquement, des frottements de corps dans les buissons, des froissements de feuilles sèches écrasées sous une masse mouvante. Il leur semblait voir au milieu de cette demi-obscurité un poil fauve, des écailles luisantes, ou des plumages bizarres. Il y avait plus d'une heure qu'ils marchaient, et, sauf Bussières qui avait cassé la tête à un énorme bongare (2) de 3 mètres de long, qui s'était dressé devant lui, personne n'avait encore pu tirer un coup de fusil.

1. Trinité hindoue. — Brahma, créateur ; Vichnou, conservateur; Siva, destructeur.
2. *Bungarus* de Cuvier. Serpent très venimeux que l'on nomme aussi la Nymphe du Bengale.

La rivière fit un coude ; à cet endroit elle s'élargissait considérablement et figurait une espèce de lac peu profond, couvert d'arbres flottants ou échoués et de plantes aquatiques formant des îlots, au-dessus desquels tourbillonnaient dans un mouvement circulaire continu des myriades de papillons aux riches couleurs.

Les espèces étaient séparées en groupes distincts.

Les jeunes gens examinaient ce ravissant spectacle, quand Ramsay montra du doigt, sur l'autre rive, un magnifique tigre qui, s'avançant lentement et en toute sécurité, sortait de la jungle et se dirigeait vers la rivière pour y boire. Il pouvait avoir 8 pieds de long sans la queue ; c'était une superbe bête ; ses mouvements souples, légers, sa marche posée, les reflets de sa peau d'un jaune vif en dessus, d'un blanc pur en dessous, rayée irrégulièrement de bandes noires transversales, sa tête puissante, les mouvements onduleux de sa queue, son apparence de force et d'agilité captivaient l'attention des chasseurs dont l'émotion était visible ; car ce n'est jamais, si intrépide qu'on soit, sans un certain serrement de cœur plus ou moins rapide, qu'on se trouve en face d'un de ces terribles animaux qui, comme le lion, le tigre, la panthère, l'éléphant, joignent le courage à la force. Mais les jeunes gens avaient le temps de se calmer, le tigre était trop loin pour pouvoir être tiré sûrement.

La bête féroce s'était arrêtée sur le bord de l'eau, levant la tête et aspirant les émanations suspendues en l'air ; grâce à la direction du vent, rien ne vint troubler sa quiétude. Elle entra dans l'eau et se mit à boire tranquillement en fermant les yeux comme font tous les chats.

A ce moment, deux corps noirs surgirent à côté du tigre, s'élancèrent de la rivière et se jetèrent sur lui : c'étaient deux gavials. Un hurlement terrible retentit et fit trembler la forêt ; le tigre bondit en arrière, mais un des gavials l'avait saisi par une patte, et ce fut en vain qu'il voulut la retirer de la formidable étreinte du reptile. Le second gavial cherchait à se rapprocher du tigre dont les mouvements rapides se multipliaient, mais il n'y pouvait parvenir ; bientôt lui-même atteint et déchiré par les griffes acérées de son ennemi, on le vit s'agiter, se renverser sur la rive et retomber sanglant dans la rivière. Mais le premier assaillant n'avait pas lâché prise ; cramponné aux troncs d'arbres échoués, il cherchait à attirer sa proie sous l'eau ; le sang ruisselait de ses orbites arrachées par les griffes de son antagoniste. L'étreinte devenait de plus en plus rapprochée ; de loin les deux corps semblaient confondus, et les deux animaux ne s'accusaient plus, que l'un par le vert noirâtre de ses écailles, et l'autre par l'éclat de son pelage rayé. D'autres gavials attirés par le bruit entourèrent les combattants, et dès lors la fin de la lutte ne fut plus douteuse. Assailli de tous côtés par de cruelles morsures, perdant son sang, épuisé, ne pouvant se dégager des dents du gavial qui lui-même agonisait sans lâcher prise, le tigre devait succomber.

Quelques secondes encore, le bruit de la lutte continua ; les eaux fouettées par la queue des gavials rejaillissaient rougies par le sang, les hurlements redoublaient de fureur ; mais tout à coup la masse mouvante roula dans les flots, la surface de l'eau se troubla un peu, s'agita et tout fut dit ; un instant après, la rivière était unie comme une glace, et la nature avait repris son calme imposant.

Cette scène imprévue semblait avoir cloué ses spectateurs sur le sol ; aucun des chasseurs n'avait pensé à autre chose qu'à regarder, et ce fut avec un sentiment pénible qu'ils assistèrent à la dernière péripétie de ce drame sanglant. Ils s'étaient rendu compte de ce que c'était qu'un tigre, et s'ils avaient été bien sincères, il est probable que, dans ce moment, ils auraient tous avoué qu'ils ne tenaient pas à rencontrer le pendant de celui qu'ils venaient de voir dans toute sa fureur, sa puissance et sa force.

Ils s'étaient remis en marche, quand un sourd grondement se fit entendre au loin. La chaleur était devenue accablante, et les hautes et légères feuilles des palmiers restaient immobiles.

Le ciel s'était couvert avec une rapidité incroyable, la respiration était gênée, et la forêt elle-même était silencieuse.

Le bruit approchait rapidement et devenait distinct ; il était impossible de s'y méprendre, c'était le tonnerre.

— Il faut nous hâter, dit Burton ; allons vite aux canots, nous sommes dans des fonds, et si l'orage éclate, nous pouvons être engloutis par la crue de la rivière.

Ces paroles dictées par la prudence furent écoutées, et l'on reprit en hâte la route déjà parcourue. La pluie ne tombait pas encore, ou du moins, sous ces masses de feuillage, les chasseurs ne la sentaient pas ; mais le tonnerre grondait avec fureur et d'une manière presque incessante. Des éclairs éblouissants accompagnés d'épouvantables détonations, de craquements horribles, se succédaient sans interruption, illuminant la forêt d'une lumière éblouissante suivie de ténèbres profondes.

Le retour était pénible : les jeunes gens ne voyaient plus ; leurs yeux, fatigués par les zigzags de la foudre, les servaient mal ; à chaque détonation, il semblait qu'un poids tombait sur leur corps et les faisait fléchir sous le choc; un malaise général les oppressait, leurs muscles recevaient une douloureuse sensation à chaque décharge électrique; une odeur sulfureuse affectait péniblement la gorge et l'odorat, et les articulations étaient molles.

De tous côtés, les arbres brisés volaient en éclat; leurs énormes troncs, sillonnés par la foudre, éclataient et se fendaient avec fracas

Combat d'un tigre et d'un zébu.

en couvrant le sol de leurs débris; les animaux affolés fuyaient dans toutes les directions pêle-mêle, tigres et cerfs, serpents et babiroussas (1).

Sur la route gisait le crâne ouvert et le reste d'un zébu, ou taureau sacré des Hindous. Peut-être aussi avait-il été surpris par le même tigre qui avait trouvé la mort dans les attaques des gavials; mais personne, pas même Meyer, ne pensa au *bos indicus* si reconnaissable à la bosse ou aux deux bosses graisseuses qu'il porte sur le garrot.

(1) Espèce de cochon sauvage à défenses longues, grêles et recourbées sortant du museau; le cochon-cerf de Buffon.

— Hâtons-nous, mes amis, s'écria Bussières, qui venait de jeter un coup d'œil en arrière, la rivière se gonfle, le flot arrive.

En effet, un bruit semblable à celui d'une cataracte, de plus en plus fort, se faisait entendre en amont; une barre jaunâtre, écumeuse, repoussant tous les obstacles, entraînant les rochers et les troncs d'arbres, descendait avec rapidité et, en un instant, la rivière gonflée s'éleva d'un pied. Le danger était de plus en plus menaçant; partout où le sol était plat, l'eau s'y précipitait et baignait le pied des arbres. La petite troupe pressait le pas et marchait, autant que possible, sur les bords de la rivière qui ne se distinguaient plus que par l'absence de végétation.

L'eau montait, montait, toujours plus rapide, plus furieuse; la pluie tombait par torrents, et souvent sa violence était telle qu'il fallait s'entr'aider et se retenir aux lianes pour ne pas être entraînés.

Enfin, ils aperçurent les canots qui se maintenaient avec peine dans le courant impétueux. Chacun prit sa course, et ce ne fut qu'après des prodiges de sang-froid, de dévouement et d'énergie, que tout le monde put être embarqué sain et sauf.

Puis les embarcations, entraînées par le flot, glissèrent avec la rapidité d'une flèche jusque dans la mer où la manœuvre devint possible. Quelques instants plus tard, elles atteignaient la corvette, où la présence des excursionnistes dissipait l'inquiétude et les craintes du digne commandant du *Saint-Nicolas*.

— Décidément, dit Narischeff, je crois qu'il nous faudra acheter des peaux de tigres à Madras.

— Ou plutôt à Ceylan, répliqua l'amiral, car ayant vu Calcutta, Madras vous semblerait peu intéressant.

La corvette reprit sa route et passa successivement devant Masoulipatam, Madras, Pondichéry, pour venir mouiller dans le port de Trincomali, la Spatana décrite par le célèbre astronome Ptolémée, qui vivait vers l'an 175 de notre ère.

Ceylan, ou, comme l'appellent les Hindous, Singhala, est une île connue de toute antiquité; les anciens la nommaient Taprobane. Ses richesses naturelles sont immenses; les diamants, les rubis, les améthystes, les topazes, les saphirs, se rencontrent en quantité dans les sables roulés de ses torrents; ses perles, que l'on pêche dans le détroit de Manaar qui la sépare de la côte de Coromandel, passent pour les plus belles du monde; son sol, d'une admirable fertilité, est couvert d'arbres précieux et d'une foule de plantes utiles; ses forêts sont peuplées de buffles, d'éléphants, de gazelles, de tigres, de serpents, d'une multitude d'insectes et de troupes innombrables de singes. Mais on doit ajouter qu'il est d'une extrême difficulté de s'éloigner quelque peu des points habités.

C'est en 1507, que Alonzo ou Laurent d'Almeïda, fils de l'amiral portugais de ce nom, découvrit ou plutôt retrouva l'île de Ceylan.

— Voici le pays des tigres, dit l'amiral à ses jeunes amis en entrant dans Trincomali ; voulez-vous en acheter des peaux ; elles sont à bon marché, ou bien préférez-vous aller en tuer quelques-uns. Je vous préviens que, bien qu'un peu plus petits que ceux du Bengale, ils sont encore plus terribles, et que je tiens, avant tout, à vous ramener intacts à Saint-Pétersbourg.

Les explorateurs comprirent ce que pensait leur dévoué commandant, et se contentèrent des dépouilles que leur offrait le marché de Trincomali.

C'est dans cette île que s'élève le célèbre pic d'Adam. Les chrétiens, les mahométans et les hindous prétendent, les deux premiers, que cette montagne porte l'empreinte gigantesque du pied du premier homme ou de celui de saint Thomas, l'Incrédule, qui alla prêcher l'Évangile dans les Indes ; les derniers affirment que c'est leur dieu Bouddha, qui, après neuf cent quatre-vingt-dix-neuf métamorphoses ou incarnations, s'élança de ce lieu pour aller au ciel, et laissa dans le roc la marque du puissant effort qu'il fit pour sauter aussi haut.

Dans l'intérieur de l'île vit encore la tribu des Veddahs, descendant de ses premiers habitants : ils vont presque nus, sont doux et hospitaliers et n'ont pour armes qu'un arc de 6 pieds et des flèches dont ils se servent avec tant d'habileté, qu'une d'elles leur suffit pour tuer un éléphant.

Passant au travers des archipels des Maldives qui comprennent douze mille îles ou îlots, et des Laquedives découvertes par Vasco de Gama en 1499, la corvette entra dans la mer d'Oman ou d'Arabie, s'arrêta à Bombay qui renferme 550,000 habitants (1) et, longeant le Beloutchistan, s'arrêta un instant dans le port de Bender-Abbâsi, situé en face de l'île d'Ormouz, à l'entrée du golfe Persique.

La station que l'amiral fit à Aden (2), port anglais situé sur la côte méridionale de l'Yemen, fut aussi de courte durée. Le butin des chasseurs ne fut pas grand, et excepté la visite qu'ils firent chez des Arabes nomades qui avaient établi leur camp dans les environs, ils ne virent rien de curieux.

(1) Aujourd'hui près de 800,000.
(2) Presque en face d'Aden, la France a établi à Obok, sur la côte africaine, un important dépôt de charbon.

De l'autre côté de la mer Rouge était l'Afrique.

L'Abyssinie n'était guère abordable; le grand négous, Théodoros (1), avait en suspicion les étrangers.

Ce ne fut donc qu'après avoir traversé le groupe des îles Seychelles où croissent ces cocotiers dont le fruit est double et accolé en forme de poumon, qu'ils s'arrêtèrent et descendirent à Tananarive, ville principale de l'île de Madagascar et capitale du royaume des Hovas. Cette cité présente un aspect très pittoresque : toutes ses maisons, ou cases, sont entourées de bouquets d'arbres et de jardins.

Madagascar a 1,700 kilomètres de longueur sur 580 de largeur; sa population est présumée de 3,000,000 d'habitants divisés en tribus, dont les principales sont les Malgaches, les Madécasses, les Hovas, les Sakalaves, etc. Ils sont beaux et bien faits, et se livrent à l'agriculture et à l'élève des bestiaux qui s'y trouvent en prodigieuse quantité. Les Français y ont plusieurs établissements, entre autres Tamatave et Foulepointe; c'est aussi sur les côtes nord-ouest, dans le canal de Mozambique qui la sépare du continent africain, que se trouvent les deux établissements pénitenciers français de Mayotte et de Nossi Bé (2).

Quoique connue des anciens, bien que citée au xiiie siècle par Marco Polo, Madagascar ne fut retrouvée qu'en 1506, par Fernan Suarez, dont les huit vaisseaux, revenant de l'Inde en Portugal, furent jetés par la tempête sur ses bords.

Un fait assez inexplicable sur une île aussi étendue, aussi boisée et située entre le tropique du Capricorne et l'équateur, c'est l'absence complète d'animaux malfaisants : à part une espèce de crocodile ou de caïman assez inoffensif, et des cent-pieds dont la morsure n'est que douloureuse, il n'existe sur toute l'étendue de Madagascar aucun animal féroce ni aucun serpent venimeux; on a prétendu avoir trouvé le léopard, mais il paraîtrait que ce n'est qu'une espèce de grand chat sauvage qui se nourrit d'oiseaux et de petits animaux.

Le butin des naturalistes dut par conséquent être restreint aux oiseaux et aux papillons qui y sont d'une rare beauté, et aux trésors d'une flore aussi précieuse par l'abondance que par la nouveauté des espèces.

C'est en Cafrerie, au fond de la baie de Lagoa, et à l'embouchure

____

(1) Vaincu par les Anglais à Magdala, il se donna la mort le 13 avril 1868.

(2) Depuis 1644, la France s'est constamment occupée de la colonisation de Madagascar. A plusieurs reprises, et dernièrement encore, elle a dû recourir aux armes pour faire respecter ses droits séculaires sur ce vaste territoire.

d'une belle rivière, que la corvette s'arrêta ensuite, et que les voyageurs mirent pour la première fois le pied sur le continent africain.

Des Cafres, qui occupaient un petit village non loin de la mer, vinrent à bord pour faire quelques échanges et, sur la demande qui leur en fut faite, dirent qu'à une lieue environ en haut de la rivière, on rencontrait des girafes en assez grande quantité.

Les jeunes gens n'eurent plus qu'une idée, ce fut de descendre à terre, et sur la promesse des habitants de leur servir de guides, la partie fut arrêtée pour le lendemain. En conséquence, dès la pointe du jour, ils partirent de la corvette et se rendirent au village où ils étaient attendus.

Quatre hommes grands et bien faits, aux cheveux légèrement crépus, portant de la barbe, à la peau d'un gris noirâtre tatouée d'ocre rouge et graissée, étaient assis à la porte d'une case, et se levèrent aussitôt qu'ils les virent. Ils étaient armés de javelines et de massues.

Des jeunes femmes, de taille moyenne et dont les formes étaient d'une grâce et d'une élégance parfaites, leur apportèrent des jattes de lait qu'elles venaient de traire; leur physionomie annonçait la douceur et la gaieté; elles portaient une jupe courte, des anneaux d'ivoire et de cuivre poli ornaient leurs bras et leurs oreilles.

Disons, en passant, que les Cafres sont naturellement bons, affables et hospitaliers, accueillent amicalement les étrangers jetés sur leur côte, et que, si la plupart sont devenus cruels et sanguinaires, c'est aux rapports qu'ils ont eus avec les Européens qu'il faut en faire remonter la cause.

Les guides partirent en avant d'un pas léger que les jeunes gens avaient peine à suivre. Ils entrèrent bientôt dans une vaste forêt dont l'aspect était tout autre que celui des forêts de l'Amérique et de l'Asie; des gommiers, des baobabs, des mimosas, des euphorbes gigantesques, des tamariniers sous l'ombre desquels croissaient des géraniums, des protéas, des bruyères aux teintes variées, des liliacées aux couleurs éclatantes et au parfum suave; telle était la végétation nouvelle qui entourait les chasseurs.

Après une heure et demie de marche, les guides s'arrêtèrent sur la lisière d'une clairière et s'accroupirent derrière des buissons; chacun en fit autant.

A deux cents pas environ, sous le couvert des premiers arbres qui bordaient la clairière sur le côté opposé, cinq girafes, une famille probablement, enfouies jusqu'aux genoux dans les hautes herbes, broutaient les pousses et les feuilles à la hauteur de leur tête.

Deux des guides se détachèrent de la bande et, glissant sous les buissons, se dirigèrent au-dessus du point où ces gracieux animaux, sans défiance, paissaient tranquillement.

Dix minutes après, un cri se fit entendre, les deux Cafres sortirent du bois en se montrant, et aussitôt les animaux se mirent à fuir avec une vitesse prodigieuse quoique marchant l'amble, c'est-à-dire jetant à la fois en avant les deux pieds du même côté. Cette allure n'ôte rien à leur vitesse qui est assez grande pour les mettre à l'abri de la poursuite du lion ou de la panthère; si la girafe est acculée, elle se défend alors avec ses pieds, et ses ruades sont tellement redoutables, que souvent d'un seul coup elle brise la tête ou les reins de son ennemi.

Les girafes rabattues ainsi du côté des chasseurs vinrent passer à peu de distance de l'affût et reçurent une décharge qui renversa l'une d'elles et la coucha morte sur le sol. Une seconde, blessée, allait s'échapper, quand les deux Cafres qui étaient restés avec les jeunes gens bondirent comme des daims et lancèrent leur javeline avec tant d'adresse, que les deux armes allèrent en sifflant s'enfoncer, l'une dans les flancs et l'autre dans le cou du pauvre animal. Il se débattait encore, Bussières l'acheva d'un coup de fusil.

Les trois autres girafes avaient disparu dans les profondeurs de la forêt.

Les animaux furent dépouillés, et il ne fallut rien moins que les neuf hommes réunis pour porter les peaux jusqu'au village. La chair, dont les Cafres sont très friands et qui est excellente, avait été abandonnée aux guides qui, après l'avoir dépecée par quartiers, les avaient accrochés aux arbres, et devaient revenir avec leurs compatriotes pour les chercher.

— Heureusement, dit l'amiral, en voyant arriver la dépouille des girafes, heureusement qu'elles ne sont pas vivantes, car vraiment je n'aurais pas su où les loger.

Du pays des Cafres au cap de Bonne-Espérance qui forme la pointe méridionale de l'Afrique, la route ne fut pas longue, et la corvette vint un beau matin mouiller au fond de la baie de la Table et devant les quais de Capetown ou ville du Cap.

Cette importante cité fut fondée en 1652 par Van Riebeck (1), Hollandais, 164 ans après la découverte du cap de Bonne-Espérance, dont elle est distante de 40 kilomètres au nord. Occupée par les Anglais

____

(1) Jean Van Riebeck était chirurgien à bord d'un navire hollandais.

en 1795 et 1806, les traités de 1815 leur en ont assuré la possession. La colonie du Cap est habitée par les Hottentots, qui sont les plus laids de tous les nègres africains, les grands et les petits Namaquois, ou Nama-Kouas, par les Boschimans ou mieux Bosjesmans (en hollandais, hommes des bois), tribu indigène composée d'êtres abrutis et sauvages, et par quelques autres tribus.

La population de l'intérieur est divisée en trois classes : vignerons, laboureurs et pasteurs. Ce sont des réfugiés français qui introduisirent la vigne dans ce pays, et il suffit de nommer le vin de Constance pour savoir si elle a réussi.

Les laboureurs sont actifs, intelligents et riches; ils font des récoltes considérables, grâce à la fertilité de certaines terres qui pro-

duisent jusqu'à trente grains pour un. Les pasteurs occupent la plus grande partie du territoire, et possèdent souvent jusqu'à six ou huit cents têtes de gros bétail et cinq à six mille moutons.

Ces derniers animaux, que Meyer reconnut de suite pour le mouton à large queue, ou mouton du Cap, sont remarquables par la loupe graisseuse qui entoure leur queue et la fait peser quelquefois 5 ou 6 kilogrammes. Il n'est pas rare de rencontrer, dans les campagnes du Cap, de ces sortes de moutons dont la queue est portée et attachée sur un petit chariot formé d'une planchette et de deux roues, que l'animal traîne après lui.

Derrière la ville du Cap s'élèvent de hautes montagnes, dont l'une est nommée montagne de la Table à cause de la forme de sa partie supérieure qui est entièrement plate. Lorsque les nuages s'amoncellent sur son sommet et le couvrent entièrement d'une longue nappe blanche, on dit alors au Cap : « La table est mise. » C'est un signe de tempête.

C'est ce qui arriva pendant le séjour de l'amiral en rade ; mais, grâce aux précautions prises, et sauf trois ou quatre bâtiments légers qui furent jetés à la côte, la ville et les vaisseaux à l'ancre n'eurent pas à souffrir.

Toutes les journées se passaient en excursions plus ou moins fructueuses ou intéressantes. Un jour Narischeff rentra à bord avec une couple d'oiseaux du genre merle, qu'il avait tués non loin du Cap et qu'il montra à Meyer.

La montagne de la Table.

— C'est le merle réclameur, dit celui-ci, ainsi nommé par Levaillant.

— Savez-vous pourquoi Levaillant l'a appelé ainsi? demanda Bussières.

— Je l'ai su, je crois, répondit le jeune Russe, mais je l'ai oublié.

— Voici, continua Bussières : Levaillant (1) comptait parmi les Hottentots qui l'accompagnaient dans un des voyages qu'il fit, de 1781 à 1784, dans l'intérieur de l'Afrique méridionale, un homme d'un esprit faible et très superstitieux. Ce pauvre garçon s'appelait Piet, abréviation du mot Pierre, en hollandais. Or, un jour, il tua une femelle de votre espèce de merle et fut suivi par le mâle, volti-

(1) François Levaillant était né en 1753 à Paramaribo, capitale de la Guyane hollandaise, de parents français originaires de Metz.

geant de branche en branche et répétant son cri naturel qui peut à
peu près se traduire par les mots « piet myn vrow », ce qui, en
hollandais, signifie . Pierre, ma femme ! Il revint vers Levaillant,
désespéré, ne sachant que faire pour calmer les réclamations de
l'oiseau qui lui demandait sa compagne, et ne voulut plus à l'avenir
tirer sur cette espèce de merle ; c'est cette aventure qui suggéra au
célèbre naturaliste français l'idée de donner le nom de réclameur à
cet oiseau, qui avant lui était inconnu.

Un matin, les cinq voyageurs partirent en canot dans l'intention
d'aller tirer quelques oiseaux de mer sur les rochers, et surtout des
albatros, vulgairement appelés moutons du Cap, à cause de leur
grande taille et de la blancheur de leur plumage, excepté sur les
ailes qui sont noires.

On voit souvent les albatros suivre des navires pendant plusieurs
jours, affronter les ouragans et, lorsqu'ils sont fatigués d'un vol trop
prolongé, s'arrêter sur les flots et s'y endormir. Cependant, malgré
leur taille, leur force et leur voix retentissante semblable au braire
de l'âne, ils sont d'une extrême lâcheté, et de simples mouettes les
mettent en fuite.

La chasse fut bonne et Meyer put constater avec plaisir que, parmi
les oiseaux tués, se trouvaient deux espèces d'albatros, l'un nommé
albatros exilé, l'autre dit à sourcil noir. Leur estomac était rempli de
poissons volants ou exocets dont ils sont très friands et dont quelques-
uns, de petite taille, étaient parfaitement intacts.

La collection du bord renfermait déjà de beaux exocets qui, poursuivis par d'autres poissons voraces, étaient tombés sur le pont de la
corvette en volant et avaient été capturés.

Ce genre de poissons, qui possède, avec cinq ou six autres genres
différents, la faculté de s'élancer à d'assez grandes distances au-dessus
de la surface des eaux, est sans défense, quoiqu'il ait de nombreux
ennemis, qui sont les autres poissons quand il est dans la mer, et les
oiseaux quand il s'envole dans l'air. Son corps est long et arrondi,
couvert d'écailles brillantes comme de l'argent, excepté la tête, le dos
et les côtés, qui sont d'un beau bleu d'azur : la nageoire dorsale et
celles de la poitrine et de la queue sont d'un bleu plus foncé. Les
nageoires pectorales, que l'on a comparées à des ailes, sont munies
d'une large membrane et assez longues pour atteindre jusqu'à la
queue ; c'est par leur moyen que l'exocet vole et se soutient dans l'air
pendant quelques instants. Il faut ajouter que sa chair est exquise et
que sa longueur est d'environ 3 décimètres.

Il avait été convenu qu'on descendrait à terre et qu'on reviendrait au Cap en faisant un grand détour. Au moment de débarquer près d'un endroit assez aride, mais où croissaient trois ou quatre arbres très élevés, un oiseau noir et blanc, de la grosseur d'une forte poule, se montra au-dessus des branches et étendit les ailes pour s'envoler. Malgré la surprise que leur causa l'excessive envergure de ces ailes, Burton et Bussières, aussi prompts que la pensée, tirèrent, et l'oiseau, doublement atteint au moment de son essor, tournoya un instant et vint tomber à terre. Quelle fut leur joie en reconnaissant une frégate dont les ailes, étendues, mesuraient un espace de 4 mètres !

— Vous pouvez vous féliciter de votre coup de fusil, mon ami, s'écria Meyer, car au vol, la vitesse de cet oiseau rend le tir impossible. Je vais le mettre dans le canot qui retourne à la corvette avec les autres oiseaux.

Déjà maintes fois, même à trois ou quatre cents lieues d'une terre quelconque, l'équipage du *Saint-Nicolas* avait pu admirer la puissance inouïe du vol de la frégate, la prodigieuse rapidité de ses mouvements, la faculté inexplicable de son immobilité dans les airs, immobilité telle, qu'il semble voir une grande croix à branches inégales suspendue par un fil invisible entre le ciel et l'océan. Cet oiseau, dont les formes rappellent celles des martinets, mais dans des proportions gigantesques, peut impunément, et sans jamais se reposer, franchir des distances énormes et passer d'un continent à l'autre d'un seul vol sans interruption, car sa vitesse de déplacement est au moins en moyenne de 50 lieues à l'heure et peut atteindre 80 lieues.

Il est impossible, si on ne l'a pas vu, de se faire la moindre idée du vol tour à tour rapide et majestueux d'un tel oiseau, qui, suspendu dans l'espace comme sans mouvement, se transporte d'un lieu à l'autre sans le moindre effort visible.

Sa tête seulement paraît s'agiter, quand il tourne, allonge ou retire son long cou ; son regard perçant plonge sur les abîmes de la mer ou interroge l'immense horizon qu'il domine. Tantôt la frégate se précipite sur les flots comme un rayon de tonnerre, comme un boulet de canon ; à quelques pouces de l'eau, elle s'arrête subitement, relève perpendiculairement au corps ses immenses ailes, et, d'un battement oblique, remonte, tenant un poisson dans ses pattes ou dans son bec, vers les plus hautes régions de l'air ; ce n'est déjà plus qu'un point noir dans l'espace, que l'œil la cherche encore à l'endroit où elle s'est abattue.

Après avoir mis leur butin en lieu de sûreté, ils continuèrent leur chemin, et parvinrent en peu de temps auprès d'une rivière peu large, mais profonde et encaissée, où se rencontraient de nombreuses traces d'hippopotames et de rhinocéros à deux cornes, le nabal des Hottentots, qui atteint quelquefois 4 mètres de longueur; mais il leur fut impossible d'apercevoir un seul de ces pachydermes. En visitant tous les fourrés, ils firent fuir devant eux un animal qui leur rappela le tamanoir du Darien, si ce n'est qu'il avait le museau court, et que ses poils étaient beaucoup plus courts; il avait environ 3 mètres de long sans la queue, qui était elle-même longue de 50 centimètres.

Au moment où il fut surpris, il était étendu près d'une fourmilière

dont il dévorait les habitants. Les chasseurs le poursuivirent; mais quand ils arrivèrent près de lui, il avait déjà la tête et l'avant-corps engagés dans un terrier qu'il venait de se creuser avec une promptitude extraordinaire, à l'aide des quatre ongles plats de ses pieds de devant, éminemment destinés à fouir. Il se cramponnait dans son trou avec tant de vigueur que, malgré leurs efforts, Narischeff et Meyer ne purent l'en arracher qu'après l'avoir tué. C'était l'animal décrit par Buffon sous le nom impropre et insignifiant de cochon de terre, et que Pallas a mieux désigné en l'appelant *Myrmecophaga afra*, qui veut dire le mangeur de fourmis d'Afrique.

Le coup de fusil qui avait tué l'animal avait effarouché une troupe

de mannets ou lièvres sauteurs qui se tenaient tapis dans les broussailles. On s'imagine facilement quelle fut la surprise des chasseurs en
voyant bondir, comme des kanguroos, à l'aide de leurs grandes jambes
de derrière, ces gracieux animaux de la grosseur d'un lièvre. Ramsay
en tira un au vol, si l'on peut s'exprimer ainsi à cause de la rapidité et
de la longueur de leurs bonds, et réussit à le toucher.

Il n'était que légèrement blessé à la cuisse de derrière; il eut
beau se défendre le mieux possible de ses longues griffes, il fut
pris et attaché; ce timide et inoffensif rongeur allait bientôt faire
partie de la ménagerie du *Saint-Nicolas*, sous le nom scientifique
d'*Helamis cafer* que lui donna Meyer.

Deux jours plus tard, la corvette reprenait la mer et voyait peu à
peu se perdre à l'horizon la pointe du cap de Bonne-Espérance.

L'amiral, assis à l'arrière, entouré des jeunes savants, fumait un
cigare, et suivait d'un œil attentif la disparition successive des hauteurs de la Table. Tout à coup il rompit le silence :

— Vous me trouvez sans doute, mes bons amis, absorbé dans mes
pensées, et vous croyez que je m'occupe de mon service; eh bien! non :
mes souvenirs reculent vers les siècles passés, et les eaux où nous
sommes maintenant me rappellent des époques lointaines en évoquant
de mon souvenir des noms illustres.

Les anciens, vous le savez, avaient fixé les limites du monde en
Afrique, au cap Bojador, près des déserts de sable du Sahara; au
delà, pour eux, rien n'était plus.

Jusqu'en 1433, les peuples acceptèrent cette limite, et ce furent les
Portugais qui les premiers osèrent franchir cette antique borne de
leur navigation; ils reconnurent successivement les côtes occidentales
de l'Afrique et les îles du Cap-Vert.

Diaz s'aventura plus au sud, et après mille difficultés il arriva jusqu'au cap qui terminait l'Afrique de ce côté, et le nomma cabo Tor-
mentoso, ou cap des Tempêtes, à cause des terribles ouragans contre
lesquels il eut à lutter.

Jean II, dit le Parfait, régnait alors en Portugal; ayant appris la
découverte de Diaz, son esprit juste lui dit que là était la route des
Indes; il débaptisa le cap des Tempêtes et le nomma cap de Bonne-
Espérance; et peu de temps après, donnant un démenti à son surnom,
il rejetait comme impossibles et songes irréalisables les projets de
l'illustre Colomb.

En 1497, un navigateur célèbre, Vasco de Gama, arrivait dans les
eaux que sillonne notre corvette, franchissait le dangereux passage, et

visitait la côte du Malabar, dans la mer des Indes, préparant ainsi la voie au fameux capitaine Alphonse d'Albuquerque, qui mérita de son vivant, et de l'aveu de ses concitoyens, le double surnom de Grand et Mars portugais. Le Camoëns, ce poète-soldat d'Alcaçar-Quivir, comme Miguel Cervantès fut le poète-soldat de Lépante, célébra, dans le poème immortel des *Lusiades*, la gloire du célèbre Vasco de Gama, quand il eut été visiter la riche Goa, que d'Albuquerque venait de conquérir.

Il me semble voir dans ces brumes qui s'étendent au loin, dans ces nuages qui s'amoncellent sur la Table, la silhouette du géant Adamastor, ce génie sauvage des tempêtes que le Camoëns fait surgir du fond de la mer pour barrer le passage à la civilisation.

Tout le monde écoutait attentivement M. Chérétoff, et se sentait sous l'émotion des mêmes souvenirs en se reportant par la pensée à ces grandes époques si fertiles en grands hommes, pionniers intrépides qui ouvrirent de si vastes champs au développement du génie humain.

La corvette devait peu s'arrêter sur les côtes africaines ; outre que la plupart sont arides et désertes, les autres sont souvent habitées par des peuples sauvages et inhospitaliers qui demeurent dans de pauvres huttes, vivant du produit de leur pêche et de quelques maigres fruits et légumes.

En passant sous le parallèle de Sainte-Hélène, dont on était éloigné de 200 lieues, chacun eut une pensée pour le plus grand conquérant des temps modernes, qui s'était éteint sur ce rocher inhospitalier, loin des siens, loin de son pays qu'il avait rêvé de faire le maître du monde.

Ce fut seulement sur la côte du Congo (1), dans le petit port d'Ambriz, appartenant aux Portugais, que la corvette s'arrêta pour renouveler sa provision d'eau fraîche, bien que sa machine suffît à donner tous les jours l'eau nécessaire aux besoins du bord.

Pendant que les matelots travaillaient à l'aiguade à un quart de lieue de l'embouchure de l'Abriz, les jeunes gens exploraient les bois environnants, et tuèrent quelques singes et quelques oiseaux rares et curieux. Ils avaient remonté les rives assez avant, et depuis longtemps n'avaient pas fait usage de leurs armes, quand un bruit de branches cassées se fit entendre dans un fourré situé à trente ou

____

(1) Ces contrées, qui étaient alors très imparfaitement connues, ont été depuis cette époque explorées par de nombreux voyageurs, parmi lesquels nous citerons le Français de Brazza, agissant au nom de la France, et l'Américain Stanley, représentant l'Association Internationale Africaine. Aujourd'hui, les importantes possessions françaises du Bas-Congo constituent, avec l'État du Congo, placé sous la souveraineté du roi des Belges, un vaste champ ouvert à l'activité européenne.

quarante pas d'eux. Ils s'arrêtèrent et virent sortir des herbes la tête d'un léopard, dont toute l'attention était portée vers un point invisible aux chasseurs.

Les fusils préparés, ils attendaient le moment de tirer avec sûreté l'animal qui leur présentait le flanc, quand celui-ci s'effaça tout à coup en se rasant contre la terre, se releva en poussant un hurlement rauque, et bondit en avant avec une rapidité inouïe. Au même instant un zèbre, jusque-là caché aux yeux par les taillis, déboucha du bois et s'élança avec une prodigieuse vélocité devant l'ennemi qui le poursuivait. Pendant une minute les deux animaux restèrent en vue, puis disparurent dans l'épaisseur des arbres; mais il paraissait évident que si le zèbre ne se lassait pas, ou s'il ne rencontrait pas quelque obstacle imprévu, il devait échapper à la férocité de son adversaire, car, dans un très court espace de temps, la distance qui les séparait s'était sensiblement accrue.

Les jeunes gens n'eurent rien de mieux à faire qu'à revenir à l'aiguade où les attendait leur canot, et à rentrer à bord où ils racontèrent leur désappointement.

Le *Saint-Nicolas* coupa du sud-est au nord-ouest le golfe de Guinée, et ne s'arrêta qu'à Saint-Louis du Sénégal, chef-lieu des établissements français en Sénégambie.

Cette vaste contrée, dont le climat passe pour être le plus chaud du monde, surtout à l'intérieur des terres, est habitée par quatre nations principales, qui sont : les Arabes ou Maures, connus sous le nom de Trarzas; les Yolofs, les Foulahs et les Mandingues; elle contient environ 12,000,000 d'habitants.

Malgré l'extrême chaleur et les fièvres qui régnaient, les explorateurs remontèrent en barque le fleuve Sénégal, au-dessus de Saint-Louis, pour se rendre compte du pays et de ses productions. Ce qui frappa d'abord leurs regards, ce furent d'immenses forêts où croissaient en abondance les quatre ou cinq espèces d'acacias qui fournissent la gomme arabique, et dans les branches desquels voltigeaient la veuve au collier d'or, à la longue queue gracieusement courbée et d'un noir intense, le brillant soui manga ou mangeur de sucre, l'élégant guêpier à tête bleue, au corps rouge, au collier noir; le tisserin au nid élégant et diaphane, et mille autres, parmi lesquels les colibris et les oiseaux-mouches faisaient miroiter leurs reflets d'or et de pierreries.

Plus d'une richesse entra dans le carnier des chasseurs, qui, en descendant le fleuve, furent étourdis par les mugissements des hippo-

potames cachés dans les roseaux, et ne purent que tirer quelques
balles sur les nombreux crocodiles qui se vautraient dans la vase.

Laissant les îles du Cap-Vert à sa gauche, et s'éloignant de l'aride
côte du grand Sahara, l'amiral fit porter sur les îles Canaries, qui sont
au nombre de sept, sans compter quelques îlots sans importance.

Les anciens connaissaient les Canaries sous le nom d'îles Fortunées;
c'est là qu'ils plaçaient l'Elysée ou séjour des bienheureux. L'une
d'elles, l'île de Fer, la plus petite cependant, est célèbre parce qu'elle
fut longtemps le point où les géographes placèrent le méridien zéro,
d'après lequel ils comptaient la longitude de tous les lieux du globe.
Ils suivaient en cela l'exemple de Ptolémée, et, en 1634, Louis XIII,

Le pic de Ténériffe.

roi de France, ordonna que cette coutume serait suivie par tous les
géographes français.

Aujourd'hui, chaque peuple, chaque ville presque, veut avoir son
premier méridien, au grand dommage de la facilité des études géogra-
phiques; et il n'est si petit observatoire qui n'ait l'ambition d'être le
centre méridien du globe.

C'est au port de Sainte-Croix ou de Santa-Cruz que demeure le
gouverneur espagnol de tout l'archipel. Le fameux pic de Ténériffe,
dont la cime, qu'on aperçoit à une prodigieuse distance en mer, s'élève
à la hauteur de 3,710 mètres, domine toute l'île et porte sur une de
ses pentes la délicieuse ville d'Orotava, séjour enchanteur, entourée
de jardins splendides, et dans la vallée de laquelle toutes les flores du

monde semblent être réunies. C'est près d'Orotava que se trouve le célèbre dragonnier que tous les voyageurs vont admirer, et dont la grosseur est telle que dix hommes se tenant par la main peuvent à peine en embrasser le tronc. Cet arbre appartient à la famille des liliacées, et fournit un suc résineux rouge, connu dans le commerce sous le nom de sang-dragon (1).

La ville d'Orotava fut autrefois la capitale des Guanches, peuple d'une civilisation presque aussi avancée que celle des anciens Égyptiens. Les Phéniciens, les Carthaginois et surtout Juba, roi de Numidie, envahirent les îles Fortunées, et les Guanches, après un siècle de résistance désespérée et de preuves d'un courage que rien ne pouvait abattre, disparurent de la surface du sol, exterminés ou réduits en esclavage. Leurs tombeaux et leurs momies, retrouvés à Ténériffe, à Gomère et dans la grande Canarie, sont les seuls restes qui subsistent de leur antique puissance.

C'est dans le petit îlot de Clara, près de Lancerote, que se rencontrent le plus d'oiseaux dits serins des Canaries.

De Santa-Cruz, l'amiral se rendit au port de Funchal, capitale de l'île de Madère, appartenant aux Portugais.

Madère fut reconnue pour la première fois en 1344, par un Anglais. En 1418, deux Portugais la visitèrent; puis, en 1431, Jean Gonzalès et Tristan Vaz, également Portugais, y abordèrent.

La surface de l'île n'était alors qu'une immense forêt, élevée, touffue, inextricable, qui lui valut le nom qu'elle porte, *Madeira*, signifiant, en portugais, bois, et par extension, pays boisé.

Les navigateurs allumèrent du feu sous les arbres pour y passer la nuit; le feu gagna la forêt, qui s'embrasa tout entière, et pendant sept années, ce gigantesque incendie de 1000 kilomètres carrés servit de fanal aux vaisseaux qui passaient dans ces parages. Une fumée épaisse couvrait la mer sur une étendue considérable; l'île était inabordable, et la superstition y plaça une des bouches de l'enfer.

En 1445, Madère était de nouveau couverte de verdure; son sol, fertilisé par les cendres, était propre à toute espèce de culture et surtout à celle de la vigne. Des ceps furent apportés de l'île de Chypre, acquirent sur ces autres terrains de nouvelles qualités, et chacun sait aujourd'hui la réputation du vin de Madère.

Après avoir visité Funchal, jolie ville de 20,000 âmes, et après un séjour moins prolongé et aussi moins agréable que celui qu'ils avaient

(1) C'est le *Dracæna Draco*, commun aux Indes et aux Canaries. Quelques botanistes l'ont classé dans les *Smilacinées*.

fait à Ténériffe, les explorateurs remontèrent à bord de la corvette, qui reprit la mer.

Quelques jours plus tard, le soleil en se levant sur l'horizon découpa la silhouette de deux montagnes, au milieu desquelles son disque s'élevait lentement.

— Commandant, dit Meyer à l'amiral, quelles sont ces montagnes qui se dessinent aussi nettement sur le ciel qui s'éclaire?

— Messieurs, répondit M. Chérétoff, ce sont les antiques colonnes d'Hercule, Calpé et Abyla, autrement Gibraltar et Ceuta; dans quelques heures, passant entre l'Europe et l'Afrique, nous entrerons dans la Méditerranée.

Un hourra général s'éleva, et les chapeaux agités en l'air saluèrent les côtes de la vieille Europe, de la patrie qu'ils avaient quittée depuis si longtemps.

CHAPITRE XII

DE LA MÉDITERRANÉE A LA BALTIQUE

Le Maroc. — Ruines de Carthage. — Alexandrie. — Le Nil. — Les pyramides. — Isthme de Suez. — Constantinople. — Naples. — Gibraltar. — Lisbonne. — La Hollande. — Rupture des digues. — Retour à Saint-Pétersbourg.

A l'entrée du détroit de Gibraltar, le *Saint-Nicolas* mouilla dans le port de Tanger. Cette ville, d'un aspect magnifique du côté de la mer, est peu peuplée et, vue de près, offre un aspect misérable à cause de tous ses monuments, de ses maisons et de ses tours en ruines, ne rappelant en rien la splendeur de l'antique Tingis, fondée, dit-on, par Antée, qu'étouffa Hercule.

L'empire de Maroc, dont Tanger fait partie, s'étend sur une surface aussi grande que celle de la France. Tour à tour soumis aux Carthaginois, aux Romains, aux Vandales, aux Visigoths, aux Grecs et aux Arabes, le Maroc ou Mauritanie Tingitane finit, après de longues luttes et après des fortunes diverses, par rester indépendant ; et l'on sait ce qu'il en a coûté à ce pays d'avoir voulu lutter contre la puissance de la France, maîtresse de l'Algérie, sa voisine.

Après un court séjour à Tanger, l'expédition continua sa route le long des côtes de l'Algérie, qui eut pour premiers habitants les Gétules et les Libyens qui ensuite, alliés aux Perses par des mariages, prirent le nom de Numides. On sait par quelle suite de circonstances l'Algérie, repaire de pirates qui infestaient la Méditerranée, tomba au pouvoir de la France en 1830, sous le règne de Charles X.

C'est entre Bône et Calle que l'amiral, sur la demande des jeunes savants, consentit à s'arrêter après avoir quitté Alger.

La côte était couverte de barques destinées à la pêche du corail qui se trouve sur le revers méridional des roches sous-marines, à des profondeurs variables, et formant des forêts en miniature depuis 30 mètres jusqu'à 200 mètres de profondeur. C'est au prix des plus grands dangers que les plongeurs descendent dans la mer pour y recueillir ce précieux zoophyte (1) et en remplir les filets ou bourses dont ils sont porteurs.

Longtemps le vulgaire et même des savants n'ont regardé le corail que comme une pierre précieuse. Pour celui qui n'a vu cette substance que taillée, son éclat, son poli, sa dureté, son homogénéité, rendent cette méprise pardonnable. Plus tard, des botanistes et l'illustre Tournefort surtout, ne se rapportant qu'à la ramification des branches du corail, y virent un végétal, une plante marine, et quand le comte de Marsigli, naturaliste de Bologne, aperçut les animalcules du corail, il crut y distinguer des fleurs à huit pétales ciliés.

Il était donné à Peyssonnel, chirurgien français, de reconnaître l'animalité du corail ; il constata que les prétendues fleurs étaient des polypes à huit bras et à bouche centrale. Linné accueillit cette découverte et n'hésita point à classer le corail en tête de ses zoophytes, et à considérer la substance du corail comme l'enveloppe et la demeure en commun de myriades de polypes agglomérés.

Les jeunes savants suivirent avec intérêt tous les détails de cette pêche et purent se procurer de magnifiques branches de corail d'un rouge de sang, que des plongeurs leur assurèrent avoir trente ans d'âge, correspondant à la profondeur de vingt-cinq brasses, où ils les avaient détachés.

Ils allèrent ensuite visiter une ferme située à une assez grande distance de la mer. Sur leur passage, ils trouvèrent le pays sans végétation : c'est à peine si, de distance en distance, se rencontraient quelques palmiers dattiers, quelques buissons de palmiers nains ou *Chamerops humilis*, et quelques touffes d'alfa, plante textile très commune dans toute l'Algérie.

(1) *Zoophyte,* animal-plante.

On leur dit que, peu de temps auparavant, des nuées de sauterelles avaient envahi la contrée et avaient tout dévoré.

— C'est bien à tort, dit Meyer à ses amis, en continuant sa route, que l'on appelle sauterelle, du genre *Locusta*, l'insecte qui cause ces ravages ; c'est le criquet voyageur, genre voisin de la sauterelle et, comme elle, de l'ordre des orthoptères sauteurs, qui de temps immémorial (lisez la Bible) est la terreur des cultivateurs de ces régions.

Ces insectes sortent de terre après l'éclosion des œufs qui y ont été déposés par la femelle, et se montrent tout à coup en quantités incalculables. Lorsqu'ils volent, on dirait d'immenses nuages, et le soleil est obscurci ; se heurtant les uns contre les autres, ils tombent sur le sol comme une pluie. S'ils viennent à s'abattre sur un pays, tout ce qui végète disparaît ; l'herbe, les feuilles, les moissons, les arbrisseaux sont fauchés ; ils avancent toujours et laissent derrière eux la désolation et la famine. Le bruit que font leurs mandibules en broyant s'entend au loin. Les oiseaux les suivent par troupes, une foule de petits animaux les poursuivent, l'homme leur oppose le fer et le feu, on les ramasse par milliers de boisseaux, et leur nombre ne semble pas diminué. Puis tout à coup, sans cause connue, l'armée dévastatrice s'élève dans les airs et disparaît aussi rapidement qu'elle était venue.

Tout en causant, on était arrivé à la ferme ; c'était un établissement tout à la fois agricole et militaire ; on pouvait à la rigueur y soutenir un siège contre les bandes de Kabyles nomades, race pillarde par excellence.

Les voyageurs furent parfaitement reçus ; les fils du colon français qui dirigeait les travaux d'agriculture leur offrirent de faire une petite excursion à une journée de distance, vers une oasis où des autruches avaient été signalées.

D'excellents chevaux furent mis à la disposition des chasseurs, et l'on partit de suite pour profiter des quelques heures de jour. La route était sûre, et à 2 lieues de distance, la végétation se montra de nouveau abondante et fraîche ; les criquets n'avaient pas passé par là.

Un peu avant la nuit, et comme on approchait de rochers au pied desquels étaient une source et un puits, rendez-vous ordinaire des voyageurs, on vit que l'endroit était déjà occupé. Trois ou quatre tentes étaient dressées, et une grande marmite suspendue à trois pièces de bois renfermait le souper qui cuisait au-dessus d'un grand feu. C'était une famille arabe qui émigrait de la Tunisie pour aller s'établir à Bougie.

UN VIEILLARD S'AVANCE VERS LES CAVALIERS.

Le chef de la famille, un vieillard à barbe blanche, s'avança vers eux et leur offrit de partager leur campement plutôt que d'aller s'établir seuls de l'autre côté du ruisseau.

L'offre fut acceptée avec empressement et les vivres mis en commun. Après le repas, et quand trois ou quatre feux eurent été allumés autour des tentes qui renfermaient probablement les femmes, car il fut impossible de s'en assurer, et quelques rires argentins le firent seuls supposer, chacun s'étendit sur sa couverture et l'on fuma.

— Y a-t-il des lions de ce côté? demanda Ramsay à l'Arabe.

— Non, répondit celui-ci, ou du moins leur présence est très rare. Cette partie du pays est très fréquentée; ils ne s'aventurent pas ainsi sur le chemin où ils peuvent rencontrer des ennemis trop nombreux. On les a pourchassés de tous les côtés, et ils se sont retirés dans la plaine qui se trouve au bas de l'autre versant de ces collines. Là ils trouvent en abondance des gazelles et sont à peu près maîtres chez eux. Ne croyez pas, du reste, que les lions soient nombreux sur un espace de terrain; ils n'aiment ni les rivalités ni le partage, et chaque lion avec sa femelle se cantonne dans certaines limites d'où il sort peu et où il ne laisse entrer aucun autre de sa race.

Pendant que l'Arabe parlait, une jeune négresse portant un petit enfant était sortie d'une des tentes et s'était approchée du feu pour se réchauffer, car la nuit était froide et humide, phénomène fréquent dans les régions du nord de l'Afrique, où quelquefois un froid assez vif se fait sentir vers le milieu de la nuit et succède à des journées d'une chaleur torride. Personne ne fit attention à la négresse; c'était une esclave ou une servante.

Au moment où l'on allait se livrer au repos, des cris lugubres, ayant quelque analogie avec le hurlement d'un loup et les aboiements d'un chien, se firent entendre d'abord au loin, puis de plus en plus rapprochés. Quelques corps mouvants se montrèrent ensuite éclairés par la flamme.

— Ce sont des waüi, dit le vieil Arabe avec un air de dédain : il n'y a pas à s'en occuper.

Meyer réfléchissait profondément; sa science lui faisait défaut; il en appelait à ses connaissances en synonymie zoologique, et le nom de waüi ne lui rappelait aucun souvenir.

— Qu'est-ce que le waüi? demanda-t-il.

— C'est le nom du chacal en arabe, répondit Bussières.

— Voici encore d'autres hurlements qui viennent d'un autre animal.

— Maintenant c'est le zabo, dit l'Arabe sans cesser de fumer.

— C'est-à-dire, reprit Meyer, que c'est la hyène ; je la reconnais à son cri étouffé qui ressemble aux gémissements d'une personne souffrante ou aux cris d'un enfant.

En effet, un formidable et désagréable concert retentissait dans la plaine, et des hyènes se glissaient partout où des accidents de terrain laissaient un peu d'ombre.

Ruines de Carthage.

Les chasseurs sautèrent sur leurs fusils.

— Pourquoi faire ? dit l'Arabe, n'avez-vous pas des bâtons ? ces ignobles animaux, que le lâche waüï fait fuir, ne méritent pas la dépense de la poudre.

Puis il dit quelques mots en arabe à cinq ou six de ses enfants ou de ses parents qui étaient couchés sur des nattes. Ceux-ci s'armèrent de gros gourdins, sortirent du cercle des feux et s'avancèrent au milieu des hyènes et des chacals, qui s'enfuirent en poussant des hur-lements.

Cependant leur retraite ne fut pas assez rapide pour que trois ou quatre des leurs ne restassent sur le terrain, assommés à coups de bâton.

Les Arabes revinrent, mais les animaux aussi, qui se jetèrent sur les cadavres et les dévorèrent.

Il fallut absolument leur envoyer quelques balles pour les éloigner, et encore ce ne fut qu'environ deux heures avant le lever du soleil, qu'ils s'éloignèrent tout à fait et qu'ils cessèrent leur vacarme.

Après avoir pris congé de l'Arabe, les explorateurs continuèrent leur route et arrivèrent de bonne heure à l'oasis où devaient se trouver les autruches. Mais on n'en voyait plus aucune trace, et l'on dut se contenter de trois belles plumes laissées par ces animaux aux épines des buissons. Ils passèrent la journée sous les beaux ombrages des dattiers et des mimosas et sur le bord d'un frais ruisseau qui entretenait la fertilité de l'oasis, véritable île enchantée jetée au milieu de l'océan des sables du désert.

La Tunisie (1) et la régence de Tripoli furent ensuite rapidement visitées. Dans la première, aux environs de Tunis, capitale, se trouve l'emplacement de la puissante Carthage, détruite, pillée et brûlée par Scipion Emilien, 146 ans avant l'ère chrétienne; ses ruines se voient encore aujourd'hui sur le bord de la mer; au milieu d'elles, une cha-pelle construite par les soins du gouvernement français, en 1840, rappelle aux voyageurs que le roi Louis IX, dit saint Louis, mourut de la peste au siège de Tunis, le 25 août 1270.

Mais ce qu'on ignore généralement, c'est qu'à côté des débris de la terrible ennemie de Rome, non loin de ces murailles abattues qu'avaient illustrées Hannon, Amilcar Barca, Asdrubal et le grand Annibal, une autre ville s'éleva sous le nom de Carthage par les soins de Caïus Gracchus, puis ensuite de l'empereur Auguste.

En peu de temps la nouvelle ville grandit et devint florissante; c'était la première des cités de la province romaine, dite province d'Afrique.

Prise par les Vandales, reprise par Bélisaire, elle fut ruinée à jamais par les Arabes qui l'enlevèrent d'assaut en 693. La nouvelle Carthage avait vécu huit cents ans.

(1) Rappelons en passant que la Tunisie est aujourd'hui placée sous le protectorat de la France.

La ville de Tripoli (1) n'offrit aux visiteurs que le palais du pacha et la grande mosquée, admirable monument d'architecture.

C'est dans le port d'Alexandrie que l'amiral résolut de s'arrêter

Mosquée d'Ibrahim-Pacha à Alexandrie.

quelque temps pour permettre à ses passagers une excursion en Égypte.

Le vice-roi d'Égypte reçut l'amiral et les jeunes savants avec la plus grande aménité, et donna des ordres pour qu'ils rencontrassent partout les secours, l'appui et la protection dont ils auraient besoin.

Alexandrie, ville peuplée de 150,000 habitants (2), montre encore

(1) Il y a deux Tripoli que l'on distingue l'une de l'autre par les noms de *Tripoli de Barbarie* et *Tripoli de Syrie*.
(2) Aujourd'hui 210,000.

avec orgueil les monuments anciens qui l'ont rendue célèbre dans
l'histoire. Son phare, construit tout en marbre, relié à la terre ferme
par une chaussée de marbre de 1,300 mètres de longueur, fut compté
parmi les merveilles du monde. Son académie illustre entre toutes,
sa bibliothèque qui renfermait sept cent mille rouleaux ou volumes,
et qui en 641 fut en partie brûlée par Amrou, lieutenant d'Omar, le
second des califes, ses 900,000 habitants, ses obélisques, ses temples,
etc., en faisaient la première ville du monde après Rome ; elle avait
été fondée en l'an 332 avant notre ère, par Alexandre le Grand qui
lui donna son nom.

Les explorateurs, après y avoir visité la mosquée d'Ibrahim Pacha,
suivirent le canal qui réunit Alexandrie au Nil et montèrent dans des
djermes, barques plates d'un usage général sur ce fleuve. La crue
périodique du Nil était passée depuis quelque temps, les eaux étaient
rentrées dans leur lit après avoir déposé leur fertile limon, et les rives
plates, s'étendant à perte de vue, présentaient un tableau quelque peu
monotone à l'œil, mais verdoyant et d'une étonnante richesse de
végétation.

En remontant le Nil, ce n'était que champs de riz et de blé, que
plantations de cotonnier, que cultures d'indigo, de lin, de maïs ; des
troupeaux nombreux paissaient l'herbe épaisse, et des dromadaires, ou
des ânes remarquables par leur beauté, transportaient les produits du
sol jusqu'aux bords du fleuve.

De temps en temps, les chasseurs donnaient l'ordre au capitaine de
la djerme d'aborder et poursuivaient quelque gibier. Les rives étaient
couvertes des fleurs du lotus ou lotos sacré, genre voisin des nymphéas
ou nénuphars de nos étangs ; ses fleurs, semblables à d'énormes
tulipes, ont vingt ou trente pétales roses et s'épanouissaient à la surface
des eaux, au milieu de ses larges feuilles d'un vert magnifique. C'est
dans une touffe de lotos, dit la légende, que le berceau du jeune Moïse
— nom qui signifie sauvé des eaux — vint s'échouer, et que le grand
législateur des Juifs fut sauvé, 1725 ans avant le Christ, par la fille de
Thoutmosis III, alors Pharaon d'Égypte, plus connu sous le nom de
Mœris que lui donnaient les Grecs.

En cueillant les fleurs du lotos, en recueillant ses graines, les
voyageurs faisaient fuir de nombreux crocodiles cachés sous les feuilles,
et sur le dos desquels les balles glissaient inoffensives. Le plus beau
butin consista en deux superbes demoiselles de Numidie, oiseaux
voisins des grues, dont l'un, légèrement blessé, fut pris vivant ;
Meyer le désigna sous le nom d'*anthropoïde virgo*, ce qui veut dire

anthropoïde demoiselle, dénomination moins gracieuse que le nom vulgaire.

Ce bel oiseau a environ 4 pieds de haut, son plumage est cendré, son cou noir, et sa tête porte deux belles aigrettes blanchâtres formées par le prolongement des plumes effilées qui couvrent l'oreille. Il doit son nom de demoiselle, non seulement à son port élégant, ce qui est une galanterie que les femmes apprécient, mais encore, ce qui est beaucoup moins galant, aux gestes et aux contorsions qu'il exécute en marchant avec toutes les apparences de l'affectation; on dirait qu'il veut être remarqué.

Le Nil et les pyramides.

Après avoir visité le Caire, ses mosquées, ses palais, ses caravansérails, les voyageurs remontèrent jusqu'à Ghizeh où se trouvent les fameuses pyramides au nombre de onze, rangées toutes presque en ligne droite sur la rive gauche du Nil. Trois d'entre elles surpassent toutes les autres par leurs proportions colossales; la plus grande étonne par ses dimensions.

Aidés par les Arabes, les cinq explorateurs escaladèrent les gradins superposés qui donnent accès jusqu'à son sommet. De cette élévation, la vue s'étend sur un espace immense qui n'est limité que par l'insuffisance de l'œil de l'homme.

Des Arabes leur facilitèrent l'ascension en les tirant et en les poussant, mais ce fut avec une certaine appréhension que, pour descendre, ils se hissèrent sur le dos de leurs guides et qu'ils les virent, chargés de leurs fardeaux, s'élancer en avant et, sautant comme des chamois, franchir d'un bond ces marches gigantesques de 2 mètres de hauteur, qui les conduisaient vers la plaine.

Une ascension aux pyramides.

Il est incontestable aujourd'hui que les pyramides furent élevées pour servir de tombeaux à des pharaons d'Égypte; les chambres sépulcrales ont été retrouvées, et les sarcophages ou cercueils qu'elles contenaient ont été ouverts.

La plus grande des pyramides a 146 mètres de hauteur et 233 mètres de base, ce qui porte la superficie qu'elle occupe sur le sol à près de 54,300 mètres ou 5 hectares et demi environ.

On a calculé qu'en la supposant entièrement solide et pleine, on pourrait construire avec ses matériaux un mur de 2 mètres de hauteur, d'une épaisseur proportionnée, qui ferait le tour de l'Espagne.

Quant aux fameuses cataractes du Nil, deux motifs empêchaient qu'on allât jusqu'à Syène où elles se trouvent. Le premier, c'était l'éloignement, situées comme elles le sont sur les confins de la Nubie, partie de l'Éthiopie ; le second et le seul important, c'était que lesdites cataractes, en si grande réputation sur la foi des récits d'Hérodote et de Sénèque, ne sont que de pauvres cascades de 15 à 60 centimètres de hauteur, mêlées de tourbillons et de remous occasionnés par des barrages de rochers et d'îlots qui se succèdent, et qui donnent à peine dans toute leur succession quelques pieds de chute au Nil à son entrée en Égypte.

Que pouvaient offrir d'intéressant aux savants du *Saint-Nicolas* ces rapides, comparés aux magnifiques chutes qu'ils avaient visitées dans le cours de leur long voyage ?

En descendant le fleuve, des ichneumons furent tués et soigneusement préparés. Les anciens Égyptiens rendaient des honneurs divins à ces animaux, qui n'entrent pas dans la gueule du crocodile pour en dévorer les entrailles, mais qui se contentent, ce qui est beaucoup plus utile, de faire une guerre acharnée à ses œufs.

C'est un carnassier de la famille des civettes ; il a une longueur totale de 80 à 85 centimètres, et se nourrit d'œufs et de reptiles. On l'apprivoise facilement, mais alors il devient le maître de la maison, et nul autre animal, sans son bon plaisir, ne peut pénétrer dans la cuisine ou dans les appartements.

Il est très doux et se laisse aisément prendre sans chercher à mordre ; sa timidité n'est qu'apparente et n'est que le voile de la prudence, car il est très courageux, et si ses commensaux de captivité lui cherchent querelle, il les attaque bravement, étrangle les chats et défigure les chiens.

— C'est le rat de Pharaon, ou viverra ichneumon, comme dit Meyer, en dépouillant les corps de ces animaux.

En descendant le Nil, on s'arrêta un soir pour camper sur la rive; il faisait un magnifique clair de lune, et sauf quelques nuages qui de temps en temps obscurcissaient l'astre des nuits, le ciel était d'une pureté admirable. A peu de distance se dressaient les ruines de

ILS ABATTIRENT DES CHAUVES-SOURIS.

quelque ville morte, que les jeunes gens allèrent voir de plus près. Ils furent surpris de l'immense quantité de chauves-souris qui voltigeaient de tous côtés, et il ne fut pas difficile d'en abattre plusieurs. C'était la roussette d'Égypte, au pelage laineux, et qui mesure de 30 à 50 centimètres d'envergure.

Aussitôt que les voyageurs furent de retour à Alexandrie, le *Saint-Nicolas* reprit la mer et s'arrêta près de Menzaleh, non loin des ruines de Péluse, patrie de l'astronome Ptolémée, afin de permettre à son état-major et à ses passagers de visiter les travaux de percement du canal qui, traversant l'isthme de Suez, réunira les eaux de la Méditerranée avec celles de la mer Rouge (1).

Par les soins de M. Ferdinand de Lesseps, les explorateurs purent tout voir et en quelques jours se trouver à Suez, au fond de cette mer Rouge dont ils n'avaient aperçu que l'entrée à Aden, dans le détroit de Bab-el-Mandeb.

En revenant et passant près d'Aboussefch, ils se rencontrèrent avec une immense caravane de pèlerins, se rendant à la Mecque où, dit-on, naquit Mahomet. Qu'on se figure une longue foule de dromadaires montés par les pèlerins ou chargés de provisions et d'offrandes, conduits par des serviteurs à pied, et se déroulant à perte de vue comme un gigantesque serpent, sur l'étendue infinie des sables du désert.

Des marchands, des voyageurs avec leurs familles et leurs femmes enfermées dans des tentes dressées sur le dos des dromadaires, s'étaient joints à la caravane qui s'était ainsi augmentée pendant le cours de sa longue route. Des Arabes armés de lances et de fusils marchaient en avant, montés sur de rapides méharis qui peuvent faire quatre-vingts lieues d'une seule traite sans boire ni manger.

Le dromadaire diffère du chameau originaire de l'Asie, d'abord par son pays qui est l'Afrique, par sa taille généralement moins élevée et surtout par sa bosse unique; tandis que le chameau porte sur son dos deux de ces protubérances; de plus, il est beaucoup plus léger à la course que son similaire asiatique. Tout le monde connaît l'excessive sobriété de ces deux animaux et les services qu'ils rendent aux habitants des pays où ils vivent.

---

(1) Est-il besoin de faire remarquer que ce gigantesque travail, qui immortalisera le nom du « grand Français » de Lesseps, est achevé depuis 1869? Grâce à lui, la distance de Marseille aux Indes est abrégée de 3280 lieues. Aujourd'hui, le mouvement du canal de Suez s'élève annuellement à 3500 navires, jaugeant 6 millions de tonnes et transportant 125,000 passagers.

De Menzaleh, la corvette se dirigea sur Saint-Jean d'Acre, l'antique Ptolémaïs, si célèbre par les sièges qu'elle soutint pendant les croisades, et par celui que fut obligé de lever le général Bonaparte, depuis Napoléon Ier, en 1799.

Le mont Carmel, où vécut le prophète Elie, élevait sa cime couverte de nuages, et haute de 1,000 mètres au-dessus de la mer ; au loin se profilait la chaîne du Liban, si renommée par ses beaux cèdres, et surtout par le mont Thabor, témoin de la transfiguration du Christ.

C'est sur toute cette côte, depuis les frontières d'Egypte jusqu'à l'ancienne Tyr, aujourd'hui Sour, que s'étend la Palestine et que s'élève Jérusalem, la ville sainte, vers laquelle se tournent les regards de tous les peuples chrétiens.

C'est aussi sur ce sol que se retrouvent les souvenirs des temps passés, depuis Moïse jusqu'à notre ère, souvenirs également vénérés, comme les lieux qui les rappellent, par les juifs, les mahométans et les chrétiens.

Côtoyant l'île de Chypre, si célèbre jadis par les trois villes d'Amathonte, de Paphos et d'Idalie consacrées à Vénus ; passant entre l'île de Rhodes où, en 1310, s'établirent les chevaliers de Saint-Jean de Jérusalem, qui prirent le nom de chevaliers de Rhodes, la corvette remonta la côte de la Turquie d'Asie, en passant au milieu des îles du vaste archipel qui sépare ce pays de la Grèce ; puis elle entra dans les Dardanelles, et vint mouiller à Constantinople.

Ce fut une station de repos et de plaisir.

Cette superbe ville, d'abord Byzance, ensuite appelée Stamboul par

les Turcs, avec ses 600,000 habitants (1), son port, un des plus magnifiques du globe, ses trois cent quarante-quatre mosquées toutes admirables, ses palais, sa grande mosquée principale de Sainte-Sophie,
construite dans le vi^e siècle par l'empereur Justinien, son château des
sept tours, célèbre par ses souvenirs historiques, ses aqueducs, ses
bains, ses fontaines, etc., offrait une foule de distractions dont chacun
s'empressa de profiter. Les études furent un peu oubliées, et d'ailleurs
il y avait peu d'occasions d'en faire à Constantinople, au moins en ce
qui concerne l'histoire naturelle.

Les jeunes gens visitèrent les rives du Bosphore dont les côtes sont
partout bordées de palais, de kiosques, de maisons de campagne et
de jardins délicieux.

Un soir qu'ils revenaient à l'ambassade russe, où ils avaient été
reçus et logés, ils furent assaillis par une troupe de chiens errants, et
ce fut grâce à l'intervention de quelques Turcs munis de lanternes et
armés de bâtons, qu'ils durent de ne pas être dévorés.

— Ce serait une bien mauvaise chance, disait Bussières, de venir
se faire déchirer par ces ignobles animaux, après avoir fait le tour
du monde, et avoir couru mille dangers sans avoir reçu une égrati-
gnure. Dites-moi donc, Meyer, à quel genre de Linné appartient ce
maudit chien de Constantinople qui mange les gens?

— Ce n'est pas un genre particulier, répondit Meyer, ce sont des
chiens errants de toutes les espèces, qui habitent le jour, et par
bandes de milliers d'individus, les cimetières qui entourent la
ville ; quand vient la nuit, ils se répandent dans les rues pour y

(1) Aujourd'hui 700,000 environ.

fouiller dans les immondices, et ils n'aiment pas qu'on les dérange.

En quittant Constantinople, l'amiral fit route pour Athènes, où les savants comptaient rester quelque temps pour visiter les ruines des temples qui couvrent le sol sur cette terre si féconde en grands souvenirs ; mais ils avaient compté sans les brigands. Les routes étaient infestées de bandes de voleurs armés, qui descendaient jusqu'aux portes d'Athènes, et contre lesquelles le gouvernement grec ne pouvait pas sévir, soutenus qu'étaient ces hommes par la population qui les connaissait et les craignait.

C'est près d'Athènes, à Salamine, aujourd'hui l'île Koulouri, que Thémistocle détruisit la flotte de Xerxès, roi des Perses, 480 ans avant J.-C.

Doublant alors la pointe de la Morée (1) ou Péloponèse, en passant près de l'île Cérigo, la Cythère des anciens, le *Saint-Nicolas* se dirigea vers les îles Ioniennes, en passant au large de Lépante et de Missolonghi, deux lieux célèbres à des titres différents.

C'est en face de Lépante, à l'entrée du golfe de ce nom, que le 7 octobre 1571, don Juan d'Autriche, fils naturel de Charles-Quint, commandant les forces réunies de l'Espagne, de Venise et du Pape, anéantit la flotte ottomane. Sélim II, dit l'ivrogne, sultan des Turcs, y perdit deux cents galères et trente mille hommes ; cette magnifique victoire sauva l'Europe des envahissements des Turcs, comme, cent douze ans plus tard, en 1683, elle fut encore sauvée du même danger par le roi de Pologne, Jean Sobieski, vainqueur, sous les murs de Vienne, de Kara-Mustapha, grand-vizir et commandant des armées de Mahomet IV.

Missolonghi rappelle le nom d'un héros de la guerre de l'indépendance, Marco Botzaris ; cette ville, vainement assiégée par les Turcs en 1822, fut défendue héroïquement par ce Grec célèbre. Renouvelant le dévouement de Léonidas, il entra de nuit dans le camp des Turcs à la tête de trois cents hommes dévoués à mourir pour sauver leur patrie, et en fit un horrible carnage. Il fut tué, mais la ville fut sauvée.

Quatre ans plus tard, Missolonghi fut de nouveau assiégée ; après avoir souffert toutes les horreurs d'un siège d'un an, Noto Botzaris, de la même famille, se fit sauter en l'air avec le reste de la garnison et les Turcs qu'il avait laissés entrer et qui couvraient les murailles.

De Corfou, l'amiral traversa la mer Ionienne, et, passant dans le

---

(1) On creuse actuellement, à travers l'isthme de Corinthe qui relie la Morée à l'Attique, un canal qui réunira bientôt le golfe d'Égine au golfe de Lépante, la mer Égée à la mer Ionienne.

détroit de Messine, entre le royaume de Naples et la Sicile, jeta l'ancre dans le golfe de Naples en face de la ville de ce nom.

Avant d'entrer dans le détroit, on avait bien aperçu le haut du mont Etna qui s'élève à plus de 3,350 mètres; mais on se contenta de voir de loin la fumée qui sortait de ses cratères en activité et qui, lors de leurs éruptions, portent les cendres et les laves jusqu'à Catane.

— N'est-ce pas sur les pentes de l'Etna que se trouve le fameux châtaignier dit des cent chevaux? demanda Narischeff.

— Oui, répondit Meyer, il a 37 mètres de circonférence; mais il paraît que ce colosse n'est pas un arbre unique, mais qu'il est formé par la réunion de plusieurs châtaigniers croissant à distance l'un de l'autre et qui, en grossissant, se sont soudés et, avec le temps, n'ont plus présenté qu'un seul tronc.

— Alors, dit Bussières, en manière de conclusion, les baobabs du Sénégal, les bombax du Darien et le dragonnier d'Orotava, à Ténériffe, sont plus curieux, et je ne regrette pas le châtaignier de l'Etna.

Naples, autrefois Parthénope, est une des plus belles villes d'Europe; elle est bâtie en amphithéâtre dans un site admirable et mesure 16 kilomètres de tour; elle renferme 400,000 habitants (1); ses environs, tels que Pouzzoles, Portici, Baïes et les villes de Pompéi et d'Herculanum, ensevelies sous les cendres et les laves du Vésuve par l'éruption de l'an 79 de notre ère, la vaste et superbe baie aux eaux d'azur qui s'étend devant la ville, font de Naples un séjour que nul n'oublie quand il en a joui. On connaît le proverbe italien : Voir Naples et puis mourir!

Cependant, à côté de cette belle cité, et la menaçant tous les jours d'une destruction complète, s'élève un volcan de 1,200 mètres de hauteur, dont les conduits souterrains passent sous la ville et communiquent avec la Solfatarre, située près de Pouzzoles, et d'où s'échappent constamment des vapeurs acides et sulfureuses : c'est le Vésuve. Quand il est en activité, on entend sur les places de Naples comme un bouillonnement à l'intérieur du sol qui supporte la ville.

Il y avait douze siècles écoulés sans que le Vésuve eût signalé son caractère de volcan; ses pentes étaient couvertes de forêts épaisses, quand, 63 ans après J.-C., des tremblements de terre se firent sentir fréquemment dans toute la Campanie.

Seize ans se passèrent ainsi, et les populations s'étaient habituées à ces convulsions du sol, quand, en 79, elles furent arrachées à leur

(1) Aujourd'hui 500,000.

profonde sécurité par une épouvantable catastrophe. Le Vésuve se fendit, la terre parut secouée jusque dans ses fondements, la montagne brisée s'écroula en couvrant les plaines de ses débris et, des flancs et du sommet du volcan, des torrents de laves ruisselantes, des colonnes de flammes et de cendres s'élancèrent à une hauteur prodigieuse avec un bruit terrible; et toute cette plaine fertile disparut dans un embrasement général.

Trois villes importantes, Pompéi, Herculanum, Stabia, des villages, les maisons de campagne luxueuses des Romains, furent engloutis sous un déluge de feu et de pierres. Des ténèbres épaisses causées par les nuages de cendres qui remplissaient l'atmosphère, couvraient tout le pays, dont les habitants surpris par le fléau, affolés, saisis de terreur, ne pouvaient même pas fuir et tombaient suffoqués et brûlés.

Le Vésuve.

Heureusement, le vent ne portait pas sur Parthénope, et les fleuves de lave enflammée, arrêtés par la mer qui bouillait et se soulevait à leur contact, n'arrivèrent pas jusqu'à la ville; mais quand, après un long temps, le volcan se calma épuisé, ce riche pays n'était plus que ruines et désolation. La misère, la maladie, la famine, avaient remplacé le luxe, la santé et l'abondance.

C'est dans cette éruption que périt Pline l'Ancien ou le naturaliste qui, poussé par l'amour de la science, s'était trop avancé sur les pentes du Vésuve.

Depuis cette époque, une quarantaine d'éruptions, dont quelques-unes furent terribles, eurent lieu et occasionnèrent toujours de grands malheurs.

Le Vésuve n'a jamais cessé d'être un volcan en activité, et de ses cratères, dont chaque nouvelle éruption modifie la forme, la fumée n'a jamais cessé de s'échapper, et n'a été remplacée que par la lave et la flamme.

On pense si les jeunes gens saisirent avec empressement l'occasion de visiter cette montagne célèbre, qui depuis quelque temps commençait à inquiéter la population par une recrudescence de fumée et de vapeurs ; ils furent récompensés de leur fatigue par le spectacle majestueux des cratères en ébullition, et par la récolte qu'ils firent d'une foule d'échantillons minéralogiques rares et précieux.

La corvette continua sa route, passa entre la Corse et la Sardaigne par le détroit de Bonifacio et toucha à Port-Mahon, ville principale de l'île Minorque, une des cinq Baléares appartenant à l'Espagne. Elle

Les batteries de Gibraltar.

fut fondée 702 ans avant l'ère chrétienne, par Magon, général carthaginois, de l'illustre famille d'où devait sortir Annibal.

L'île de Cabrera, de si douloureuse mémoire, fut laissée à droite, et le *Saint-Nicolas* entra dans le port de Gibraltar. Invités à dîner chez le commandant de cette forteresse formidable, l'état-major et les passagers du *Saint-Nicolas* purent à leur aise visiter en détail cette place que les Anglais possèdent depuis plus d'un siècle et demi.

Ce fut à Calpé, l'une des colonnes d'Hercule, que s'embarquèrent les Vandales, premiers conquérants de l'Espagne, quand ils furent chassés de la Vandalousie, aujourd'hui Andalousie, et qu'ils se réfugièrent en Afrique. Ce fut aussi au pied de ce rocher que, dans l'an 711, vint débarquer Taric, lieutenant de Moussa vainqueur des Maures, quand les Arabes envahirent la péninsule ; il le nomma Gébel-Taric ou montagne de Taric, d'où par corruption est venu le mot Gibraltar.

Quand l'Espagne se fut affranchie du joug des Arabes, Gibraltar fut converti en une citadelle redoutable que ses possesseurs regardaient comme imprenable. Cependant, en 1704, une flotte anglo-hollandaise, sous le commandement de l'amiral Rooke, vint croiser devant Cadix. C'était du temps de la guerre de succession que termina le traité d'Utrecht.

Les capitaines de la flotte, réunis un soir, formèrent le projet de mortifier l'Espagne en lui enlevant la forteresse imprenable. La garnison, seulement forte de cent cinquante hommes, n'opposa qu'une molle résistance de quelques heures, et Gibraltar fut prise et gardée par les Anglais.

Qu'on se figure une montagne à pic de 400 mètres de hauteur, percée dans tous les sens de rues et de galeries prenant jour sur la mer par des trous invisibles d'en bas, desquels sortent les bouches d'un millier de pièces de canon du plus fort calibre; telle est cette place, aujourd'hui regardée comme la plus forte du monde entier.

Meyer désirait faire une excursion sur le côté du rocher qui regarde l'Espagne, et qui est couvert de forêts. Il tenait à se procurer quelques magots, seuls représentants des singes sur le continent européen. C'est le *Magus* ou *Macacus sylvanus*. Ce genre de singes, assez rare à Gibraltar, est identiquement le même que celui qui se trouve en grand nombre sur la montagne de Ceuta, située de l'autre côté du détroit, dans le Maroc. Pour expliquer cette singularité, il faut se reporter aux temps anciens, bien antérieurs à l'histoire connue, à l'époque où la Méditerranée était un immense lac séparé de l'Océan par une chaîne continue de montagnes reliant l'Afrique à l'Espagne.

Un de ces puissants cataclysmes qui changèrent cent fois la surface du globe brisa la barrière, ouvrit le détroit; les deux masses d'eau se confondirent, et Calpé, séparée de Ceuta, garda une partie des animaux et des végétaux que l'on retrouve à Ceuta.

Les officiers anglais furent d'aimables compagnons de chasse, et Meyer eut le bonheur de voir ses désirs accomplis: il emporta au *Saint-Nicolas* deux magots de forte taille.

La corvette rentra dans l'Océan, longea les côtes d'Espagne et celles de Portugal, jusqu'au Tage qu'elle remonta pour mouiller dans le port de Lisbonne.

Il est difficile de se faire une idée du magnifique spectacle qu'offre ce port, qui ne peut être comparé qu'à celui de Constantinople. La fondation de Lisbonne est attribuée aux Phéniciens; cependant une tradition populaire en reporte la construction à Ulysse, roi d'Ithaque, qui vivait dans le xiii° siècle avant J.-C. Une inscription romaine retrouvée en 1749 corrobore cette tradition ; Lisbonne ou Lisboa, comme l'appellent les Portugais, y est désignée sous le nom d'Ulyssipo ou ville d'Ulysse.

Des parties de la ville sont mal bâties, d'autres au contraire sont magnifiques ; ce sont celles qui ont été reconstruites depuis le terrible

tremblement de terre de 1751, qui renversa plus d'un tiers de cette cité, fit périr plus de trente mille habitants, et eut pour conséquences l'incendie, la peste et la famine.

Le *Saint-Nicolas* sortit du Tage. Plus on se rapprochait des termes du voyage, plus l'impatience était grande. Tous ces hommes, marins, officiers, savants, qui trois ans auparavant partaient joyeux, impatients, ne comptaient la possibilité du retour que comme une éventualité incertaine, ayant fait d'avance le sacrifice de dix ans de leur existence, s'il était nécessaire, avant de revoir leur pays ; tous comptaient les jours et les heures et trouvaient bien longs les quelques centaines de milles qui les séparaient de Saint-Pétersbourg ; et ils venaient de faire, dans leurs nombreux circuits autour du monde, trente ou quarante mille lieues !

Aussi, le golfe de Gascogne traversé, l'amiral vint dans la Manche, et, sans toucher à aucun point de la France ou de l'Angleterre, pénétra dans la mer du Nord pour se rendre le plus tôt possible dans la Baltique.

La corvette fut à peine dans la mer du Nord, quand, par le travers des embouchures de la Meuse, elle fut assaillie par un coup de vent violent qui ne fit qu'augmenter et qui se changea bientôt en une furieuse tempête. D'énormes vagues poussées par le vent du nord s'élevaient comme des montagnes et fatiguaient énormément le bâtiment, déjà bien éprouvé dans sa longue campagne. Sa coque craquait, ses mâts pliaient sous la violence du vent, et sa machine, usée par un long travail, ne pouvait plus fournir autant de force que par le passé.

L'amiral jugea prudent de relâcher et se rapprocha de la côte pour y chercher un abri.

On n'était pas loin de Scheveningen, petite ville de pêcheurs, située plus bas que la mer, comme une grande partie de la Hollande, et protégée en arrière de son port par une de ces admirables digues, travaux gigantesques qui opposent une barrière à l'Océan, et que seuls pouvaient exécuter les Hollandais avec leur patience, leur ténacité et leur persévérance admirables.

La corvette jeta l'ancre dans un endroit assez sûr et qui la mettait à l'abri des plus grands efforts de la tempête ; mais l'amiral n'avait pas eu le temps de choisir le port qu'il eût désiré.

Le long de la côte et plus bas que les digues, se trouvaient d'immenses polders ou marais desséchés et maintenant livrés à la culture : à peu de distance, quelques marécages s'étendaient remplis de joncs, de roseaux et d'autres plantes aquatiques ; mais l'un d'eux présentait un spectacle bizarre.

Il était couvert de centaines de grands oiseaux montés sur de hautes pattes, surmontés d'un cou très allongé, et leur plumage d'un rose tendre ou vif, selon l'âge des oiseaux, tranchait vigoureusement sur le fond gris et sombre du ciel et des marais.

— Ce sont des flamants, dit Meyer, il faut espérer que, la tempête finie, le commandant nous permettra d'en aller tirer quelques-uns.

— Quel bizarre animal ! dit Bussières ; voyez, ils sont là en bandes, alignés comme des soldats. Cet alignement, ils l'observent quand ils pêchent, quand ils se reposent, et même quand ils volent. A terre, ils établissent des sentinelles chargées de les avertir du danger par un cri aigu semblable au son d'une trompette. J'en ai vu des troupes nombreuses arriver sur ces côtes pour y passer l'été, car c'est dans le Midi qu'ils séjournent en hiver; ils forment en l'air un vaste triangle qui semble de feu, éclairé par le rayon du soleil frappant sur leur plumage rouge; arrivés au-dessus des marais qu'ils fréquentent et où ils trouvent les coquillages et les poissons dont ils se nourrissent, ils ralentissent leur vol, planent quelques instants sans changer leur ordre de bataille, et, traçant dans les airs une spirale conique, ils abordent la terre. Après cette descente majestueuse, ils se rangent en ligne sur le rivage, et la pêche commence.

J'en aperçois d'ici quelques-uns qui doivent avoir plus de 5 pieds de haut.

Cependant, loin de se calmer, la tempête augmentait; la mer devenait furieuse et venait battre avec violence le talus des digues. Les vagues rendues encore plus fortes par la marée montante se brisaient avec fracas contre ces obstacles qu'elles couvraient de flots d'écume.

Le ciel était sombre, d'un gris de plomb; les nuages, tourbillonnant, sous les rafales, étaient épais et semblaient se confondre avec la mer, dont la couleur glauque et livide se détachait sur le sable de la plage.

L'amiral observait avec inquiétude ces signes qui n'annonçaient rien de bon, quand des cris s'élevèrent dans le village, et toute la population se porta vers un point de la côte. En même temps une barque se détacha et s'avança rapidement vers la corvette; mais, avant qu'elle n'eût accosté, l'amiral s'était rendu compte de ce qui se passait. Appelant son second:

— Faites monter tout le monde, lui dit-il, et préparer trois embarcations.

En un instant l'ordre fut exécuté.

— Mes enfants, dit M. Chérétoff à l'équipage réuni sur le pont, avant de revoir la sainte Russie, où vos femmes et vos enfants vous attendent, il faut sauver ici des femmes et des enfants qui vont mourir; une digue vient de se rompre, et bientôt ce village et ses habitants auront disparu dans les flots si vous ne leur portez pas secours; allez, mes enfants, vous êtes braves, je le sais, je compte sur vous.

Un hourra salua les paroles du commandant, et quand le pêcheur de Scheveningen monta à bord pour implorer du secours, l'amiral lui montra soixante-dix hommes s'embarquant dans les canots.

— Vous voyez, mon ami; guidez mes hommes et que Dieu vous protège.

La corvette s'était solidement affourchée sur trois ancres, et cinquante hommes restés à bord suffisaient à pourvoir à toute éventualité.

Bussières, Ramsay, Narischeff, Burton et Meyer s'avancèrent auprès du commandant :

— Voulez-vous nous permettre, dit Bussières, de nous joindre à ceux qui tant de fois nous ont préservés du danger; dix bras de plus ne sont pas à dédaigner quand il s'agit de la vie de nos semblables.

L'amiral eut un moment d'hésitation; puis il leur prit les mains :

— Allez, mes enfants, leur dit-il, vous avez raison, et comme les autres, que Dieu vous garde.

Cinq minutes plus tard, la troupe des sauveteurs s'élançait à la course sur les traces du guide, et volait vers le lieu du péril.

C'était un spectacle navrant; la mer, par ses chocs répétés, avait entamé l'une des digues, et des brèches s'agrandissant à chaque instant laissaient passer les flots qui se précipitaient avec une violence inouïe dans l'espace ouvert.

Les hommes, les femmes, les enfants luttaient avec courage contre le fleuve menaçant; on les voyait, froids et intrépides, refermer les trous à mesure qu'ils se formaient; courant derrière la vague qui se retirait en mugissant, ils plaçaient des branches, des toiles, des planches devant toutes les fissures, et, accrochés des pieds et des mains, ils restaient là courbés, laissant passer sur leur tête la vague nouvelle qui leur apportait la destruction. Mais, malgré leurs efforts, les infiltrations augmentaient, les sables se désagrégeaient, et de tous côtés l'eau filtrait et descendait, jaune, limoneuse, et envahissait les bas-fonds.

En ce moment arrivaient les soixante-dix hommes du *Saint-Nicolas*. Un cri de joie les accueillit et des larmes de reconnaissance mouillèrent les joues de ces braves pêcheurs au teint hâlé et au courage éprouvé par les dangers.

Avec une admirable promptitude, les officiers distribuèrent leurs hommes sur les points les plus menacés; les cordes dont étaient munis les marins servirent à relier et à maintenir les fascines et les claies de roseaux sur les talus entamés par les efforts de l'eau. Tous les efforts se portèrent alors vers un endroit où la digue avait cédé plus profondément; la mer poussée, gonflée par le vent, se précipitait par une large ouverture qui s'agrandissait et se déversait comme un torrent dans la direction du village.

Une toile, maintenue par une douzaine de marins dévoués, fut posée sur l'orifice extérieur du canal dans l'intervalle de temps qui s'écoula entre l'arrivée de deux vagues ; puis la mer revint furieuse en couvrant les travailleurs ; quand elle se retira, les braves marins étaient à leur poste, à demi suffoqués, mais ils n'avaient pas bougé.

Derrière eux, les pierres, le sable, les matériaux de toute sorte s'accumulaient, et la brèche se comblait.

Les cinq jeunes gens, inséparables dans le danger comme dans le plaisir, se multipliaient et se portaient partout où un péril nouveau se montrait ; plusieurs femmes et enfants leur devaient la vie, car ils n'avaient pas hésité à lutter contre la force des flots pour les arracher à la violence de la mer qui les entraînait.

Une vague monstrueuse vint du large et chacun, épouvanté, la regardait courir comme un cheval au galop ; si elle enlevait ou défonçait la toile préservatrice, tout était perdu, et la brèche rouverte donnait passage à l'Océan.

— Allons, mes amis, un dernier effort, s'écria Bussières.

Et, comme mus par un même ressort, les cinq jeunes gens se jetèrent sur la toile et s'y cramponnèrent.

La muraille mobile avançait roulant sur les flots, couronnée d'une crête d'écume, et repoussant tous les obstacles qui s'opposaient à sa marche ; elle tomba de tout son poids sur la digue, sauta par dessus en entraînant les travailleurs qui poussèrent un terrible cri d'angoisse et roulèrent avec elle sur le sol détrempé. Quand ils se relevèrent et qu'ils revinrent à la brèche, les jeunes gens et les marins étaient à leur poste ; puisant une énergie nouvelle dans la grandeur du péril, ils avaient résisté au choc épouvantable des lames, et couchés sur le ventre, ils maintenaient d'une main robuste la toile, suprême ressource de salut.

L'Océan était vaincu par le courage de l'homme ; ce fut son dernier effort ; la marée baissait, avec elle s'enfuyait la violence des lames ; une pluie torrentielle commença à tomber, et comme par enchantement, la surface des flots s'aplanit ; mais les abîmes profonds n'étaient pas calmés, et des lames de fond soulevaient encore la corvette se balançant sur ses ancres.

Au jour triste et blafard avait succédé une nuit noire et profonde ; des centaines de torches furent allumées, et sous les torrents d'eau qui tombaient du ciel, les travailleurs rétablirent la digue dans son état premier.

A cette nuit lugubre succéda un magnifique lever de soleil, et les premières lueurs du jour éclairèrent le village dont les maisons avaient le pied baigné dans les flots entrés par la brèche; mais le mal n'était pas bien grand, et il était facilement réparable.

Dès la pointe du jour, une escouade de marins était retournée à bord, et le lieutenant de vaisseau avait rendu compte à l'amiral de tout ce qui s'était passé.

Les amis étaient restés à terre, travaillant à consolider les travaux, soignant les blessés, consolant les enfants qui pleuraient en voyant leurs jardins couverts d'eau salée; ils avaient vidé leurs bourses dans les mains des plus nécessiteux, et quand ils s'éloignèrent, ils furent accompagnés par une foule qui voulait leur serrer les mains.

Ils arrivèrent à bord, blessés, contusionnés, les cheveux collés aux tempes, souillés de limon, les vêtements déchirés, mais fiers et heureux de leur conduite.

L'amiral les attendait en haut de l'échelle.

— Venez, mes enfants, leur dit-il d'une voix émue, venez que je vous embrasse, car vous avez acquis encore de nouveaux titres à mon affection. Qu'elles soient glorieuses les cinq nations qui vous comptent au nombre de leurs fils!

Et il les serra dans ses bras comme s'il eût retrouvé des enfants qu'il eût désespéré de revoir jamais.

Quand tous les matelots furent revenus à bord, et après que l'excellent commandant eut fait envoyer à terre tout ce qui pouvait être utile aux habitants de Scheveningen, le *Saint-Nicolas* leva ses ancres et reprit sa route, accompagné par les bénédictions et les vœux fervents des habitants, qui tous, réunis sur la digue reconstruite, agitaient leurs chapeaux et leurs mouchoirs en signe de reconnaissance.

— Quelle belle fin de notre voyage, disait l'amiral en se frottant les mains!... Abaissez le pavillon et saluez de deux coups de canon ces pauvres gens, cria-t-il à son second.

Le pavillon de la Russie descendit et remonta lentement trois fois le long de la drisse, et l'écho répéta longtemps le bruit du canon de la corvette.

Quelques jours plus tard, les forts de Kronstadt rendaient au *Saint-Nicolas* le salut qu'il leur envoyait, et bientôt la corvette était amarrée aux quais de la Néva et faisait siffler sa vapeur désormais inutile.

Ce fut un événement dans Saint-Pétersbourg; il n'y eut pas un haut fonctionnaire qui ne tînt à honneur de venir à bord visiter l'amiral qui venait d'accomplir un aussi long voyage et qui rapportait tant de documents utiles aux sciences.

L'empereur, instruit des mille détails de l'expédition, voulut voir tous ceux qui y avaient participé et qui, par leur talent et par leurs recherches, avaient inscrit les voyages du *Saint-Nicolas* dans les fastes de la science.

Il complimenta les jeunes gens sur leur intrépidité et sur le zèle qu'ils avaient montré dans les circonstances difficiles où ils s'étaient trouvés.

Les collections furent exposées au palais d'hiver et, après avoir été l'objet des études des savants, elles allèrent, sous la direction de chacun des savants qui les avaient conquises, enrichir les musées de Paris, de Londres, de Saint-Pétersbourg, de New-York et de Berlin.

Il est inutile de dire que depuis ce moment Bussières, Ramsay, Narischeff, Burton et Meyer sont restés frères de cœur comme ils étaient déjà frères dans la science. Unis par les sentiments, par les goûts, par l'amour de tout ce qui est grand, beau et bien, ils avaient à l'avenir cimenté une de ces fortes amitiés qui ne peuvent trouver leur source que dans la communauté des dangers bravés et surmontés, et que le temps et les événements sont impuissants à altérer.

FIN

TABLE DES MATIÈRES

CHAPITRE XI

DE CALCUTTA A MADÈRE

CHAPITRE XII

DE LA MÉDITERRANÉE A LA BALTIQUE

FIN DE LA TABLE DES MATIÈRES.

4019-85. — Corbeil. Typ. et stér. Crété.

LA JEUNE ÉMIGRANTE

SCÈNES DE LA VIE DES COLONS

Par H. MARGUERIT

LE JEUNE NAUFRAGÉ DANS LA MER DE GLACE

Par L. BAILLEUL

VOYAGE ET AVENTURES AUTOUR DU MONDE

DE ROBERT KERGORIEU

Par Philibert AUDEBRAND

UN PETIT-FILS DE ROBINSON

Par Philibert AUDEBRAND

LE ROBINSON SUISSE

Robinson Crusoé

LE ROBINSON DES DEMOISELLES

Nouvelle édition revue et augmentée par Mme WOILLEZ

FABLES DE LA FONTAINE

Ornées de 53 vignettes dans le texte et de 20 grandes figures tirées à part.

LA PETITE COUSINE

Par Mme Marie VINCENT

MOCANDAH LE JEUNE CHEF INDIEN

Par L. BAILLEUL

LA BAIE D'HUDSON

Par MAYNE-REID (TRADUCTION NOUVELLE)

HISTOIRE D'UNE MÉNAGERIE

Par H. de LA BLANCHÈRE

Illustrations de MORIN

Les Mémoires d'une Hirondelle

Par Albert LAPORTE

LES AVENTURES D'UNE FOURMI ROUGE

ET LES MÉMOIRES D'UN PIERROT

Par H. de LA BLANCHÈRE

SOUVENIRS D'UN JEUNE FRANC-TIREUR

Par Eugène MULLER

LES CONTES DE PERRAULT

Préface par J.-T. de SAINT-GERMAIN